BUR

Biblioteca Universale Rizzoli

Antonio Cianciullo
Ermete Realacci

SOFT ECONOMY

Postfazione di Carlo De Benedetti

BUR
FUTUROPASSATO

ISBN 88-17-00837-0

Prima edizione BUR FuturoPassato: ottobre 2005

Finito di stampare nell'ottobre 2005 presso
il Nuovo Istituto Italiano d'Arti Grafiche - Bergamo
Printed in Italy

Questo libro è nato anche grazie alla pazienza e alla tenacia di Daniele Di Stefano, che ha dato un generoso contributo all'elaborazione del testo in tutte le sue fasi: a lui siamo particolarmente grati. Un aiuto importante è venuto poi dagli amici che, con i loro suggerimenti e le loro osservazioni, hanno permesso di migliorare l'efficacia dell'analisi e dell'esposizione: Simonetta Lombardo, Giorgio Lonardi, Fabio Renzi. Infine, un ringraziamento va a tutti coloro che, con il loro impegno quotidiano, hanno permesso a Soft economy *di avere anima e gambe: gli imprenditori che hanno scommesso sul futuro, sulla conoscenza e sul territorio; la rete di intelligenze che ha difeso e valorizzato il paesaggio, il sistema dei parchi e il patrimonio storico-culturale; le associazioni di volontariato che si sono impegnate in prima fila; tutti coloro che si battono per un'Italia di qualità.*

Una parte dei proventi di questo libro servirà a sostenere le iniziative di Legambiente.

Le emissioni di anidride carbonica prodotte per realizzarlo sono state neutralizzate grazie ad AzzeroCO_2 *(www.azzeroco2.it) finanziando progetti a sostegno delle fonti rinnovabili.*

Introduzione

Se vuoi costruire una nave non chiamare a raccolta
gli uomini per procurare la legna e distribuire i compiti,
ma insegna loro la nostalgia del mare ampio e infinito.
Antoine de Saint-Exupéry

Secondo Seneca non esiste vento favorevole per il marinaio che non sa dove andare. E l'Italia sa dove andare? Sa come intercettare, anche quando non giungono da poppa, i venti che animano e agitano il mondo? Spesso diamo l'impressione di un paese stanco e ripiegato, quasi ipnotizzato dal mantra del declino; anche perché percepiamo nitidamente la distanza che ci separa dagli altri paesi industrializzati e soprattutto dai vicini europei. Il Pil italiano è cresciuto nel 2004 dell'1,2 per cento, poco più della metà della media europea, meno che in Germania (1,6 per cento) o in Francia (2,5 per cento) o nel Regno Unito (3,1 per cento); e nei primi mesi del 2005, col segno meno davanti al Pil per due trimestri consecutivi, il paese è entrato tecnicamente in recessione. La quota di mercato delle esportazioni a prezzi correnti, tra il 1996 e il 2004, si è ridotta di un punto percentuale, passando dal 4,8 per cento al 3,8 per cento, mentre Francia e Germania hanno tenuto. L'investimento in conoscenza è tra i più bassi dei paesi Ocse: la spesa per ricerca e sviluppo è pari all'1,1 per cento del Pil, rispetto a una media europea di circa il 2 per cento (la Svezia arriva al 4,3 per cento del Pil, la Finlandia al 3,5, la Germania e la Danimarca al 2,5, la Francia al 2,2). L'Italia infine non investe sul suo capitale umano. Il numero di laureati tra i giovani è bassissimo: il 12,5 per cento contro il 24 per cento della Grecia, il 36 per cento di Spagna e Francia, il 39 per cento degli Usa e il 51 per cento del Canada. Il numero di ricercatori è pari al 2,8 per mille degli occupati totali, contro una media europea di circa il 6 per mille.[1]

Ammettiamolo, la situazione è preoccupante; occorre reagire. Ma in che direzione? Che rotta tenere per «risalire il vento»? Il centrodestra ha proposto una sua ricetta. Liberare gli «spiriti animali del capitalismo», scommettere su un vitalismo ai limiti della legalità per far ripartire l'economia: condoni, sanatoria edilizia, *deregulation*, falso in bilancio, un duro scontro sociale sull'articolo 18 dello Statuto dei lavoratori. Questo tentativo d'ingaggiare una competizione con i paesi emergenti sul loro stesso terreno, quello dei minori diritti e delle minori garanzie sociali, poteva costituire una tentazione per alcuni settori produttivi; ma non ha funzionato, non ha reso più forte il nostro sistema. Anzi, ha finito per produrre un risultato opposto a quello atteso.

Sulla falsariga del *soft power* proposto dal politologo americano Joseph S. Nye – un potere dolce fondato sulla capacità di convincere, influenzare, affascinare – è arrivato dunque il momento di puntare con decisione su un modello alternativo alla *deregulation*: la *soft economy*, un'economia basata sulla conoscenza e sull'innovazione, sull'identità, la storia, la creatività, la qualità; un'economia in grado di coniugare coesione sociale e competitività e di trarre forza dalle comunità e dai territori.

Questa meta appare distante e i venti contrari soffiano impetuosi. Robert Kagan, uno dei principali teorici neocon della *matchpolitik*, ha contrapposto, con intenti anche ironici, agli americani figli di Marte gli europei figli di Venere sapendo che con Marte, con la concezione e l'uso della forza, tutti dobbiamo, in qualche modo, fare i conti. Sarebbe però sbagliato sottovalutare la forza di Venere. La *soft economy*, che promuove la bellezza a fattore competitivo, che scommette sui saperi e sulla qualità, è già in marcia, in qualche caso da tempo.

C'è un'Italia che ce la fa. Che non si accoda alle lamentele sul declino. Che non chiede strappi alla correttezza finanziaria e alla tutela del paesaggio. Che non pensa solo a spostare le fabbriche come birilli per speculare sul costo del lavoro nei paesi in via di sviluppo. È un'Italia che gode di un formidabile credito in campi strategici come la creatività, la cultura, la fantasia e intende utilizzarlo per competere sul mercato mondiale offrendo la merce più richiesta: lo stile di vita, il modo di essere che detta le priorità al commercio, i valori che danno senso agli oggetti. Questa Italia trova negli elementi fondanti della sua cultura produttiva – il paesaggio, il territorio, il modo di vivere, l'identità, la storia – le radici di una rete di qualità che punta a trasformare l'intero paese in un brand di successo.

È una prospettiva capace di rovesciare il nodo delicato dei rapporti commerciali con la Cina, trasformando la minaccia di un'invasione di merci a basso costo nell'opportunità di un rilancio dell'export italiano di prodotti di alta qualità. «Nell'era di Internet per i consumatori mondiali i brand di qualità, i marchi, sono diventati sempre più importanti», scrivono Giuliano Amato e Carlo De Benedetti, ed è su queste produzioni «ad alto contenuto qualitativo e simbolico che, negli anni futuri, si consoliderà la domanda dei paesi sviluppati e, soprattutto, si farà avanti la domanda dei paesi emergenti. Gli europei dell'Est che stanno entrando nell'Unione, la Russia che comincia a conoscere i vantaggi dell'apertura al mercato, la Cina dei grandi numeri possono diventare per le nostre produzioni mercati di sbocco straordinari. Già oggi si stima che tra Pechino e Shanghai vi siano 10-13 milioni di consumatori che chiedono quelle tipologie di beni che rappresentano un punto di forza del made in Italy. Quando in quei paesi si sarà consolidata una generazione nuova in grado di apprezzare i consumi di qualità, essa si rivolgerà quasi naturalmente verso quel made in Italy che nel mondo è sinonimo del buon vivere, del gusto, del successo sociale».[2]

Partendo da queste potenzialità si possono delineare i contorni di un nuovo made in Italy che oltrepassa i confini della produzione pensata a compartimenti stagni (la moda, il turismo, la gastronomia) per proporre il territorio nella sua interezza come valore attorno al quale far ruotare produzione e tempo libero, attrazione delle intelligenze e afflusso dei capitali finanziari. Non il paese dei mandolini e dei menestrelli, come qualcuno paventa appena sente la parola turismo – che vale oltre il 12 per cento del nostro Pil – ma l'università globale del saper vivere e del saper produrre. Un grande campus in cui si alternano i nuovi turisti (nel 2020, secondo l'Organizzazione mondiale del turismo, 100 milioni di cinesi varcheranno le proprie frontiere) e la determinante classe dei creativi che secondo Richard Florida, il guru della nuova economia americana, è attirata non dai «fattori economici tradizionali, quali l'accesso a risorse naturali o le infrastrutture di trasporto», ma dalla gradevolezza del posto: «Sono poi le imprese a seguire le persone oppure, a volte, sono quelle stesse persone a originare le imprese (...). Le infrastrutture materiali che per tante città rappresentano il perno dei programmi di sviluppo – stadi sportivi, autostrade, centri commerciali e zone dedicate al turismo o al divertimento, simili a parchi a tema – sono irrilevanti, insufficienti, quando non del tutto sgradite a gran parte dei membri della classe creativa, i quali in una comunità cercano l'abbondanza di attrattive e di esperienze di qualità, l'apertura a ogni genere di diversità, e sopra a ogni cosa la possibilità di vedere riconosciuta la propria identità di persone creative».[3]

Certo, se ci atteniamo allo schema proposto da Florida per valutare la capacità di un paese di attrarre i creativi, l'Italia appare in difficoltà: figura al decimo posto tra i dodici paesi europei per i quali esistono dati disponibili (undicesima per la proporzione di laureati, dodicesima per il numero di ricercatori nel campo tecnico-scientifico). Ed è indubbiamente un paradosso che il paese della creatività sia povero di creativi; ma la contraddizione si spiega andando a indagare i significati nascosti dietro al termine «creatività»: da una parte, un dono innato; dall'altra, una capacità potenziale che richiede fatica e applicazione per trovare percorsi innovativi al posto di quelli convenzionali e che, come diceva George Bernard Shaw, è per il 90 per cento traspirazione e per il 10 per cento ispirazione.

L'immagine positiva dell'Italia è legata alla creatività nella prima versione, quella dell'intuizione geniale del singolo; in questo campo abbiamo una lunga e consolidata tradizione. L'immagine negativa è legata alla creatività intesa come processo: non incoraggiamo le strutture che rendono più facile la nascita di nuove idee. La scommessa dunque è unire il concetto romantico, l'atto creativo come ispirazione folgorante, a una visione di sistema moderna e concreta che permetta di recuperare i ritardi accumulati nello sviluppo di tecnologia, talento e tolleranza, le tre T teorizzate da Florida come metro per misurare il dinamismo di una società. L'Italia potrebbe poi tornare in vantaggio mettendo in gioco la quarta T capace di assicurare lo slancio necessario: il territorio. Un territorio verso il quale, come suggerisce Giuseppe De Rita, bisogna tornare perché «è sul territorio che oggi si formano interessi e identità collettivi; è sul territorio che si esplica la voglia di viver bene, su cui si radica oggi buona parte del consenso sociale; è sul territorio che si può richiamare la responsabilità di tutti (imprese, enti locali e singoli) a rilanciare lo sviluppo e a razionalizzare spese e interventi».[4] Un territorio che, ricorda il presidente della Repubblica Carlo Azeglio Ciampi, rimane vitale se mantiene la sua coesione sociale e diventa capace di far nascere «nuovi distretti culturali» grazie «all'incontro tra qualità della vita, tradizioni, cultura, storia, ma anche nuove tecnologie e ricerca».

A questa Italia, che si fa voler bene perché è capace di valorizzare le radici locali proponendosi come distretto della qualità all'interno della rete europea, *Soft economy* intende dar voce, raccontando una serie di storie emblematiche, avventure al tempo stesso uniche ed esemplari; la carrellata non pretende di essere esaustiva, ma offre uno spaccato su un futuro possibile, soprattutto se ci si allena a osservare gli elementi che fanno la differenza, i tratti che caratterizzano le imprese di successo. Proviamo a elencarli per costruire l'identikit del paese che funziona.

L'Italia che ce la fa dà valore alla memoria, ma non vuole imbalsamare il passato; mantiene la sua identità tradizionale intrecciandola con la modernità per farne un trampolino verso il futuro. È la scelta compiuta da Elio Altare, un pioniere della rivoluzione enologica, che ha fatto del vino italiano un protagonista della competizione nella fascia dell'eccellenza; dai suoi vigneti-giardino nelle Langhe invia i Barolo e i Barbera ai quattro angoli del pianeta. Oppure dal gruppo Mauro Saviola che, puntando sul riciclo, è diventato leader mondiale del pannello di legno truciolare ecologico; ha coinvolto mille comuni nella raccolta di vecchi mobili, imballaggi, cassette di frutta, salvando 10 mila alberi al giorno e fatturando 800 milioni di euro all'anno.

Oltre alla memoria conta poi il portamento: tenere la schiena dritta senza affidarsi all'assistenzialismo. Come ha fatto la Faam che, per non perdere il legame con Monterubbiano, un paesino di 2500 anime in provincia di Fermo, ha preferito non spostarsi nemmeno di pochi chilometri rinunciando ai finanziamenti della Cassa per il Mezzogiorno; grazie a quella scelta di coinvolgimento sociale oggi vende accumulatori e veicoli elettrici fino in Cina. Oppure il Gambero Rosso, un gruppo nato da una costola del «Manifesto», che è arrivato a gestire un complesso da 14 milioni di fatturato annuo: la Città del gusto, 5000 metri quadri coperti e 2500 metri quadri di terrazze collegati da scale mobili, vetrate, grandi finestre sul Tevere, dove trovano spazio le aule e i laboratori delle scuole di formazione gastronomica, un teatro della cucina, un negozio di oggettistica specializzata, un sito web, una rivista e la televisione satellitare.

Un'altra caratteristica dell'Italia della *soft economy* è la capacità di adattamento che le permette di cogliere le opportunità: di fronte alla pressione delle tigri asiatiche, invece di chiedere barriere protezionistiche affidando il futuro alla politica ottocentesca dei dazi, si è rimboccata le maniche. È il caso della Cereria Evelino Terenzi di San Giovanni Marignano, in provincia di Riccione, che ha puntato sulla qualità del prodotto – paraffina raffinata al 100 per cento per uso alimentare, stoppini di puro cotone, essenze naturali atossiche e certificate – e sul marketing innovativo per contrastare la concorrenza dei paesi dell'Est, conquistando la leadership europea e una quota del 93 per cento del mercato italiano nella produzione di candele in cera per la pasticceria. O della Marangoni, una piccola impresa di Macerata giunta alla quinta generazione di pasticceri, che vende in Europa, Giappone e Cina il 30 per cento dei suoi cioccolatini alla frutta, realizzati con materie prime rigorosamente certificate.

L'Italia che ce la fa unisce spirito solidaristico e interesse d'impresa e vede nelle comunità locali non giacimenti di manodopera da sfruttare, ma un decisivo fattore di competitività, un coprotagonista da coinvolgere nella scelta della direzione dello sviluppo. È il modo di pensare della Brioni, che produce gli abiti indossati da Kofi Annan e dal James Bond interpretato da Pierce Brosnan, a Penne, un paesino alle pendici del Gran Sasso, scelto per la lunga tradizione in questo settore e ripagato con la creazione di una scuola di alta sartoria. Oppure della Bialetti, che ha conquistato più del 70 per cento del mercato mondiale delle macchine in alluminio per il caffè espresso anche grazie alla capacità d'innovazione dei suoi tecnici motivati da accordi sindacali ben più generosi di quelli standard.

Nel profilo che si va delineando c'è poi il riconoscimento della dimensione estetica come valore che permette di esaltare la vocazione alla qualità, di riconoscere nel paesaggio e nelle comunità che lo hanno preservato il motore principale dello sviluppo e un campo d'investimento prioritario. È la via seguita dal Comune di Giffoni Sei Casali, a metà strada fra Pompei e Paestum, trasformato in paese-albergo da un attento recupero del borgo antico che ha rivitalizzato le attività imprenditoriali proponendosi come un modello di sviluppo a tutto campo, capace di portare vicino al 70 per cento anche la raccolta differenziata. O da Xing, un sodalizio di professionisti della cultura nato dagli incontri al Link di Bologna, un connubio tra centro sociale e laboratorio artistico d'avanguardia; oggi è una delle poche organizzazioni private che si occupano di ricerca artistico-culturale con logiche di mercato, e da cinque anni organizza e produce eventi fra Roma, Milano e Bologna.

Un altro tratto distintivo delle imprese di successo è il coraggio di puntare sull'eccellenza. Per esempio quella dei 149 prodotti agroalimentari certificati Dop e Igp che ci fanno guadagnare il primato europeo e circa 9 miliardi di euro all'anno. O quella di Logos, l'azienda modenese che dal 1995 ha creato un dizionario multilingue disponibile gratuitamente su Internet e che è andata espandendo la sua attività fino a dar vita a una biblioteca virtuale, sempre gratuita e poliglotta, che contiene migliaia di saggi, studi scientifici, romanzi, testi classici: un caso in cui la cultura si sposa con gli utili, dal momento che il fatturato colloca l'azienda tra i leader mondiali del settore.

L'Italia che non affonda è quella che considera la ricerca e l'innovazione strumenti irrinunciabili per affrontare il futuro. Come la Covertec che, investendo un quinto del fatturato in ricerca e sviluppo, sta crescendo al ritmo del 20 per cento annuo vendendo pellicole di protezione dei monitor, degli elettrodomestici e dei piani di cottura frutto di un processo produttivo a base di acqua invece che di solventi. O l'Abiogen Pharma di Pisa, diventata un'azienda farmaceutica di rilievo internazionale tanto da aver brevettato il Neridronato, l'unico farmaco disponibile per curare una malattia micidiale come l'osteogenesi imperfetta. O la Moma di Bergamo, nata dall'incontro tra un imprenditore e un ricercatore universitario con la passione delle nanotecnologie, che ha portato a risultati come quello sperimentato da una ditta di Reggio Emilia: sostituendo la chimica tradizionale con le nanotecnologie, è riuscita a realizzare significativi risparmi nell'utilizzo delle materie prime, diminuendo l'impatto ambientale e aumentando il fatturato del 20 per cento all'anno.

Ma il ritratto non sarebbe completo se dimenticassimo quello che la scommessa legata al protocollo di Kyoto ha reso evidente: l'efficienza, l'uso razionale delle risorse, il rispetto dell'ambiente non sono una mania degli ecologisti ma un vantaggio economico. Le opportunità legate a questa sfida sono testimoniate dalla STMicroelectronics di Pasquale Pistorio, una delle poche ecoaziende italiane a gareggiare con successo nella categoria dei pesi massimi dell'economia mondiale. Oppure, per citare le «multinazionali tascabili» di cui parla spesso Aldo Bonomi, grande esploratore delle potenzialità dei territori italiani, dall'Umpi elettronica di Cattolica: i tecnici dell'azienda hanno brevettato un sistema intelligente di gestione dell'illuminazione pubblica che controlla accensione e spegnimento e segnala i guasti, facendo arrivare i risparmi energetici al 20-25 per cento e favorendo la crescita straordinaria delle esportazioni (da Barcellona al Brasile, dalla Malesia alla Mecca). O dall'Asm di Settimo Torinese con il suo impianto che, grazie alla modulazione di energia solare e idrogeno, ha permesso di rendere pressoché autosufficiente uno stabilimento in cui lavorano 180 persone, con un taglio netto della bolletta energetica e una riduzione delle emissioni inquinanti di oltre 300 tonnellate all'anno di anidride carbonica.

Il profilo del nuovo made in Italy

Mettendo assieme questi elementi si comincia a delineare con maggior precisione il profilo del nuovo made in Italy, frutto di un paese che torna a unire le categorie del bello e dell'utile coniugando l'estetica e la piacevolezza del vivere all'elettronica avanzata per affrontare la sfida della globalizzazione. Ed è proprio grazie alla sinergia tra recupero del passato (difesa di saperi tradizionali, culture locali, qualità del paesaggio) e proiezione verso il futuro (ricerca di punta nei settori avanzati, tutela dell'ambiente, innovazione, hi-tech) che il marchio Italia, fino a vent'anni fa una bandierina issata sulle roccaforti della produzione nazionale come la moda e la pasta, in alcuni casi è uscito dai vecchi confini e si sta misurando in uno spazio più ampio.

Naturalmente non si tratta di un cammino lineare ma di una via costellata di trappole e di incognite che legittimano domande insidiose. Ad esempio: i casi di successo costituiscono una massa critica sufficiente a innescare una trasformazione economica virtuosa? Oppure: un paese in cui la grande industria arretra è condannato inevitabilmente al tramonto? La tesi di questo libro è che la tendenza al declino si può invertire anche spostando l'attenzione dalla *hard economy* delle aziende che delocalizzano nei paesi emergenti per inseguire il basso costo del lavoro alla *soft economy* che scommette sulla conoscenza e sulla ricerca, crescendo assieme al territorio anziché contro; che unisce la forza propulsiva dell'industria alla capacità di tenuta nel tempo dei saperi tradizionali; che ottiene i numeri necessari alla competizione su scala globale grazie a una rete diffusa di piccole imprese piuttosto che a pochi colossi; che sa ricavare piacere e utili sia dalla difesa di un lago di montagna, sia dalla ricerca sulle particelle subatomiche; che considera la coesione sociale, oltre che un valore in sé, uno straordinario fattore produttivo.

Se il *soft power*, come suggerisce Joseph S. Nye, è la capacità di condizionare le vicende mondiali attraverso «fonti di potere intangibili quali cultura, ideologia e istituzioni in grado di attrarre gli altri», la *soft economy* è la capacità di creare economia in base a valori non riducibili alle griglie fordiste, non misurabili con il metro della quantità: i saperi e l'innovazione, la cultura, il paesaggio, le valenze simboliche, i richiami dell'immaginario, la creatività, la storia. Secondo Nye, grazie alla rivoluzione dell'informazione, il *soft power* si sta affermando sempre più come una delle dimensioni centrali della scena internazionale, intaccando le fonti più tradizionali di potere: la forza militare e le vecchie *lobbies* economiche. Le storie che seguono, prendendo spunto dal racconto in prima persona dei protagonisti, mostrano come la *soft economy* non sia un fattore marginale ma possa risultare un antidoto all'omologazione in grado di riequilibrare l'economia di un intero paese.

Su questo piano l'Italia ha le carte in regola per giocare un ruolo importante grazie alla sua storia e al contesto europeo che le fornisce una cornice di incoraggiamento e stimolo. A condizione di non perdere tempo, perché la critica alla visione unicamente quantitativa dell'economia non è un monopolio. Dalle pagine di grande rigore morale del premio Nobel Amartya Sen all'analisi dell'economista inglese Robert Repetto, si moltiplicano le critiche all'unidimensionalità del Pil che, non tenendo conto della manutenzione del capitale di base, consente paradossi contabili come quello secondo il quale un paese che rade al suolo le foreste, saccheggia le miniere, elimina migliaia di specie animali, è premiato in termini di Pil perché il fatturato cresce e la perdita del capitale natura non viene calcolata. Un'accusa mossa anche da Bob Kennedy che, subito prima di essere assassinato durante la campagna presidenziale del 1968, in un memorabile discorso sostenne che il prodotto interno lordo «non tiene conto dello stato di salute delle nostre famiglie, della qualità della loro educazione e della gioia dei loro giochi. È indifferente alla decenza delle nostre fabbriche e insieme alla sicurezza delle nostre strade. Non comprende la bellezza della nostra poesia o la solidità dei nostri matrimoni, l'intelligenza delle nostre discussioni o l'onestà dei nostri dipendenti pubblici. Non tiene conto né della giustizia dei nostri tribunali né della giustezza dei rapporti tra noi. Il prodotto interno lordo non misura né la nostra arguzia né il nostro coraggio né la nostra saggezza né le nostre conoscenze né la compassione né la devozione al nostro paese. Misura tutto, in breve, eccetto ciò che rende la vita meritevole di essere vissuta, e può dirci tutto sull'America, eccetto se siamo orgogliosi di essere americani».

In Italia è Symbola, la Fondazione per le qualità italiane, a cercare di mettere a fuoco, attraverso gli studi di Sandro Polci del Cresme, un nuovo strumento capace di registrare la qualità e il segno dello sviluppo, dando conto del benessere delle persone e dello stato di salute del paese: il Piq, Prodotto interno qualità. Ed è attorno a Symbola che si sono incontrati alcuni dei protagonisti economici, sociali, istituzionali e culturali della sfida per la qualità: Alessandro Profumo, Domenico De Masi, Anna Maria Artoni, Pasquale Pistorio, Fabio Renzi, Carlo De Benedetti, Francesco Ferrante, Roberto Della Seta, Diego Della Valle, Secondo Amalfitano, Roberto Di Vincenzo, Franco Pasquali, Carlo Petrini, Salvatore Settis e molti altri.

Non siamo tuttavia gli unici a lavorare in questa direzione. La Cina attira l'attenzione di tutto il mondo per la crescita economica che da tempo procede a un ritmo del 9 per cento annuo. Ma non è detto che Pechino si accontenti di vincere secondo le vecchie regole: all'inizio del 2005, 10 municipalità e province cinesi hanno cominciato a calcolare in via sperimentale il Pil verde, cioè i livelli di produzione reali, sottraendo dal lordo il costo dei danni ambientali. La partita resta aperta e i concorrenti che non spingono sull'innovazione rischiano di perdere su più fronti.

La rete della qualità

Di fronte a questo quadro insidioso occorre misurare la credibilità del progetto di rilancio della rete italiana della qualità, partendo dalla valutazione dei soggetti in campo e dei numeri che li rappresentano. Il primo dei protagonisti della *soft economy* è il mondo industriale; o meglio quella parte del mondo industriale che vede nel territorio una risorsa. «Per fare le scarpe più belle del mondo serve gente che respiri bellezza, oltre ad avere diritti e tutele», afferma Diego Della Valle, uno degli imprenditori che non vogliono delocalizzare. È la stessa ragione per cui non è immaginabile trasferire la Ferrari a Chicago o a Shanghai: la *mission* dell'azienda del cavallino è un obiettivo corale che vive del sostegno dell'intera comunità di Maranello, dal sindaco al parroco.

L'industria in sintonia con la *soft economy* punta sull'innovazione, sulla costruzione di un largo consenso all'interno e all'esterno dell'azienda, e guarda all'ambiente non più come a un fardello da scrollarsi velocemente di dosso ma come a un'opportunità per diventare più competitivi, per risparmiare materie prime ed energia. Questo è stato tradizionalmente uno dei punti forti del nostro sistema industriale che, per quanto riguarda l'efficienza energetica, ha guidato a lungo la classifica mondiale assieme al Giappone. Oggi però la nostra velocità di marcia è diminuita fino al punto di consentire numerosi sorpassi: secondo il rapporto Ambiente Italia 2004, per ogni milione di euro di Pil prodotto in Italia si consuma il 50 per cento in più di energia rispetto alla Danimarca, il 28 per cento in più rispetto all'Austria, il 14 per cento in più rispetto all'Irlanda, l'11 per cento in più rispetto alla Germania.

Il vecchio medagliere dunque non basta più. Per tenere il passo di un'innovazione tecnologica sempre più accelerata occorrono forti investimenti da destinare alla voce ricerca e sviluppo, un settore in cui l'impegno italiano è addirittura ridicolo: circa la metà della media europea. Non c'è da stupirsi se alla fine produciamo 72 brevetti per milione di abitanti contro i 153 che costituiscono la media europea: la Hewlett-Packard, come ricorda spesso il sociologo Domenico De Masi, da sola possiede 24 mila brevetti e ogni giorno ne registra 11. L'Università La Sapienza di Roma, che conta 150 mila studenti, nel 2004 ha registrato 34 brevetti: quelli che Hp realizza in tre giorni. Questo deficit di ricerca si ripercuote pesantemente sulla nostra capacità industriale, come evidenzia il quarto rapporto Enea sulla competitività: «La quota di commercio mondiale dell'Italia nei comparti ad alto contenuto tecnologico è scesa nel 2001 al 2,29 per cento contro un già esiguo 3,55 per cento del 1990, con una perdita, quindi, del 35 per cento. Per converso, nello stesso periodo, la quota della Ue dei 15 è diminuita meno del 10 per cento».[5]

L'hi-tech rappresentava nel 2002 il 12 per cento dei beni manifatturieri esportati contro una media europea del 23 per cento e picchi come quello dell'Irlanda che arriva al 58 per cento. Pessimo anche il rapporto tra impresa e università. È il check-up annuale di Confindustria a dirci che l'Italia ha una percentuale bassissima di imprese manifatturiere che lavorano fianco a fianco con gli atenei: nel biennio 1998-2000 erano solo il 2,3 per cento, mentre in Finlandia si superava il 28 per cento, in Svezia il 13 per cento e in Francia, Germania, Austria non si scendeva sotto l'8 per cento.

Questa Italia del declino è stata ben descritta da Luciano Gallino con poche pennellate: nell'elenco, pubblicato da «Forbes» nel 2004, delle 2000 società più importanti del mondo l'Italia compare con 42 società, contro le 64 della Germania, le 67 della Francia e le 132 del Regno Unito. Un panorama che non si discosta molto da quello descritto dal presidente di Confindustria Luca Cordero di Montezemolo nel dicembre 2004 in occasione di un convegno sull'innovazione tecnologica: «Il paese non cresce da almeno 15 anni, ha una produttività più bassa rispetto ai partner europei, ha degli investimenti che languono, ha una quota di export che scende, ha una produzione stagnante, ha un costo del lavoro più alto degli altri paesi, non è tra i primi 5 investitori europei in Cina ed India». Non c'è dubbio: l'Italia arranca. Nel 2002 è scesa dal ventiquattresimo al trentaduesimo posto per competitività tra i paesi presi in esame dall'International Institute for Management Development di Losanna[6] e nel 2005 è slittata al cinquantatreesimo posto.

In questo contesto il governo Berlusconi non ha saputo invertire la rotta. Una delle principali iniziative in materia, la cosiddetta Tremonti bis che regola la detassazione degli utili reinvestiti dalle imprese, invece di premiare le prospettive di sviluppo più interessanti, ha distribuito risorse indiscriminatamente, sia ai notai che rinnovano le sale di attesa e agli industriali che costruiscono capannoni inutili, sia a chi scommette sulla ricerca, sui nuovi prodotti, sulla qualità. Il governo del centrodestra non ha recepito le proposte presentate da Confindustria per bocca del suo vicepresidente con delega per l'Innovazione e la Ricerca, Pasquale Pistorio: credito d'imposta al 10 per cento delle spese di ricerca per almeno dieci anni; miglioramento dell'efficienza del sistema pubblico di ricerca; collaborazione tra imprese e università; creazione di start-up innovative attraverso l'esenzione dagli oneri sociali per tutti gli addetti alla ricerca per un periodo di 8 anni; eliminazione dell'Irap per tutto il personale delle imprese addetto alla ricerca; scelta mirata di 10 programmi strategici. Un pacchetto di misure che, come spiega il centro studi Confindustria, avrebbe portato, con un costo pari allo 0,1 per cento del Pil, all'attivazione di importanti investimenti privati, finendo per costituire un formidabile volano per il rilancio dell'economia.

Eppure ci sono molte aziende che tengono il passo dei concorrenti più agguerriti e il prestigio complessivo del sistema paese resta alto, tanto che l'italiano, secondo un'indagine dell'Università romana La Sapienza, è una delle cinque lingue più studiate del mondo e il numero di studenti continua ad aumentare.

Questo modello industriale inoltre può contare su una base territoriale composta innanzitutto dalle città, che in Italia sono quasi sempre d'arte e che possono avere una marcia in più se riescono a offrire servizi di qualità e d'avanguardia. Ma anche dai piccoli comuni, i municipi con meno di 5 mila abitanti che rappresentano il 72 per cento del totale; sono realtà a bassa densità di abitanti e ad alta densità di ricchezza, sia dal punto di vista dei beni culturali – nel 78 per cento dei comuni italiani sono presenti beni censiti come archeologici o architettonici – sia dal punto di vista della produzione di benessere materiale, come dimostra l'elenco delle imprese di rilievo nazionale o internazionale presenti in borghi di cui pochi conoscono il nome. Si va dalla Tod's di Diego Della Valle, che mantiene le radici a Casette d'Ete, in provincia di Ascoli Piceno, a Diesel, l'industria di jeans inventata da Renzo Rosso a Molvena, in provincia di Vicenza; dalla Geox, ospitata a Biadene di Montebelluna, una piccola frazione trevigiana, alla Loacker che produce 118 milioni di euro di biscotti ad Auna di Sotto, un grappolo di case con 450 abitanti in Alto Adige. E anche Benetton, Stefanel, Zucchetti e Artemide sono legate a borghi di circa 7 mila abitanti. Tutte queste imprese hanno qualcosa in comune: un'infrastruttura immateriale che garantisce la qualità della vita e dei prodotti grazie agli stimoli e alle risorse che vengono dal territorio. Lo ricorda anche il presidente della Repubblica Carlo Azeglio Ciampi: «Questi borghi, questi paesi rappresentano un presidio di civiltà (...). Possono essere un luogo adatto alle iniziative di giovani imprenditori. La tendenza verso il ritorno ai piccoli centri può diventare una grande avventura, un'opportunità». Un'opportunità che sarà più facile cogliere se si investirà con decisione sulle nuove tecnologie, sfruttando quella che Vito Di Bari ha descritto su «Il Sole 24 Ore» come l'«anima zen del web»: la capacità della rete di parlare al cuore delle persone.

Quest'Italia della qualità è meno visibile perché si muove in ordine sparso, ma le sue prestazioni non vanno sottovalutate: siamo al primo posto nel mondo per la certificazione etica e al settimo per quella Iso 14001; in Europa ci attestiamo al primo posto per l'etichetta ecologica dei prodotti industriali con 60 licenze ecolabel. Il problema è che la parte virtuosa del sistema industriale è dinamica ma frammentata, fantasiosa ma priva del sostegno di una politica governativa lungimirante ed efficace.

L'agricoltura legata al territorio

La *soft economy* italiana ha però a disposizione un secondo motore: un'agricoltura che ha puntato sulla qualità e sul territorio. In questo settore il primato è netto. L'Italia è leader europeo con 149 prodotti agroalimentari Dop e Igp che sviluppano un fatturato di circa 9 miliardi di euro e attirano ogni anno nei santuari dell'enogastronomia 3 milioni e mezzo di turisti. A questo patrimonio vanno aggiunti gli oltre 4 mila prodotti censiti come tipici, cioè caratterizzati da un legame con il territorio in cui vengono lavorati e da metodi di produzione collaudati per almeno 25 anni.

Anche nel campo del biologico guidiamo la classifica dell'Europa allargata e siamo al terzo posto nel mondo dopo Australia e Argentina; abbiamo circa un milione di ettari destinati a foraggio, cereali, olivi, viti, agrumi, ortaggi e allevamento; fatturiamo 1,5 miliardi di euro; abbiamo una rete di distribuzione che può contare su 1000 negozi biologici specializzati e 1700 supermercati.

Poi ci sono i casi d'eccellenza, come il Consorzio del Parmigiano reggiano, prodotto simbolo del legame con il territorio e della qualità delle materie prime che, tra il 1999 e il 2003, ha raddoppiato le esportazioni verso gli Usa e aumentato del 30 per cento quelle verso i partner europei, arrivando a una produzione complessiva di oltre 3 milioni di forme con un giro d'affari di 910 milioni di euro. O come il settore dei vini, protagonisti di una riconversione ecologica di successo: hanno ottenuto 453 Docg, Doc e Igt e sono passati dalla grande quantità a basso prezzo, che nel 1986 portò allo scandalo del metanolo, a una produzione di qualità che ha diminuito il numero di bottiglie spingendo verso l'alto il fatturato e facendo crescere l'export nel 2004 del 4,5 per cento.

Decisiva per il rilancio dell'agricoltura si è rivelata l'azione delle associazioni. La Coldiretti, per esempio, ha colto prima di altri l'importanza della transizione in atto e ha creato una rete di 2 mila comuni *ogm-free*, spostando con decisione, in Italia e in Europa, l'attenzione dalla quantità alla qualità e al legame con il territorio come base per il futuro del settore. La Confederazione italiana agricoltori ha puntato sull'alleggerimento dell'impatto energetico della produzione, sponsorizzando un programma di diffusione capillare delle pale eoliche nelle campagne. Ed è in Italia che è nata la prima associazione ecogastronomica del mondo, Slow Food, che, in meno di vent'anni, ha messo piede in tutti i continenti diventando un punto di riferimento obbligato per i *maître à penser* della cultura alimentare. Un successo ottenuto puntando, oltre che sulla salvaguardia delle ricette simbolo della specificità dei singoli luoghi, sulla difesa delle materie prime che rischiano di essere cancellate dall'omologazione dei sapori di plastica, dall'avvelenamento chimico dei campi, dalla minaccia degli alimenti transgenici. Per salvarle Slow Food ha creato 200 presidi, una cintura di protezione economica attorno alle nostre eccellenze alimentari, dal pane nero di Castelvetrano al fico dottato cosentino, che in quattro anni ha raddoppiato l'occupazione e aumentato di sei volte la produzione.

Non si tratta della difesa di una nicchia. Dietro i marchi gastronomici più prestigiosi si muove un sistema agroalimentare che, secondo le stime Coldiretti, considerando l'indotto industriale e le attività commerciali, vale il 25 per cento del Pil e costituisce una grande opportunità di sviluppo; a patto che i confini vengano protetti e che la crescita della popolarità del marchio made in Italy sia accompagnata da un analogo sviluppo della capacità di fare marketing. Il futuro dei prodotti di qualità è infatti legato in modo inscindibile a quello del territorio; se i laboratori chimici e d'ingegneria genetica sostituiranno la terra come fonte degli aromi e dei sapori, il Chianti potrà essere prodotto in Malesia e il Barolo in California. Non è uno scenario paradossale. Solo dopo tre anni di battaglie legali, nel 2002, il Parmigiano reggiano ha vinto la guerra contro il Parmesan, un surrogato che aveva tentato di promuoversi giocando sull'assonanza del nome. La Corte di giustizia europea ha decretato che il «falso Parmigiano non può godere della denominazione di origine, non può più essere prodotto in Italia» e non può essere venduto in uno dei paesi membri dell'Unione.

Il caso del Parmesan è particolarmente clamoroso perché si tratta di un formaggio che non rispetta il disciplinare del Parmigiano reggiano, non ha legami con il territorio che ha dato il nome al prodotto, e veniva commercializzato all'estero confidando sulla difficoltà per il consumatore non italiano di distinguere il marchio originario dall'imitazione. Ma le truffe alimentari sono cresciute al punto da guadagnarsi un nome: «agropirateria», una forma di commercializzazione disinvolta che utilizza impropriamente parole, colori, immagini e denominazioni che richiamano un paese per pubblicizzare alimenti estranei alla sua realtà produttiva.

Per avere un'idea delle dimensioni del fenomeno – non sempre così esasperato da superare i confini della legalità – basta citare due casi. Il primo è analizzato in uno studio Indicod-Nomisma, commissionato dal governo, da cui risulta che, fra maggio 2002 e aprile 2003, il mercato al dettaglio dei prodotti alimentari *italian sounding* ammontava negli Stati Uniti a 17,7 miliardi di dollari. Di questi, soltanto 1,5 miliardi (l'8,6 per cento) faceva riferimento a prodotti italiani, mentre i restanti 16,2 (il 91,4 per cento) erano relativi a prodotti che imitavano lo stile italiano; un rapporto di dieci a uno, cioè un enorme mercato potenziale per le merci realmente italiane. Infatti, secondo un'altra ricerca, condotta da Federalimentare, il totale dell'agropirateria sottrae all'Italia una quota di mercato che vale oltre 52 miliardi di euro l'anno.

Il secondo caso è la truffa della passata di pomodoro italiana made in Cina. L'Italia è il primo importatore europeo di pomodoro concentrato cinese che supera la frontiera con regime tariffario esente dazi purché venga poi venduto fuori dall'Unione europea. La normativa vigente autorizza cioè un'importazione temporanea, finalizzata alla lavorazione del prodotto e alla successiva esportazione. In realtà gran parte del pomodoro prodotto in Cina viene «naturalizzato» italiano: attraverso la diluizione del concentrato, si produce una falsa passata di pomodoro italiana a danno dei produttori onesti, del consumatore e dell'immagine stessa del prodotto. Non è solo questione di profitti: in molti paesi extraeuropei esistono standard ambientali, lavorativi e di diritti che non sono comparabili con quelli europei e possono creare problemi di tipo sanitario ed etico.

Il turismo a tutto campo

Il terzo protagonista in gioco nella rete che compone la *soft economy* nazionale è il cartello di consensi e di interessi che ruota attorno alla difesa e valorizzazione del territorio, della bellezza, della qualità della vita. In Italia il movimento protezionista è stato in grado di far superare al verde tutelato la soglia del 10 per cento del territorio nazionale: con 775 aree tutelate abbiamo il più esteso sistema di parchi in Europa.

Inoltre il territorio italiano ha notoriamente un alto valore aggiunto anche dal punto di vista culturale: siamo primi nella lista Unesco con 40 siti riconosciuti patrimonio dell'umanità. La compresenza di natura e arte ha assicurato all'Italia un forza attrattiva che per secoli non è stata messa in discussione. «Città antichissime, per la maggior parte vescovili, sorgono sulle alture verdeggianti di castagni e coperte di oliveti, o inghirlandate dalla vite e danno alla campagna laziale un'impronta preponderantemente storica», scriveva Ferdinando Gregorovius.[7] Negli ultimi anni però il primato mantenuto dal Bel Paese fino al 1970 si è incrinato: il «prodotto Italia» si vende più per la notorietà dei luoghi resi famosi dai viaggiatori del Settecento e dell'Ottocento che per l'interesse esercitato dall'attuale sistema turistico. E se il saldo del settore continua a essere una delle voci che rimpinguano la nostra bilancia valutaria, è tuttavia necessario affrontare una concorrenza sempre più aggressiva che ci ha fatto crollare in 35 anni dal primo al quinto posto nella classifica mondiale. Un calo di competitività determinato da un difetto di strategia, e non certo dalla mancanza d'infrastrutture alberghiere: siamo i primi in Europa con il 18,8 per cento di camere disponibili; abbiamo oltre 986 mila stanze contro le 603 mila della Francia, ma Spagna e Francia incassano, con il turismo e l'indotto, più dei nostri 29 miliardi di euro. Inoltre il sorpasso da parte della Cina nel 2004 rivela un affanno che si fa sempre più evidente se si considera che siamo l'unico grande paese turistico a veder scendere il numero dei visitatori.

La perdita di appetibilità turistica è un dato più grave di quanto appaia ad alcuni commentatori economici concentrati, in maniera esclusiva e a volte indispettita nei confronti di altri possibili punti di vista, sui numeri della grande industria. Come nota l'economista Gian Maria Gros Pietro, se si afferma che alcune zone hanno più vocazione turistica che industriale, si è guardati con sospetto, quasi le si volesse declassare, come se ospitare una catena di alberghi sia meno dignitoso che costruire un impianto petrolchimico; in questo modo si sottovaluta, tra l'altro, l'indotto prodotto dal turismo anche in settori apparentemente non legati al fascino di un bel paesaggio. Si ignora ad esempio la capacità attrattiva di un territorio a vocazione turistica nei confronti dei laboratori per la ricerca avanzata: «Le attività economiche basate sulla produzione di conoscenza tendono a localizzarsi in luoghi attraenti per il selezionatissimo capitale umano che impiegano. Essere un paese culturalmente e naturalmente piacevole è un punto di forza anche per le attività a più alto contenuto di conoscenza; ancor meglio se meta di flussi internazionali di persone. In Italia questa sinergia non viene sistematicamente sviluppata: il turismo è considerato un'attività a sé che procede secondo modalità scontate e tradizionali».[8]

Ma, anche senza tener conto dei benefici derivanti dall'effetto calamita di un bel paesaggio nei confronti dei centri d'eccellenza in cui si producono i brevetti, il turismo internazionale resta un fattore economico d'importanza crescente che, nella classifica del commercio globale, vale più del tessile o dell'informatica o dell'acciaio.[9] Per l'Italia è necessario un deciso cambio di strategia e sono interessanti, in questo senso, i nuovi orientamenti del Consorzio Costa Smeralda. Per anni teorico di un'offerta concentrata sul periodo di flusso estivo e indulgente nei confronti del cemento, il Consorzio ha imboccato la via di un *new deal* caratterizzato da una maggiore attenzione al paesaggio, da obiettivi di riqualificazione prima ancora che di edificazione, dal legame con il territorio e dal dilatamento della stagione turistica.

Dunque, se il turismo è tra le industrie leader nel mondo e in Italia dà lavoro a un occupato su dieci, appare ragionevole concentrare l'attenzione sui modi per evitare di disperdere il nostro patrimonio in questo campo. Occorre innanzitutto dare al turismo la valenza di un grande progetto economico di carattere nazionale: arrivare a un marketing di sistema che ampli gli effetti della promozione e renda visibili gli operatori piccoli e medi che oggi lavorano nell'ombra per mancanza di una regia unitaria; migliorare la qualità complessiva dell'offerta alberghiera, non più in linea con la sua prestigiosa tradizione secolare; sottolineare le connessioni tra i vari elementi di attrazione del paese, rafforzandoli a vicenda e allargando la rete dei luoghi visitati. Si può cominciare, ad esempio, con il chiedersi se le formule «mare, ombrellone, spaghetti» e «Rialto, Ponte Vecchio, Musei Vaticani» siano il massimo che può offrire un paese che vanta

3500 musei, 20 mila centri storici, 40 mila rocche e castelli, 95 mila chiese, 1500 conventi, 30 mila archivi, 4 mila giardini storici, oltre 20 parchi nazionali e paesaggi raffigurati nei quadri delle pinacoteche di tutto il mondo. La risposta è ovvia. Ma, per ampliare il pacchetto dell'offerta e il periodo di presenza turistica, bisogna saper inventare nuove professionalità, nuovo marketing, nuova rete connettiva tra i singoli operatori. In altre parole: riqualificazione delle città, valorizzazione del patrimonio storico-culturale, rinascita della natura lungo i fiumi, rilancio dell'agricoltura a basso impatto ambientale, recupero dei prodotti gastronomici in via d'estinzione.

Questa proposta acquista peso se, tra le altre considerazioni, si valuta l'effetto che lo sviluppo delle tecnologie digitali potrebbe produrre sul turismo. Quando, schiacciando il tasto di un computer, Palazzo Vecchio apparirà in tre dimensioni e, premendone un altro, una telecamera ci consentirà di entrare dentro il Colosseo, quale sarà la motivazione decisiva per il turista? Forse l'irripetibile insieme di sensazioni e di esperienze fatto di atmosfera, odori, sapori, ambiente. Cioè la qualità. Da questo punto di vista è incoraggiante – riferendosi a una nicchia di mercato che in Italia finora è stata sottovalutata – il successo di iniziative come Sentiero Italia, una rete di percorsi a piedi che consente di attraversare tutte le regioni del paese, perdendosi in prospettive che non è possibile cogliere in altro modo; secondo i calcoli degli organizzatori di Sentiero Italia, per ogni euro speso per rendere agibile un chilometro di sentiero si ottiene un incasso pari a una volta e mezza questa cifra. Una somma non trascurabile se si considera che il turismo a piedi non coincide più con il turismo povero: la formula zaino più ristorante di qualità e albergo a quattro o cinque stelle sta prendendo piede in molti paesi europei.

È un intero settore che ormai si sta muovendo in questa direzione. Approfittando dell'Anno internazionale della montagna, proclamato dalle Nazioni unite per il 2002, alcune valli italiane hanno cominciato a fare le prove generali di riconversione da un turismo monotematico basato essenzialmente sullo sci invernale – che, tra l'altro, dovrà misurarsi con le mutazioni prodotte dal cambiamento climatico – a un'offerta capace di ampliare sia la sfera degli interessi stimolati, sia la fascia temporale delle visite. In Val di Non, ad esempio, è stata lanciata l'idea del turismo «polisensoriale», creando proposte mirate – il percorso del tatto, del gusto, dell'olfatto, della vista e dell'udito – in modo da trasformare l'escursione in un'esperienza che risveglia i sensi intorpiditi dalla vita cittadina.

Anche i dati forniti nel 2004 dalla Compagnia dei parchi confermano che l'ecoturismo è un segmento di modeste dimensioni ma in forte crescita; oltre il 7 per cento del totale della spesa turistica italiana viene da ambiti territoriali parzialmente o interamente compresi nei confini dei parchi nazionali; nei comuni nel cui territorio è stato realizzato un parco nazionale sono stati registrati 118 milioni di presenze turistiche, un afflusso che vale 5,5 miliardi di euro e 104 mila posti di lavoro.

A questi numeri si arriva sommando alle presenze ufficiali (alberghi) e non ufficiali (turismo nelle seconde case) gli escursionisti, cioè coloro che, ad esempio approfittando di una bella giornata per lasciare la città, fanno una camminata in un parco, si fermano per rigenerare le energie, consumano prodotti gastronomici di qualità, e infine tornano a dormire a casa. Questi «utenti leggeri» rappresentano quasi la metà del turismo nei comuni delle aree protette.

È un fenomeno che il Censis inquadra all'interno di una tendenza più generale degli italiani ad adottare «uno stile di vita maggiormente incentrato sul "viver bene" e sulla ricerca di qualità»[10] e ad aderire a un «modello che può sfruttare il capitale di base di cui l'Italia abbondantemente dispone, fatto di buon clima, di paesaggio, di valori ambientali, di patrimonio artistico e monumentale, di cultura, finanche di varietà enogastronomica. Il punto di partenza sono i nuovi bisogni degli individui, che si concretizzano in una diffusa e crescente domanda sociale di specificità, di elementi differenziati, di tipicità locale, probabilmente originatasi come reazione a quei processi di globalizzazione che hanno progressivamente sganciato i prodotti dai processi di lavorazione; e in un ritorno di interesse, soprattutto in chiave turistica, per le aree a bassa densità insediativa, caratterizzate da ritmi di vita più meditati e da sistemi di relazioni meno frettolose».[11]

Un serio rilancio del turismo, basato su un uso più accorto dell'abbinata natura-cultura, porterebbe all'intero paese una serie di benefici economici difficile, ma non impossibile da calcolare. Salvatore Settis lancia un'idea: «Quanti convegni si svolgono a Roma o a Firenze per la loro fama di città d'arte? Quanti visitatori vengono in Italia attratti dal nostro patrimonio artistico? Quanto spendono non in biglietti di museo, ma in alberghi, ristoranti, scarpe, libri, vestiti? Quanto di questo "indotto" è dovuto all'unicità del "modello Italia"» e cioè al «*continuum* territoriale che lega l'una all'altro città e paesaggio, la lingua della letteratura e la cultura dei cittadini? Questa unicità va coltivata sia perché riguarda l'identità nazionale come bene prezioso da non perdere, sia in quanto importante fattore di attrazione e di competitività».[12]

La spesa etica e il terzo settore

C'è infine un quarto elemento importante nel quadro dell'Italia che ce la fa, ed è la base su cui si regge il circuito di un'economia virtuosa: una rete di consumatori le cui scelte sono sempre più legate alla variabile etico-ambientale, tanto che alcuni economisti cominciano a parlare di merci in cui il valore è coprodotto da aziende e consumatori. C.K. Prahalad, docente di Business Administration alla University of Michigan Business School, e Venkat Ramaswamy, docente di Electronic Business e Marketing alla Michigan University, ritengono che siano «sempre più gli sforzi congiunti del consumatore e dell'impresa – ossia l'unione tra la rete estesa delle connessioni dell'impresa e le comunità di consumatori – a creare valore attraverso esperienze personalizzate specifiche di ciascun singolo consumatore. (...) Nel nuovo paradigma, impresa e consumatore co-creano valore nei punti di interazione. Le imprese non possono più pensare di agire in modo unilaterale».[13]

La battaglia per la qualità dei prodotti si gioca infatti in gran parte sulla comunicazione, un terreno in cui i consumatori hanno un ruolo sempre più importante. Accanto al prezzo e alla funzionalità comincia a pesare un elemento che contribuisce a definire i confini e le regole del mercato: i valori rappresentati dall'oggetto. Il successo della vendita si lega alla capacità di entrare in sintonia con lo stile di vita e, in ultima istanza, con l'essenza stessa della persona-cliente. Naomi Klein, nel suo celebre *No logo*, ha descritto con grande efficacia il lato oscuro di questo processo, la crescente pressione delle grandi marche per imporre, all'interno del nuovo modello di marketing basato sulla vendita non tanto del prodotto quanto della firma del produttore, un'«ulteriore componente che può essere descritta solo come "spirituale"».[14] Il brand assume il ruolo di guida culturale e definisce il sistema degli sponsor e dell'industria pubblicitaria; perfino la vendita va in scena sempre più in megastore in cui «le luci, la musica, i mobili, i commessi creano un ambiente simile a una produzione teatrale in cui il cliente ha il ruolo del protagonista».[15]

Ma esiste anche il lato solare di questo fenomeno.

Proprio perché le merci acquistano un valore simbolico, i comportamenti che ledono i diritti umani e le garanzie ambientali diventano sempre più un rischio per le grandi industrie. Lo dimostrano alcuni casi esemplari, come quello dei milioni di palloni cuciti in Pakistan da bambini-schiavi che si piagano le mani per lavorare il cuoio; appena la notizia si è diffusa, le aziende sono corse ai ripari. Così come un numero crescente di case di moda certifica che i suoi prodotti non sono stati realizzati utilizzando il lavoro infantile; e la tracciabilità, cioè la possibilità di risalire con precisione al produttore e ai sistemi di produzione utilizzati, sta diventando l'elemento che fa la differenza nel sistema alimentare.

Una prospettiva valida anche dal punto di vista dei rapporti tra stati e tra blocchi economici: nell'epoca degli scambi globali le regole morali non possono avere confini. Se i principi etici e ambientali vengono posti in maniera coerente e non strumentale, appare dunque legittima la richiesta di uno standard minimo per l'importazione di merci extracomunitarie, perché le norme che riguardano la sicurezza del prodotto, sia dal punto di vista di chi lo utilizza sia dal punto di vista di chi lo fabbrica, hanno valore universale.

All'Italia dei prodotti di qualità e di eccellenza s'intreccia così, nella radiografia della *soft economy* nascente, un'Italia innovatrice che guarda ai processi di produzione e commercializzazione soprattutto sotto il profilo etico-ambientale. È l'Italia delle grandi aree metropolitane e dei giovani interessati alle attività al confine tra l'etica e il mercato come il commercio equo e solidale, i prodotti biologici e biodinamici, il volontariato. Non a caso tutti questi settori godono di ottima salute. I prodotti equosolidali registrano un successo crescente. In tutta Europa sono oltre 70 mila i punti vendita – dalle 3 mila «botteghe» alla rete della grande distribuzione – con un fatturato che supera ormai i 500 milioni di euro ed è in continua crescita. In Italia, grazie all'azione di associazioni, cooperative e consorzi – dalla rete delle «botteghe» a Banca Etica, da Ctm Altromercato fino a FairTrade TransFair – nel 2002 il numero dei punti vendita che trattano prodotti del commercio equo e solidale ha toccato quota 4 mila.

Il terzo settore, quello delle organizzazioni no profit, quello che punta sul capitale umano definito da Giorgio Vittadini la «ricchezza dell'Europa», continua a crescere in sintonia con un quadro generale in formidabile espansione: in 22 nazioni del mondo «ha un giro d'affari complessivo di 1100 miliardi di dollari e occupa più di 19 milioni di persone a tempo pieno, pari al 10 per cento dell'occupazione generata dal comparto dei servizi. (...) Se il terzo settore di questi 22 paesi fosse un'economia nazionale autonoma sarebbe equivalente a quella dell'ottavo paese più ricco del mondo».[16]

La trasformazione riguarda anche il mondo bancario e l'intero sistema del credito. Secondo un sondaggio Databank del 2003, elaborato per il mensile «Nuova ecologia» e Legambiente, il 70 per cento dei consumatori ripone la propria fiducia nelle imprese che investono sul sociale, l'80 per cento attribuisce la massima importanza al rispetto dei diritti dell'uomo e dell'ambiente da parte delle aziende, l'82 per cento chiede che i prodotti non danneggino l'ambiente.

Di fronte a un pronunciamento così netto le imprese rispondono cercando di fornire un prodotto adeguato alle attese del consumatore. Sempre dal sondaggio Databank risulta che il 47 per cento delle aziende considera le tematiche etico-ambientali un fattore fondamentale che regola le strategie di mercato. Un altro 20,4 per cento lo ritiene un impegno da assolvere attraverso finanziamenti a organizzazioni no profit. Il 31,1 per cento lo valuta come un aspetto molto importante nelle attività di comunicazione. Solo per il 29,6 per cento delle aziende è un tema che non le riguarda.

Tutti gli studi finora effettuati confermano questi giudizi, dimostrando che le imprese sensibili ai temi sociali hanno un andamento di Borsa migliore della media del settore di cui fanno parte. Dunque, citando Corrado Passera, se lo sviluppo sostenibile non è amato da tutti è «perché mette in dubbio posizioni di rendita e di comodo. Ha perciò bisogno di gente coraggiosa oltre che creativa e competente (...) e di una teoria del valore un po' meno becera di quella di moda negli ultimi anni, dove valore è uguale a capitalizzazione di Borsa».[17]

Infatti quella parte del settore creditizio e assicurativo in sintonia con l'economia che guarda più lontano ha avuto performance di tutto rispetto: nel 2004 gli investimenti raccolti dai fondi che escludono i business eticamente discutibili sono arrivati a 11 miliardi di euro, così come il Consorzio assicurativo etico e solidale vede una crescita dei fatturati arrivata al 30 per cento annuo.

Il tutto, naturalmente, tenendo gli occhi bene aperti. Come ricordano Alessandro Profumo e Giovanni Moro, «la responsabilità sociale dell'impresa appare una necessità per correggere squilibri che, aggravati nel tempo, potrebbero risultare catastrofici. Ma la strada è accidentata»; perfino la Enron, la società che con la sua bancarotta ha fatto vacillare la Borsa americana, nel rapporto 2000 sulla responsabilità sociale aveva scritto: «Noi vogliamo lavorare per promuovere il rispetto reciproco con le comunità e i portatori d'interesse che sono toccati dalle nostre attività: noi trattiamo gli altri come vorremmo essere trattati noi stessi».[18]

Il fallimento della «deregulation»

Resta una possibile obiezione: se si esaminasse isolatamente ognuno dei segmenti economici descritti, si arriverebbe alla conclusione che nessuno di essi è in grado di reggere la sfida della competizione globale. La risposta a questo rilievo sta nella definizione del vero protagonista della *soft economy*: la rete delle qualità che, forte della cornice comune del paesaggio e dell'identità italiani in cui estetica e produttività si fondono, rende possibile una sinergia in grado di mutare radicalmente il quadro.

Questo elemento, cioè la capacità d'intrecciare i vari piani, è il motore della nuova economia: le grandi industrie che affrontano la sfida globale grazie alla forza del marchio made in Italy cominciano a dialogare con il turismo del vino e con le città del miele; la rete dei siti Unesco accresce la propria forza d'attrazione grazie al collegamento con i presidi Slow Food; lo sviluppo del turismo di qualità viene sostenuto dalla conservazione di un paesaggio di grande fascino che, a sua volta, può rendere vincente la proposta di creare nuovi centri d'eccellenza per la ricerca. È una sinergia che dà respiro alle *griffes* del lusso ed evita di confinare in una dimensione strapaesana l'approccio ai tesori della nostra gastronomia.

Va detto, per fugare ottimismi di maniera, che non è l'unico scenario possibile. Il successo elettorale ottenuto nel 2001 da Silvio Berlusconi ha dimostrato che la *deregulation* nella sua versione più estrema resta una tentazione potente nell'offrire un baratto tra etica e tornaconto personale. Un «tana libera-tutti» per i furbi grandi e piccoli che ignorano le regole, un colpo di spugna sulla solidarietà, un indebitamento collettivo irresponsabile, un tratto di matita per cancellare servizi sociali che garantiscono a tutti sopravvivenza e dignità, premi per chi falsa i bilanci e attacchi ai magistrati che applicano i codici; e, in cambio, il sogno dell'arricchimento individuale a portata di mano grazie alla mobilità e al dinamismo del mercato privo di vincoli.

È uno scambio alla Oscar Wilde: cedere l'anima della coesione sociale in cambio dell'eterna giovinezza del Denaro. Tutto allude a una competizione al ribasso, all'idea che il *dumping* sociale e ambientale sia un fattore di successo; ma lo scambio non ha funzionato, e non può funzionare. Al contrario, molti segnali convergono nel disegnare un risultato opposto. Nel 2004 i reati societari sono aumentati del 36 per cento, la bancarotta fraudolenta del 17 per cento e la bilancia commerciale, dopo anni positivi, ha invertito il segno, chiudendo il saldo in passivo. Nella classifica di «Business Week» sulle Global 1000 segnalate secondo il valore di mercato, le 31 società italiane presenti nel 2000 erano scese a 23 nel 2004.[19] Anche nel Global Competitiveness Report, stilato dal Forum di Davos, l'Italia, tra il 2003 e il 2004, è scivolata dal quarantunesimo al quarantasettesimo posto, dopo Botswana, Slovenia, Lituania e Cipro. E mentre la Germania guadagna sempre di più dagli scambi commerciali con la Cina, e le università inglesi ospitano 70 mila studenti cinesi incassando 3 miliardi di euro l'anno[20], l'Italia, che nel 2004 per rilanciare lo spirito scientifico aveva epurato il nome di Darwin dai testi di scuola, si deve accontentare di poche centinaia di studenti cinesi e vede crescere, nei suoi scambi con Pechino, le importazioni più delle esportazioni. Come nota il politologo Ilvo Diamanti, «siamo già "oltre" il declino. Nel post declino. Il problema è cosa avverrà "dopo". Perché il "dopo" non è scritto. Dipende dalla capacità di usare le mille risorse, o di assecondare i mille vizi, del nostro paese».

Il fallimento della *deregulation* mostra la necessità di chiudere definitivamente il lungo capitolo dei disastri economici nati dal tentativo di snaturare il modello italiano importando formule estranee alla storia del paese, barattando spiagge straordinarie, che avrebbero potuto garantire per secoli un reddito elevato, con impianti petrolchimici che nel giro di pochi decenni hanno esaurito la loro convenienza economica deturpando il paesaggio. Un'attitudine miope e autolesionista che può essere sintetizzata da due episodi emblematici. Il primo è accaduto a Isola D'Arbia, alle porte di Siena, verso la Val D'Orcia, ed è commemorato, come una sorta di lapide ad eterna memoria, dallo scheletro di una vecchia fabbrica realizzata grazie ai finanziamenti agevolati per le aree depresse, perché tale era considerata la Toscana meridionale nel dopoguerra. Qualcuno pensò allora di puntare su un impianto che producesse pomodoro in polvere, liofilizzato, un succedaneo del prodotto fresco evidentemente considerato di grande importanza strategica per lo sviluppo del territorio e della cultura senese. Sappiamo come è andata: la fabbrica è in rovina, mentre la Val D'Orcia, che ha conservato borghi, artigianato, agricoltura di qualità, paesaggio, ha imparato a produrre grandi vini ed è diventata uno dei 40 siti italiani protetti dall'Unesco.

Il secondo episodio è ancora più grottesco, e l'atto d'accusa è stampato nero su bianco nel piano regolatore del Comune di Venezia del 1962: «Nella zona industriale di Porto Marghera troveranno posto prevalentemente quegli impianti che diffondono nell'aria fumo, polvere o esalazioni dannose alla vita umana, che scaricano nell'acqua sostanze velenose». Un'esplicita licenza d'inquinamento a discapito della laguna più famosa del mondo.

European dream

L'antidoto al dissesto prodotto dalla *deregulation* sta proprio nel *network* delle reti della qualità che offre inoltre una grande opportunità: il paese del nuovo made in Italy può tornare a giocare un ruolo importante in un'«Europa dei diritti forti». L'espressione di Stefano Rodotà dà sinteticamente l'idea della posta in gioco. Dagli Ogm alla carne agli ormoni, dal diritto alla privacy al protocollo di Kyoto, dall'accordo antimine a quello contro le torture, l'Unione europea, sia pure tra incertezze e spinte contraddittorie, tende a porsi come il baricentro di una politica mondiale che mira alla creazione di un diritto globale centrato sulla necessità di mettere in primo piano la salute, la sicurezza, l'ambiente, la dignità del lavoro, la democrazia del processo decisionale.

Può quest'Europa del diritto forte costituire un'alternativa rispetto all'America dell'esercito forte, anche davanti all'inasprirsi dell'offensiva del terrorismo? O la cronicizzazione dell'emergenza terrorismo è destinata a chiudere progressivamente, in nome del valore della sopravvivenza, gli spazi di libertà? Secondo Benjamin R. Barber, direttore del Walt Whitman Centre for the Culture and Politics, la risposta alla crescita delle tensioni internazionali non è contenuta nel modello statunitense, che vede il solo punto di equilibrio dei problemi globali nel mercato, perché è proprio il mercato come unica misura dei valori a contribuire ad alimentare la *jihad*: «I mercati sono contrattualistici anziché comunitari, e questo significa che essi solleticano i nostri ego solitari ma lasciano insoddisfatti i nostri desideri di comunione, offrendo beni materiali e sogni fuggevoli ma non un'identità comune o un'appartenenza collettiva: qualcosa che le comunità di sangue nate dalla jihad, rinforzate dall'assottigliarsi delle relazioni di mercato, fanno anche troppo bene».[21]

Anche a livello teorico la distanza tra le due posizioni si accresce. Secondo Robert Kagan, il *soft power* europeo è la proiezione di una situazione di debolezza cronica: «L'Europa sta voltando le spalle al potere (...). Sta entrando in un paradiso poststorico di pace e relativo benessere: la realizzazione della "pace perpetua" di Kant. Gli Stati Uniti invece restano impigliati nella storia a esercitare il potere in un mondo anarchico, hobbesiano, nel quale le leggi e le regole internazionali sono inaffidabili e la vera sicurezza, la difesa e l'affermazione dell'ordine liberale dipendono ancora dal possesso e dall'uso della forza».[22] Ma negli stessi Stati Uniti non mancano punti di vista radicalmente diversi, preoccupazioni alimentate dal timore di un isolamento pesante, una situazione opposta a quella del *melting pot* che ha fatto la fortuna del paese. Come ricorda Nye, «rispetto al passato, il *soft power* sta guadagnando sempre più terreno nei confronti dell'*hard power* coercitivo, poiché la credibilità diventa una fonte strategica di potere sia per i governi che per i gruppi non governativi».[23]

Anche secondo un altro economista americano, Jeremy Rifkin, dopo 200 anni di *american dream*, sta nascendo l'*european dream*, un sogno basato su prestazioni migliori dal punto di vista sanitario (più del 30 per cento degli statunitensi è obeso; la vita media è di 1,3 anni inferiore a quella dell'Europa dei quindici), da quello sociale (più di 47 milioni di americani, quasi un sesto del totale, vivono in complessi residenziali cintati e vigilati) e dal punto di vista del *peacekeeping* internazionale («Nell'ultimo mezzo secolo gli Stati membri della Ue hanno fornito l'80 per cento delle forze di interposizione nelle missioni di pace, e oltre il 70 per cento dei fondi per la ricostruzione [...]. Gli europei, oggi, forniscono più del 50 per cento di tutti gli aiuti civili allo sviluppo e il 47 per cento degli aiuti umanitari»).[24]

Una diagnosi che ha trovato vasto consenso anche all'interno degli Stati Uniti quando, nell'estate del 2005, una disastrosa alluvione ha devastato New Orleans, priva di difese adeguate nonostante i ripetuti allarmi. Le decine di migliaia di cittadini abbandonati al loro destino hanno reso evidente quanto la sicurezza stessa dei nostri paesi dipenda non solo dalla qualità delle politiche ambientali e dall'organizzazione della protezione civile, ma anche dall'equilibrio delle comunità, dalla tenuta delle reti di sicurezza sociali, dalla capacità di recuperare l'emarginazione disinnescando le disparità.

La fascinazione della Venere europea si contrappone dunque sempre più nettamente al potere del Marte statunitense e buona parte del credito europeo si basa su valori di cui l'Italia è un simbolo: salute, ritmi di vita, qualità del paesaggio, tradizioni culturali, diritti civili, difesa dell'ambiente. Scommettendo su questi punti di forza, l'Europa, suggerisce Vaclav Havel, «ha non solo l'occasione di dimostrare al mondo che molte nazioni diverse possono convivere all'interno di una entità sovranazionale e democratica, ma ha anche l'opportunità di ispirare il mondo in un altro modo: dare l'esempio, dimostrare cioè che si può vivere bene su questa terra anche se si pone l'accento su valori quali la bellezza di un paese o di una casa, l'affetto per il prossimo e il rispetto verso chi vivrà quando noi saremo partiti per il regno delle tenebre, piuttosto che porre l'accento sulla produzione del profitto o sulla crescita del prodotto interno lordo».[25]

Nei primi mesi del 2005, mentre gli Stati Uniti stracciavano il protocollo alla Convenzione di Vienna che affida le dispute più delicate tra gli Stati alla Corte internazionale di giustizia dell'Aja, l'Unione europea otteneva la ratifica formale del protocollo di Kyoto contro i gas serra, siglato nel 1997 in Giappone. Un importante successo, conseguito nonostante l'opposizione della superpotenza mondiale – che, sotto l'amministrazione Bush, ha compiuto un voltafaccia completo rispetto agli impegni assunti da Clinton a Kyoto – e una serie di pressioni da parte del partito del petrolio, che ha finanziato ricerche di parte mirate a mettere in discussione il quadro offerto dal panel di oltre 2000 scienziati ed esperti mobilitati dalle Nazioni unite. Una vittoria carica di significato innanzitutto sul piano ambientale, perché è stato avviato un processo mirato alla stabilizzazione delle condizioni climatiche dalle quali dipende il benessere dell'intera umanità. Ma anche per altri due fattori da non sottovalutare. Il primo è la creazione di un embrione di democrazia globale come metodo di soluzione dei problemi che abbiamo di fronte; una grande speranza, perché se la gestione delle tensioni internazionali innescate dalla crescente penuria di risorse venisse affidata solo all'equilibrio delle armi, ci avvieremmo verso un futuro molto difficile.

Il secondo fattore positivo è l'avvio del meccanismo che premia i comportamenti virtuosi nel campo dell'efficienza energetica e dell'innovazione industriale. Accanto alla vecchia industria, interessata solo ai numeri della produzione e incurante degli effetti collaterali provocati dai processi produttivi, se ne sta sviluppando una che guarda lontano e si interessa alla stabilità sul lungo periodo delle società senza le quali essa stessa non potrebbe sopravvivere.

Con l'entrata in vigore del protocollo di Kyoto si sono dunque schierati ufficialmente in campo due modelli produttivi; si tratta di vedere quale dei due sarà considerato più interessante dai consumatori. Il disagio che si percepisce in molte delle industrie e delle *utilities* americane, preoccupate di perdere terreno sul fronte determinante dell'innovazione tecnologica, mostra che l'Europa ha conquistato una posizione strategicamente importante.

Il progetto europeo appare però indebolito dalle divisioni emerse sul tema della guerra in Iraq e del rapporto con gli Stati Uniti; dalla paura che il terrorismo e la competizione economica sempre più globalizzata producono in misura varia nei popoli dell'Unione; dal risultato negativo dei referendum sulla Costituzione che si sono tenuti in Francia e in Olanda. Di fronte a queste difficoltà non è più sufficiente ricordare che l'Europa unita è stata la risposta vincente ai grandi massacri che hanno insanguinato il nostro continente durante il secolo scorso. L'Europa di cui abbiamo oggi bisogno deve essere in grado di combattere il terrorismo e dare sicurezza senza indebolire i diritti e senza smarrire la propria anima, rimuovendo le debolezze che hanno portato ad assistere impotenti alla tragedia nella ex Jugoslavia, a non essere in grado di difendere a Srebrenica, nel luglio 1995, civili inermi che si erano affidati a soldati europei. A questa nuova Europa serve un'idea di futuro, una visione in grado di convincere e mobilitare che sia all'altezza dell'ambizioso progetto, enunciato nel Trattato costituzionale, di essere «lo spazio privilegiato della speranza umana». Un'Europa come grande potenza civile, responsabile verso il resto del mondo e verso il futuro, oltre che ovviamente verso i propri cittadini, può essere il cuore di questa visione.

Il futuro

In questo contesto, segnato da cambiamenti sempre più veloci, per l'Italia della *soft economy* si apre una doppia scommessa. Da una parte, la possibilità di far crescere il proprio ruolo internazionale contribuendo alla definizione di uno stile di vita europeo capace di attrarre consensi, di rafforzare l'identità dell'Unione allargata e di porsi come punto di riferimento per un sistema di regole globali. Dall'altra, l'opportunità di aumentare il proprio peso specifico sviluppando un'economia legata al territorio e a una rete – costituita dall'industria avanzata, dall'agricoltura dei prodotti tipici, dal turismo attratto dalla qualità Italia, dalla cultura, dai laboratori di ricerca, dalle università – che permetta di superare la visione folcloristica del «piccolo è bello» senza rinunciare alla forza dello «spirito del luogo».

È una scommessa che si può vincere a tre condizioni. La prima è investire di più in intelligenza e flessibilità organizzativa per recuperare i ritardi accumulati nel passato. Dai dati della Commissione europea (Innobarometer

2004) risulta che le imprese italiane hanno una forte motivazione a spendere per migliorare l'efficienza dell'*hardware*, ma una scarsa propensione a investire per venire incontro ai bisogni dei consumatori. E il divario con l'Europa nel campo della capacità d'innovazione diventa ancor più ampio quando si valutano l'organizzazione, le tecniche di management, l'*e-learning* per la formazione del personale.

La seconda condizione è creare i presupposti per competere nel presente, migliorando l'efficienza della rete formata dai protagonisti della *soft economy* in modo da realizzare, sul modello dei distretti, un'economia di scala forte dell'agilità delle piccole imprese.

La terza è preparare un futuro in cui l'attenzione si estenderà progressivamente dal prodotto al processo di produzione. La tendenza è da tempo evidente nel settore alimentare, un campo in cui il valore di una bistecca o di uno yogurt dipende sempre più dalla possibilità per il consumatore di controllare sull'etichetta da dove vengono e come sono stati prodotti gli alimenti che stanno per finire nel suo piatto. Con le campagne di boicottaggio delle multinazionali poco rispettose dei diritti dei lavoratori nelle zone più povere del mondo, il trend ha investito a tutto campo la sfera dei comportamenti e dei valori delle aziende.

Forse per questo la politica della trasparenza sta assumendo forme fino a ieri imprevedibili. La Volkswagen, ad esempio, ha aperto a Dresda uno stabilimento in cui gli operai lavorano tra pareti trasparenti; l'impianto è stato chiamato la «fabbrica di vetro» ed è valso una buona pubblicità alla casa automobilistica tedesca. Una mossa indovinata, ma non paragonabile, come impatto emotivo, a una scelta come quella di Brunello Cucinelli, il «mago umbro del cachemire» che, avendo deciso di creare una cornice produttiva esteticamente coerente con il prodotto, ha comprato un intero borgo per confezionare i suoi maglioni tra mura medioevali, ha consegnato le chiavi agli operai, e ha posto come motto del suo sito web una citazione di Dostoevskij: «Il bello ci salverà». Il copione scritto da Cucinelli è unico: la qualità si trasforma in uno spettacolo corale che va oltre il marketing, diventando parte essenziale del prodotto. Mentre una fabbrica si può spostare o riprodurre con una certa facilità, un teatro in cui vanno in scena lavorazioni forgiate da secoli di convivenza tra cultura e natura è difficilmente imitabile.

Si tratta di un passo verso la trasformazione del sistema produttivo italiano in una rete di qualità che si autosostiene, creando *feed-back* positivi tra un'azienda virtuosa e l'altra; i vantaggi di ogni singola fabbrica del bello ricadono sul territorio con benefici immediati per il turismo, l'agricoltura, il sistema della ricerca. L'obiettivo è estendere la corsa verso l'eccellenza: dalla qualità del prodotto alla qualità della vita, di cui l'Italia potrebbe diventare il primo distretto mondiale.

Le storie raccontate nelle pagine seguenti dagli stessi protagonisti – una piccola parte di quelle che si potrebbero elencare – inducono a pensare che questo modello di *soft economy* possa replicarsi fino a vincere la sua battaglia. E avvicinare così il mondo che Keynes, durante la conferenza «Prospettive economiche per i nostri nipoti», tenuta a Madrid nel 1930, descriveva come possibile «tra cent'anni». Dopo aver dipinto una realtà nella quale i bisogni «assoluti», cioè quelli primari, saranno facilmente soddisfatti dal progresso della tecnologia, il grande economista concentra la sua attenzione sui bisogni «relativi», prevedendo che saranno il superfluo e gli scopi non economici ad assorbire la gran parte delle energie degli esseri umani. In questo futuro che, stando alle previsioni di Keynes, coinciderà con l'ingresso nel mondo del lavoro dei bambini che stanno nascendo oggi, «saranno solo coloro che sanno tener viva, e portare a perfezione l'arte stessa della vita e che non si vendono in cambio dei mezzi di vita, a poter godere dell'abbondanza, quando verrà».

Note

1. I dati sono tratti dal *Check-up competitività* elaborato nell'aprile 2005 dal Centro studi Confindustria e si riferiscono al periodo 2002-2003 per quanto riguarda l'investimento in conoscenza, al 2002 per gli investimenti sul capitale umano, al 2001 per le statistiche sui ricercatori.
2. Giuliano Amato e Carlo De Benedetti, *Missione Italia, il futuro possibile*, in «la Repubblica», 21 settembre 2004.
3. Richard Florida, *L'ascesa della nuova classe creativa*, Mondadori, Milano 2003, p. 289.
4. Giuseppe De Rita, *Meglio tornare al territorio*, in «Corriere della Sera», 12 ottobre 2004.
5. Sergio Ferrari, Paolo Guerrieri, Franco Malerba, Sergio Mariotti, Daniela Palma, *Quarto rapporto Enea "Italia nella competizione tecnologica internazionale"*, FrancoAngeli, Milano 2004, p. 68.
6. Roberto Ippolito, *Vivere in Europa, un confronto in cifre*, Laterza, Bari 2002, p. 88.
7. Ferdinando Gregorovius, *Passeggiate per l'Italia*, Ulisse Carboni, Roma 1906, II vol., pp. 339-340.
8. Gian Maria Gros Pietro, *Due obiettivi per il turismo*, in «Il Sole 24 Ore», 19 settembre 2004.
9. Dati tratti dal rapporto World Tourism Organization del 2004.
10. Giuseppe Roma (a cura di), *La ricchezza del territorio italiano*, FrancoAngeli, Roma 2004, p. 40.
11. *Ibidem*.
12. Salvatore Settis, *Italia spa*, Einaudi, Torino 2002, pp. 132-133.
13. C.K. Prahalad e Venkat Ramaswamy, *Il futuro della competizione*, Il Sole 24 Ore, Milano 2004, p. XIII.
14. Naomi Klein, *No logo*, Baldini&Castoldi, Milano 2001, p. 42.
15. *Ibidem*, p. 155.
16. Jeremy Rifkin, *L'era dell'accesso*, Mondadori, Milano 2000, pp. 324-325.
17. Corrado Passera, *Sviluppo, meglio se è sostenibile*, in «Il Sole 24 Ore», 6 gennaio 2005.

18. Giovanni Moro e Alessandro Profumo, *Plusvalori*, Baldini&Castoldi, Milano 2003, pp. 14-15.
19. Luciano Gallino, *Tre proposte contro il declino*, in «la Repubblica», 16 dicembre 2004.
20. Federico Rampini, *Pechino, l'Europa in vetrina a caccia di studenti cinesi*, in «la Repubblica», 28 febbraio 2005.
21. Benjamin R. Barber, *Guerra santa contro McMondo*, Marco Tropea editore, Milano 2002, p. 231.
22. Robert Kagan, *Paradiso e potere*, Mondadori, Milano 2003, p. 3.
23. Joseph S. Nye, *Il paradosso del potere americano*, Einaudi, Torino 2002, p. 104.
24. Jeremy Rifkin, *Il sogno europeo*, Mondadori, Milano 2004, pp. 308-309.
25. Vaclav Havel, *L'Occidente e l'ossessione del Nulla*, in «la Repubblica», 5 aprile 2002.

La doppia elica del Sagrantino

Ha vinto la battaglia contro il tempo ridando vita a un frammento di storia che stava per essere cancellato. Ha portato nuova ricchezza a Montefalco, nel cuore dell'Umbria. Ha creato un vino che gareggia con i grandi *crus* francesi. E ora Marco Caprai, l'artefice della rinascita dcl Sagrantino, l'imprenditore che ha costruito la sua azienda allenandosi a cogliere le sfumature di rubino nel bicchiere e i sentori di tabacco e spezie sul palato, ha davanti una sfida ancora più impegnativa: le carte bollate. Una sfida per la quale sarà determinante il ruolo che riuscirà a giocare la *soft economy* italiana gettando sul piatto della bilancia il peso della sua ragion d'essere: la difesa della produzione orientata alla qualità.

Il rischio, infatti, è che il giudizio sulla qualità, ottenuto con tanta fatica, conti poco o niente: il verdetto sul Sagrantino potrebbe essere scippato ai consumatori e deciso all'interno di una guerra commerciale che ha come posta in gioco il legame tra i prodotti di qualità e il loro territorio. In questo caso l'oggetto del contendere sono i confini geografici di un vitigno che era stato ignorato per decenni fino a portarlo sull'orlo dell'estinzione, ma che ora, nel momento del successo, rischia di essere sottratto all'impresa che lo ha salvato e di essere sacrificato sull'altare dello scontro tra due modelli di globalizzazione. Se prevarrà l'idea di un mercato onnivoro, che inghiotte ogni novità vincente senza curarsi della storia del prodotto e dei valori che rappresenta, il Sagrantino potrà essere riprodotto in serie in California, in Cile o in

Sudafrica. Se invece prevarrà una globalizzazione che punta a difendere il legame tra i sapori e il territorio, il Sagrantino resterà umbro.

«Noi facciamo quello che possiamo, ma alla fin fine tutto dipende dai grandi accordi: dobbiamo sperare che l'Unione europea non svenda il nostro futuro nella negoziazione al Wto, l'Organizzazione mondiale per il commercio», racconta il patron del Sagrantino. «Per alcuni prodotti come il Marsala e il Chianti una parte di danno è stata già fatta: quei nomi, sia pure con molte restrizioni, possono essere utilizzati anche in luoghi diversi da quelli storici. Spero che non si ceda su altri punti facendo nuove concessioni. Il Sagrantino è l'espressione della cultura di Montefalco, di una tradizione millenaria, di un'intera comunità che ha fatto di questo vino un elemento di coesione sociale; fuori dal contesto sarebbe un falso.»

Caprai si è trovato proiettato su questo fronte caldo della politica internazionale per caso. Viene da una famiglia di imprenditori umbri del settore tessile. Il padre Arnaldo aveva deciso di diversificare le proprie attività, allargandole al cachemire e al vino attraverso una serie di società a gestione familiare. A Marco, nel 1988, è stato affidato il settore del vino. Era appena uscito dalla facoltà di Scienze politiche, un mondo non particolarmente affine a quello agricolo, ma la scommessa era di quelle che coinvolgono subito: si trattava di rendere produttiva la riscoperta delle radici vinicole di Montefalco, di trasformare una tradizione che si stava spegnendo in un business nascente.

Montefalco è collocato nel cuore geografico dell'Umbria ed è il paese del Sagrantino, un vino dolce che era bevuto la mattina di Pasqua per concludere il periodo di quaresima. Il digiuno veniva interrotto con una colazione generosa (pizza con formaggio, salsiccia, coratella d'agnello) che doveva essere accompagnata da un bicchiere di vino rosso, quello della tradizione custodita per secoli dai frati: un passito che qualche volta diventava frizzante perché la vinificazione era artigianale e improvvisata. L'importante comunque era che a benedire la Pasqua ci fosse il vino della devozione e così ogni famiglia teneva quattro o cinque piantine, spesso arrampicate su una parete della casa a creare un gioco di colori tra il muro, il verde delle foglie e il nero dei grappoli fatti di chicchi piccolissimi. Un po' di viti le avevano i frati, un po' erano sparse nel paese e nella campagna. Se una moriva, si prendeva subito una gemma da un vicino o da un amico per sostituire la pianta mancante.

«Questa abitudine è stata la nostra fortuna», racconta Caprai. «Gli scambi casuali di materiale genetico da un punto all'altro della zona hanno mantenuto una buona varietà, superiore a quella di altri vitigni che sono stati conservati solo in maniera industriale.» Un'affermazione che nasce da un lavoro durato oltre quindici anni, perché dietro la rinascita del Sagrantino c'è uno sforzo di analisi che non è ancora concluso; la difficoltà di cimentarsi con la produzione di un vino di qualità in un territorio fuori dal circuito delle grandi etichette si è trasformata in vantaggio solo grazie a un consistente investimento in ricerca mirato all'individuazione delle potenzialità del vitigno. Il cammino è cominciato nel 1989 con il censimento delle piante sopravvissute nell'area di Montefalco a un declino durato alcuni decenni. Caprai parla di questa indagine con una passione che lo porta a personalizzare le viti e a descrivere le piante di Sagrantino una per una, come se fossero i componenti di una tribù decimata ma ancora ricca di storia: gli alti e i bassi; quelli più dotati e quelli più resistenti; quelli che portano in dote il sapore e quelli che danno il colore; gli armonici che trasmettono la sensazione di equilibrio e i caratteriali che si esprimono violentemente.

Una volta conclusa questa classificazione antropologica, si è passati alla selezione, che non è stata mirata alla ricerca del superclone, del campione assoluto. Anzi, la ricerca ha imboccato una strada opposta. Disponendo di una vera e propria banca del genotipo del Sagrantino, è stato possibile costruire in ogni vigna un cocktail rappresentativo dei vari elementi: un po' del tipo più acido e un po' di quello zuccheroso, un po' di carattere tannico e un po' di profumo. Il nuovo Sagrantino, la rielaborazione in chiave secca e potente della vecchia vinificazione a passito, non nasce dalla caccia eugenetica a una razza di vitigni muscolosi, ma dall'aspirazione a un equilibrio in cui tutte le componenti sono armonizzate in modo da esprimere al meglio le rispettive diversità.

Un ritorno alla natura, alle basi biologiche antiche, che passa per due tappe. La prima è il recupero del patrimonio genetico immediatamente disponibile del Sagrantino. L'obiettivo è stato raggiunto attraverso il censimento che ha consentito di ritrovare la ricchezza dei caratteri espressi dal vitigno, compensando i danni prodotti da decenni di lavoro mirato a far uva da peso invece che di qualità. Alcune caratteristiche genetiche – grandezza e forma del grappolo, fertilità delle gemme, contenuto zuccherino dell'uva, aromi particolari – affidate a pochi esemplari sopravissuti per caso sul muro di una casa in rovina, sono state pienamente recuperate.

La seconda tappa è più ambiziosa: si tratta di riportare in vita il Sagrantino che non c'è più, di riscoprire un sapore perduto. Sembra un obiettivo un po' fantascientifico, quasi la trama di un libro di Michael Crichton, eppure il processo è in corso: permettendo a 6 mila piante di Sagrantino di riprodursi in serra, non attraverso le gemme ma per autofecondazione, si è potuto ricostruire l'intero patrimonio genetico del vitigno, anche quello perso nel corso dei secoli perché le piante che lo esprimevano davano risultati meno brillanti. In sostanza sono stati estratti dalla pianta i caratteri recessivi che giacevano inespressi, i tratti di personalità che restavano muti ma potenzialmente vitali.

«Per quattro anni abbiamo osservato in modo analitico le caratteristiche di ognuna di queste 6 mila piantine, che a un certo livello di crescita sono state messe in campo aperto» spiega Marco Caprai, «e ne abbiamo scelto un centinaio: quelle con la maggior varianza rispetto al tipo classico. Abbiamo così ottenuto un Sagrantino a bacca bianca e uno a bacca grigia, oltre che naturalmente quello tradizionale a bacca rossa: tutte piante che non sono frutto di incroci ma rappresentano un percorso biologico spontaneo interrotto, per qualche motivo, in natura. Le continuiamo a studiare per capire che tipo di prestazioni possano fornire. Magari quelle piante con le bacche bianche, che non si vedono da nessuna parte, si sono perse per caso, oppure sono state eliminate dagli agricoltori 200 anni fa perché risultavano troppo spesso malate o davano un rendimento minore o erano più delicate; problemi che oggi possono essere superati, naturalmente se ne vale la pena, cioè se allo sforzo supplementare di protezione corrisponde una qualità organolettica di particolare rilievo».

Ancora una volta si torna all'ingrediente segreto che ha permesso la rinascita del Sagrantino: la ricerca scientifica. Da 15 anni l'azienda di Montefalco mantiene un filo diretto con l'Istituto di coltivazioni arboree della facoltà di Agraria dell'Università Statale di Milano, che non solo dà un costante contributo alla ricerca sul campo, ma ha formato quasi tutti i tecnici che lavorano in azienda attraverso una serie di borse di studio e di stage.

Gli studi condotti sul campo assieme agli esperti dell'università mirano a due risultati. Il primo riguarda la diminuzione dell'impatto ambientale della produzione. Ad esempio si è messa più erba tra un filare e l'altro per rallentare i processi di erosione e dilavamento del terreno durante le piogge violente; è stata costruita una stazione meteo per la lotta guidata ai parassiti; è stato ridotto di un terzo in dieci anni l'uso di fitofarmaci grazie alle trappole per controllare la proliferazione dei vari insetti, in modo da colpire solo quelli che si trovano in una fase di sviluppo pericolosa per il raccolto, evitando così l'indebolimento delle difese naturali delle vigne.

Fin qui siamo però nell'ambito di una buona gestione ordinaria. L'altro filone di ricerca è più originale. Attraverso tre banche genetiche (San Michele all'Adige, Bordeaux in Francia e Davis in California) si è studiata l'«impronta digitale» del Sagrantino, cioè l'identificazione esatta delle sostanze presenti nelle bottiglie che, sommata alla fotografia genetica, permette di individuare i tratti caratteristici del vino associandoli a un solo tipo di vitigno. Una volta ottenuta la documentazione scientifica sul pedigree, è stato possibile certificare con il timbro di un notaio di Perugia che il Sagrantino Caprai viene prodotto in assoluta purezza. Un colpo pubblicitario che ha permesso di ottenere un doppio vantaggio: un record in più per l'azienda (è stata la prima a ideare questa strategia comunicativa) e un gioco d'anticipo sul principio di tracciabilità che per l'Unione europea sta diventando il punto essenziale dell'agricoltura di qualità.

Ma oltre a offrire buoni spunti commerciali e mediatici – Caprai è sempre stato molto attento alle iniziative capaci di dare vetrina al prodotto, come la vendita esclusivamente on-line di 1000 magnum di Pinot nero – l'identificazione della linea ereditaria del Sagrantino serve per risalire l'albero genealogico del vitigno alla ricerca dei parenti più lontani. È un'indagine che non ha solo uno scopo culturale. In gioco c'è un obiettivo molto concreto: la difesa legale del brand. «Purtroppo siamo soggetti a queste guerre commerciali: il nome della varietà non è difendibile, solo le denominazioni di origine lo sono», continua Caprai. «Noi speriamo che questa situazione di equilibrio precario in sede Wto si risolva una volta per tutte, premiando chi investe per recuperare il patrimonio di un paese o di una piccola area e rischia poi di vedersi scippare il frutto di decenni di lavoro. Ma intanto dobbiamo darci da fare per proteggere il nostro prodotto, perché per il momento la situazione è quel che è: in Australia si può scrivere sull'etichetta che una bottiglia è di un certo vitigno anche se questo vitigno rappresenta solo il 34 per cento del contenuto.»

L'identikit genetico del Sagrantino, dunque, serve anche a rintracciarne i lontani progenitori orientali. Secondo i dati forniti dall'azienda, il 99 per cento di tutti i vitigni proviene dall'area caucasica, la culla della vite che poi è stata esportata in Europa dai Fenici, dai Greci e dai Romani. Perciò è estremamente probabile che anche il Sagrantino sia un emigrante caucasico; cercando nella zona d'origine si potrebbe identificare un suo antenato che darebbe il nome alla varietà. In questo caso il nostro Sagrantino diverrebbe una variante italiana, un frutto dell'ingegno locale, un nome di processo tutelabile a livello legale. Si scongiurerebbe così il rischio che, proprio a causa del suo successo, della sua grande struttura tannica, della buona acidità, questo simbolo dell'Umbria si trasformi in un vitigno sovranazionale.

Per evitarlo, nell'attuale contesto legale, basterebbe trovare una prova scientifica all'origine caucasica del vitigno, perché sull'anzianità di servizio del Sagrantino e sul suo collegamento con il territorio non ci sono dubbi. Le uve sagrantino, secondo lo Slow Food, «con ogni probabilità sono le stesse di cui parlava Plinio il Vecchio, chiamandole, secondo la consuetudine di allora, *itriola*». Il ruolo di decano del Sagrantino emerge inoltre dal nome stesso che deriva da *sacer*, «sacro»: era il vino legato a un uso liturgico, ai sacramenti, e l'abitudine di berlo per interrompere il digiuno pasquale costituisce probabilmente il legame con usanze più antiche.

Usanze documentate da una serie di ricerche di Silvestro Nessi, da cui risulta che il primo riferimento alle vigne di Montefalco risale al 1088, mentre nel 1565 Cipriano Piccolpasso, uno studioso di Castel Durante, descriveva così la zona: «Il luogo è bello, posto sopra un colle molto vago et di bellissima veduta, raccoglie dilicati frutti et grano et vino da vendere». Pochi anni dopo, nel 1598, un notaio di Assisi precisava le modalità che venivano seguite in questa zona dell'Umbria per ottenere il vino rosso, e il riferimento ai carrati, piccole botti stile barrique, le rende molto moderne: «Se mette in uno botte, o carrato, sagrantino, o uva nera sgranata quanto pare un poco acciaccata». I disciplinari di produzione, già all'epoca, dovevano avere un valore commerciale non trascurabile se nel 1521 il podestà di Montefalco fece arrestare un notabile locale, imparentato con il cardinale Giovanni Domenico de Cuppis, «per aver vendemmiato avanti la data stabilita». Principio di rispetto del vino ribadito nel 1622 da un bando del cardinale di Perugia che ordina «la pena della forca se alcuna persona tagliasse la vite d'uva».

Oggi, fortunatamente, i sistemi dissuasivi sono meno brutali, ma la motivazione al rispetto della tipologia di lavorazione resta alta perché i benefici economici prodotti dal recupero del Sagrantino sono notevoli. Nel 1970 erano rimasti meno di 10 ettari di vitigno: oggi sono 700. Nel 1990 Caprai fatturava 500 mila euro vendendo 400 mila bottiglie, ora è arrivato a 5 milioni di euro vendendo 650 mila bottiglie: un incremento tutto puntato sulla qualità. Nel frattempo i prezzi di un terreno agricolo in zona Docg hanno subito un'impennata vorticosa aumentando in vent'anni di oltre 30 volte. Anche l'effetto indotto sul turismo è stato considerevole: l'azienda è visitata ogni anno da circa 20 mila turisti; nel 2000 è stata creata la Strada del Sagrantino che oggi conta 75 soci, ha prodotto 150 posti di lavoro, 25 milioni di euro di investimenti, il raddoppio dei posti letto negli alberghi e un effetto traino per il museo civico che è arrivato a ospitare 40 mila visitatori l'anno.

Numeri che, secondo le previsioni, sono destinati ad aumentare. Il turismo del vino è infatti uno dei più dinamici e arriva a picchi di crescita del 10 per cento annuo. Un trend particolarmente vivace nel caso del Sagrantino, definito un «monumento vegetale» dalla Fondazione Agnelli. Nel maggio 2005 a Berlino è stato inaugurato il Sagrantino Wine Bar, il primo locale a essere intitolato a un vino e a un territorio. E per Caprai, che colleziona qualifiche di Tre Bicchieri dei Vini d'Italia dal 1997, le gratificazioni internazionali si moltiplicano: dal guru americano Robert Parker, che lo ha collocato ai vertici dell'enologia mondiale, al riconoscimento della «Revue du vin de France» secondo la quale l'azienda Caprai «ha costruito l'immagine di tutta la denominazione portandola al successo in Italia e nel mondo».

Nei progetti dei prossimi anni c'è la replica dell'operazione Sagrantino su altri vitigni. Certo non oriundi, vista la filosofia aziendale nemica delle migrazioni dei vitigni globali che colonizzano il mondo, ma piuttosto varianti autoctone e un po' trascurate come il Grechetto. «In Italia, nonostante il disastro prodotto da alcuni decenni di agricoltura massificata che puntava solo alla quantità, c'è ancora un enorme patrimonio di diversità genetica nel campo del vino», continua Caprai. «Resistono più di 2 mila varietà di uva da vino e rischiamo di perderle per colpa dell'abbandono delle campagne e delle loro tradizioni culturali. Noi, nell'ambito del nostro territorio, contiamo d'invertire il percorso, utilizzando l'esperienza che abbiamo maturato con le ricerche sul Sagrantino. Catalogare i materiali genetici e studiarne le possibilità di sviluppo si è rivelata una strategia vincente e replicabile. Andiamo avanti.»

Avanti con la ricerca ma anche con il marketing. Se il Sagrantino nasce come passito coltivato dai frati e destinato a scopi religiosi, Caprai ne propone una versione secca e filosofica. L'ultima trovata è il progetto *Bottled poetry*, una serie di citazioni d'autore impresse sui tappi delle migliori bottiglie. Si va da Goethe («La vita è troppo breve per bere vini mediocri») a Rabelais («Quando io bevo penso, quando penso bevo»), da Richelieu («Se Dio avesse proibito il vino perché lo avrebbe fatto così buono?») a Martin Lutero («La birra è fatta dagli uomini, il vino da Dio»), da Pascal («C'è più sapienza in una bottiglia di vino che in tutti i libri scritti dall'uomo») al Cantico dei Cantici («Baciami con i baci della tua bocca, inebriandola con gli aromi del tuo vino»).

Sarti da Oscar

L'attenzione è catturata dal carro armato che avanza nelle strade di San Pietroburgo, facendo polpette di macchine della polizia, palazzi troppo bassi, statue troppo ingombranti. In *Goldeneye* l'occhio cade sul sorriso di James Bond che legge la paura nell'ondeggiare nervoso dell'auto con l'immancabile generale russo in fuga. Tutto comc previsto, tutto da copione. Ma quel copione è reso tale da una serie di particolari che raggiungono l'inconscio dello spettatore, sottolineando con segnali invisibili il contrasto tra lo sfacelo provocato dal carro armato c la calma olimpica di 007; sotto la soglia della consapevolezza, un frammento di attenzione viene calamitato dalle pieghe, inappuntabili in mezzo al disastro, perfette nel caos, del completo grigio ferro che Pierce Brosnan indossa: un vestito Brioni.

«Al mito di James Bond occorreva un'iniezione d'ironia e di sensualità che riproponesse il fascino dei tempi di Sean Connery. Avevano bisogno di noi e ci hanno trovato», racconta Lucio Marcotullio, amministratore delegato della Brioni Roman Style. Con 200 milioni di euro all'anno di fatturato e un export che pesa per l'80 per cento degli incassi totali, si può permettere di far girare il mercato al contrario, con il cliente che chiede prima che il produttore offra. La sua non è un'ostentazione ma una conferma che chiude un percorso durato 60 anni. Se oggi Brioni è un marchio di punta del made in Italy è perché ha alle spalle più di mezzo secolo di sperimentazione, di scelte talmente avanzate da essere considerate, all'epoca, un'originalità un po' folle.

La storia dell'azienda parte da un debutto classico. Nel 1945 Nazareno Fonticoli, maestro della Scuola di sartoria tradizionale, e Gaetano Savini, esperto del settore commerciale, fondano la Brioni, una sartoria per uomo che prende il nome dall'isola istriana diventata tra le due guerre un crocevia mondano. In pochi anni la fama della Brioni dilaga. Per il «New York Times» Nazareno Fonticoli è l'inventore di un «new look maschile», per il «Boston Herald» è l'artefice di un «secondo Rinascimento». Assieme a Domenico Caraceni e Ciro Giuliano, Fonticoli fa parte di quella squadra di sarti abruzzesi che nel mondo della moda si è resa protagonista di un clamoroso contropiede, arrivando prima a mettere in discussione il primato della sartoria inglese di Savile Row e poi a soffiarle clienti in casa e in trasferta, convincendo nobili inglesi, attori hollywoodiani e magnati americani a passare all'*italian style*.

Fin qui siamo alle pagine classiche del neorealismo a lieto fine. Nazareno Fonticoli è uno che viene dalla gavetta, dall'Abruzzo che si è inventato scuola mondiale di sartoria per non morire di fame. Uno che da bambino poteva andare a scuola solo se aveva finito di cucire il suo paio di pantaloni quotidiano e si era già guadagnato la giornata. A 14 anni, subito dopo la fine della prima guerra mondiale, conclude il suo apprendistato e parte da Penne, in provincia di Pescara, con le forbici in valigia per bussare alla porta delle grandi botteghe milanesi e romane. Alla fine degli anni Cinquanta possiede una sartoria-laboratorio famosissima nel centro di Roma, in via Barberini, e i suoi unici problemi sono legati alla crescita: la richiesta corre più rapida dell'offerta. Un altro, al posto suo, avrebbe comprato il magazzino accanto e si sarebbe allargato; oppure avrebbe aperto una succursale nella libera e disponibile campagna romana.

Ma Nazareno Fonticoli guarda lontano, si è dato un obiettivo più ambizioso del successo personale: vuole rifondare la scuola della sartoria, mettere assieme la maestria artigianale e i vantaggi dell'industrializzazione, la qualità dei sarti che sudavano giornate e giornate sulla confezione di un unico abito e i benefici della produzione moderna. Per raggiungere lo scopo, decide di tornare alle origini, di trasferire l'azienda a Penne, il suo paese d'origine. Non genericamente in Abruzzo, dove gli avevano promesso i finanziamenti della Cassa per il Mezzogiorno se avesse costruito la sua azienda appena più in là, vicino all'autostrada. No, a Penne, un centro di 10 mila abitanti accanto al parco del Gran Sasso, che ha avuto una storia gloriosa di 3 mila anni, da antica capitale dei Vestini a cuore del ducato di Margherita d'Austria, ma che al momento è un paese travolto dalla crisi delle aree interne e montuose.

«Io ho vissuto quest'esperienza fin dal primo giorno e devo dire che è stata una galoppata entusiasmante», racconta Marcotullio, che aveva frequentato la bottega di via Barberini perché, quando venne a studiare Economia aziendale a Roma, Fonticoli, un amico di famiglia, insistette per ospitarlo a casa sua. «Passavamo intere serate a parlare fitto fitto e Nazareno mi raccontava con nostalgia la storia dell'artigianato sartoriale classico di cui temeva la fine imminente. Discutevamo a lungo, perché all'interno di quel mondo non erano tutte rose e fiori; si trattava di un lavoro terribile, estenuante, che cominciava così presto da rendere difficile anche finire le scuole elementari; il salario restava a lungo una paga da miseria; c'era un intreccio di diffidenze, di segreti di bottega, che venivano custoditi gelosamente escludendo i novizi dai momenti cruciali della fattura, come l'imbastitura delle spalle. Era un universo al tempo stesso affascinante e terribile, con un grande passato e un futuro sempre più incerto.»

L'anno della svolta è il 1959. Mentre decine di aziende si spostavano dalle aree rurali alle grandi città, Fonticoli lasciò a Roma solo la boutique per creare l'azienda a Penne, dove già nel medioevo si lavoravano le sete considerate più pregiate sulla piazza di Firenze. Al debutto c'erano 46 dipendenti in un grosso garage, con sopra un piccolo appartamento in cui erano stipati gli uffici. Oggi, soltanto nella nuova sede di Penne, disegnata dall'architetto Renato Bazzoni – uno dei fondatori di Italia nostra e del Fai – lavorano 1200 persone (2 mila in tutto il gruppo).

«L'ho detto, è stata una galoppata fantastica», continua Marcotullio. «Abbiamo creato un grande laboratorio d'innovazione che ha dato i suoi frutti: dalle 43 ore iniziali per confezionare un abito siamo arrivati prima a 32 e poi a 20. I tempi si sono dimezzati e la qualità è migliorata. Ci siamo riusciti perché abbiamo messo insieme due mondi che fino a quel momento non avevano mai dialogato. Da una parte la grande sartoria artigianale classica, con i suoi prodotti magnifici ma anche i tempi morti, le gelosie di bottega, i limiti produttivi. Dall'altra la lezione del taylorismo, che può diventare alienante ma è anche una scuola di efficienza. Abbiamo diviso tutto il ciclo di lavorazione in vari comparti e abbiamo puntato al massimo di produttività di ogni settore, evitando però gli svantaggi della catena di montaggio che costringe tutti a tenere lo stesso ritmo. Da noi ci sono isole di produzione che si autoamministrano: ognuno si dà gli obiettivi che ritiene giusti e viene pagato in base ai risultati raggiunti; se poi qualche settore manca il traguardo e resta in ritardo, non ci sono problemi, il lavoro cammina lo stesso perché ognuno dispone di una scorta di molti giorni che fa da polmone.»

C'è voluto più di un decennio per mettere a punto questo modello. Poi, negli anni Ottanta, è arrivato il secondo salto dell'azienda, che si è trasformata in gruppo, con vari marchi e vari stabilimenti, allargandosi ai settori confinanti: camicie, accessori, settore sportivo. Negli anni Novanta è iniziata la terza fase: il potenziamento della distribuzione con 23 negozi di proprietà sparsi nelle grandi città – oltre a quelle italiane, Parigi, Londra, Praga, New York, Los Angeles, Las Vegas – e nei santuari del turismo internazionale, da Capri e Portofino a Saint Moritz e Aspen.

Una vera e propria rivoluzione dell'intero ciclo produttivo: da rito magico e segreto la grande sartoria si è trasformata in tecnica efficiente e trasparente. Ma nello stesso tempo è restata fedele alle attese di Gabriele D'Annunzio, il poeta abruzzese che ha trasformato l'attenzione estetica in una ragion d'essere: «Un abito può essere fatto d'una stoffa a tre lire il metro, li accessori dell'abito possono costare appena trenta o quaranta lire; ma il *cachet*, il vero *chic*, il valore vero ed alto dell'abito viene dal sarto; viene, diremo così, dalla firma dell'autore».

La formula ha funzionato perché l'unione di tradizione e innovazione ha permesso di raggiungere picchi di qualità sostenuti da numeri importanti. E da clienti eccellenti: tra gli *aficionados* dell'azienda di Penne ci sono Kofi Annan, Nelson Mandela e altri protagonisti del mondo politico ed economico. Alcuni preferiscono acquistare da Brioni senza pubblicità, magari perché occupano una posizione di prestigio in un paese che si percepisce in concorrenza rispetto all'Italia. Altri, come il leader tedesco Gerhard Schröder, hanno invece deciso di sottolineare la loro scelta facendone un punto di orgoglio stilistico.

Per mantenere questo livello di prestazioni l'azienda ha avuto però bisogno di un ricambio generazionale che è stato più difficile del previsto, tanto da spingerla a porsi al limite della legalità. «Abbiamo preso una decisione forzando i regolamenti; ora ci rido sopra, ma all'epoca mi tremavano le mani per la paura», continua l'amministratore delegato. «Del resto non avevamo scelta: l'ultima volta che ho potuto assumere un sarto già formato –

e aveva 52 anni – è stato all'inizio degli anni Ottanta; dopo c'è stato il deserto, l'arte si stava spegnendo. Che dovevo fare? Per rinsanguare la tradizione abbiamo fondato la Scuola superiore di sartoria Nazareno Fonticoli, impostandola con un rigore formativo che in quel periodo non era compreso in alcuno schema.»

La scuola funziona ancora oggi con lo stesso sistema, elaborato durante le lunghe discussioni notturne tra Fonticoli e Marcotullio, in cui si mettevano a fuoco pregi e difetti della tradizione e si delineavano i contorni della rivoluzione organizzativa che avrebbe portato alla nascita della fabbrica sartoriale. In sostanza la vecchia gavetta – i 10-15 anni trascorsi a lavorare 14 ore al giorno con compensi ridicoli e un apprendimento rallentato – non era più proponibile; andava sostituita con un percorso più rapido e più efficiente. Così, nel 1982, si decise per un modulo, basato sull'esperienza maturata in oltre vent'anni di attività a Penne, che funziona ancora oggi: dopo la media dell'obbligo, vengono selezionati 15-20 ragazzi all'anno che seguono un corso di 33 ore settimanali d'insegnamento pratico e 4 ore settimanali di teoria per 11 mesi; ne escono, dopo 4 anni e una prova pratica che consiste nel disegnarsi, tagliarsi e confezionarsi un abito, con il diploma di maestri d'arte della sartoria, perfettamente in grado d'inserirsi nell'azienda, dove fanno un anno aggiuntivo di stage prima di entrare nel ciclo produttivo. Una formazione che ora viene considerata esemplare, ma che all'epoca era talmente fuori dai canoni da aver avuto molte difficoltà per essere riconosciuta e autorizzata: per il ministero del Lavoro corsi formativi così lunghi non erano concepibili e per il ministero della Pubblica Istruzione una formazione così specialistica non era pensabile.

Prendendo alla lettera le norme, quei corsi all'epoca non si sarebbero potuti fare; ma senza apprendistato la tradizione si sarebbe estinta per mancanza di materiale umano. Grazie a quei ragazzi – in grado di coordinare la produzione, di raccordare i tempi dei vari gruppi e di controllare la qualità del prodotto – la Brioni resta un'azienda che può puntare sulla fascia alta con abiti che non solo vengono tagliati su misura, ma spesso devono interpretare la personalità di chi li indossa (costano dai 2500 ai 15 mila euro). Per raggiungere questo obiettivo di eccellenza c'è bisogno di una materia prima d'eccellenza, ricercata attraverso filtri selettivi molto attenti: in Abruzzo arrivano produzioni di estrema nicchia, partite di lane selezionatissime e costosissime (fino a 10-12 mila euro per i 4 metri necessari a fare un vestito), che possono anche ridursi a poche centinaia di chili raccolti in Nuova Zelanda o in Australia e lavorati per un unico cliente, l'azienda di Penne.

L'«azienda di Penne» è in realtà qualcosa di più di un'espressione di routine. Il rapporto somiglia a una simbiosi in cui ognuno dei due partner vive grazie all'altro. L'azienda ha trovato nel territorio le radici operative, il saper fare di cui aveva bisogno per espandere le proprie capacità di lavoro altamente qualificato. E il territorio ha trovato nell'azienda un motore economico capace di restituirgli la memoria piena di un passato che spazia dai tempi in cui l'antica Pinna era la punta più avanzata della federazione sannitica ai fasti della corte di Margherita d'Austria, che spingeva la sua influenza fino alle porte di Roma.

In realtà è difficile dire come la Brioni, assieme alla fondazione Fonticoli, ha aiutato Penne, perché la lista è lunghissima. È intervenuta, sempre «senza fare rumore» secondo lo stile della casa, nel restauro di tutte le chiese, a partire dal duomo; ha ricavato un'università in un palazzetto liberty che è stato completamente restaurato per ospitare le lezioni; ha sponsorizzato cinque musei e sta per aprire il Museo della sartoria; sostiene l'oasi del Wwf, che è ai margini del paese; ha comprato e donato al Comune opere di artisti locali, a cominciare dalla Madonna quattrocentesca di Berardino pennese, che figurava sulla copertina di un catalogo d'asta svizzero e che è stata riportata in Italia con un paziente lavoro diplomatico per ottenere il visto d'ingresso.

Lo stesso Marcotullio è stato eletto per due volte sindaco di Penne con una lista personale, che aveva come simbolo la porta d'ingresso del paese e gareggiava in modo indipendente rispetto agli schieramenti tradizionali; e proprio in questa doppia veste ha registrato uno dei pochi smacchi della sua carriera: «Contro le automobili non c'è stato niente da fare. Ho fatto costruire parcheggi straordinari per alleggerire il centro storico, che è piccolo e graziosissimo, ma è stato molto difficile convincere i miei concittadini a fare cento metri a piedi: hanno portato l'asino fin sotto casa per secoli. Oggi, per fortuna, l'asino non c'è più e anzi il benessere ha fatto arrivare il numero di auto in circolazione a 7 mila su 10 mila abitanti, più della media italiana che è già altissima, ma le vecchie abitudini sono dure a morire e vedo che i parcheggi restano sempre mezzi vuoti...».

L'insuccesso sul fronte della mobilità è abbondantemente compensato da un consenso allo stile Brioni che si nutre anche di una straordinaria attenzione ai singoli individui. Lo stile dell'azienda, che pensa a se stessa come a una bottega rinascimentale con 1200 persone, è molto particolare: non capita tutti i giorni di trovare un amministratore delegato che se ne va in giro, irrintracciabile perché non possiede un cellulare, chiacchierando per ore in piazza «per risolvere dei casi personali» e assumendo tossicodipendenti per redimerli con il lavoro di fabbrica. «Sì, è vero, è successo», ammette Marcotullio, «e ha funzionato perfettamente. All'inizio tutti mi guardavano in maniera strana, ma poi queste persone sono uscite dal loro problema e si sono inserite magnificamente nel gruppo; è stata una grande soddisfazione perché, se si vogliono mantenere le radici, bisogna anche risolvere le difficoltà legate all'ambiente in cui si lavora. È più faticoso, ma ci sono molti vantaggi, a cominciare dal clima che si respira in azienda: in più di 40 anni non c'è mai stata una vertenza sindacale. Del resto la nostra forza è l'identità produttiva: se non avessimo una qualità così alta e così legata a fattori non imitabili e non riproducibili come il nostro territorio, ci avrebbero già scavalcato decine di volte, ci avrebbero travolto. Noi siamo l'industria a più alto livello manifatturiero, cioè con più ore di lavoro artigianale nel prodotto. Se stiamo qui e vendiamo vuol dire che il legame con il territorio che aveva intravisto Nazareno Fonticoli è forte e vitale. Oggi sono in tanti ad accorgersene, ma nel 1959 non era così facile».

Ai confini della materia

È possibile prendere un'azienda che nel 1980 perdeva un terzo del suo fatturato, investire tutto quello che serve per applicare gli standard ambientali più severi, sottrarre un altro 17 per cento di ciò che entra in cassa per destinarlo alla ricerca e ricavare ancora un utile netto che nel 2004 è stato pari a 600 milioni di dollari? La storia della STMicroelectronics dimostra che è possibile. A patto di farsi aiutare da uno slogan che molti interpretano come un problema aggiuntivo: *ecology is free*, un motto parafrasato dal *quality is free* del guru del management Philip Crosby.

In Italia già parlare di «qualità gratis» è stato duro. Per molti anni questa massima ha avuto il sapore dello spreco: perché «regalare» qualcosa in più rispetto al prezzo corrente? Perché ridurre l'utile immediato? Ci sono voluti scossoni potenti del mercato per mostrare che gli investimenti sulla qualità pagano in termini di acquisizione di nuovi segmenti di business, di fasce di consumo consolidate, di credibilità dell'azienda.

La STMicroelectronics ha scommesso sulla ripetizione dello scenario e della qualità gratuita nel settore ambientale. Ha deciso di adottare le leggi ecologiche più severe tra quelle dei paesi in cui l'azienda opera estendendole a tutte le sedi del mondo. Non basta: in tutte le fabbriche ST le prescrizioni di miglioramento ambientale vanno raggiunte almeno un anno prima dei termini ufficiali. Il risultato, scritto nei bilanci aziendali, dimostra che questa scelta paga. Al punto da aver trasformato un'azienda sull'orlo del fallimento in un colosso mondiale della microelettronica.

Oggi la ST conta quasi 50 mila dipendenti (anche se la crisi del settore l'ha costretta nel 2005 a progettare un ridimensionamento occupazionale), 16 centri di ricerca e sviluppo avanzati, 39 aree di progettazione, 16 siti produttivi e 88 uffici di vendita in 31 paesi. E continua a mietere primati: è il principale fornitore al mondo di circuiti integrati analogici per una specifica applicazione; è al primo posto per i circuiti integrati per decoder televisivi; ha presentato 711 domande di brevetto nel 2004; dal 1991 ha ottenuto circa 70 riconoscimenti, di cui più di 40 nel campo ambientale; nel 2000 è stata classificata da Innovest Strategic Value Advisors al primo posto per la gestione ambientale fra 14 società di semiconduttori, ricevendo l'unico giudizio di tripla A per ecoefficienza; nel 2002 ha avuto il Climate Protection Award dell'Epa; nel 2004 ha ricevuto il Best Renewable Energy Partnership with Industry della Commissione europea.

Grazie a questi numeri la ST figura nel gruppo dei *big player* che si contendono il mercato dei semiconduttori, cresciuto, secondo i dati dell'Unione europea, fino ad arrivare a un fatturato analogo a quello del settore aerospaziale e doppio rispetto a quello dell'acciaio e degli altri metalli. Eppure alla fine degli anni Settanta la Sgs Microelettronica, l'azienda di Agrate Brianza che era l'unica industria italiana del settore, viaggiava da tempo con i bilanci in profondo rosso. Tra il momento in cui rischiava il fallimento e il successo attuale ci sono stati i 25 anni di gestione di Pasquale Pistorio, il manager che nel 1980 ha lasciato la poltrona di direttore delle attività internazionali della Motorola semiconduttori per accettare una scommessa che sembrava impossibile: resuscitare la microelettronica italiana.

A questi risultati Pistorio è arrivato difendendo le proprie radici italiane («Parlo con le mani: sono siciliano») ma proiettandole in uno scenario planetario. Da un lato ha costruito le dimensioni di scala cominciando con la fusione, nel 1987, con la francese Thomson Semiconducteurs, dall'altro ha dato la carica all'azienda sventolando la bandiera del motto *ecology is free*. Basta sentirlo – la cadenza da profondo sud spezzata dall'inglese affiorante, le proposte visionarie e concrete al tempo stesso, il tono passionale che da solo vale un messaggio – per capire che dietro il successo di ST c'è un progetto forte, un modello che si può replicare.

Anche perché, se ce l'ha fatta la microelettronica, ce la può fare qualunque altro settore. Abbattere l'impatto ambientale per complessi industriali che succhiano acqua ed energia come una piccola città è stato duro; ha richiesto una capacità d'intervento che si misura leggendo il decalogo adottato dalla ST nel 1995. Non è un'espressione figurata: il decalogo è costituito da dieci norme che stanno in una paginetta ma che hanno fatto tremare le vene ai polsi dei dirigenti di tutte le fabbriche del gruppo.

Al primo posto c'è il quadro normativo generale: «Adottare le norme ambientali più severe tra tutte quelle dei paesi in cui operiamo, in tutte le nostre sedi nel mondo. Rispettare, in tutte le nostre sedi nel mondo, tutti i protocolli internazionali, almeno un anno prima delle scadenze ufficiali».

In seconda posizione troviamo la conservazione delle materie prime e dell'energia, che non viene posta come un principio astratto, ma legata a percentuali da infarto; l'efficienza, calcolata come rapporto tra l'unità di prodotto e i materiali e l'energia utilizzati per ottenerla, va aumentata in modo da ridurre il consumo dell'energia stessa e dell'acqua del 5 per cento all'anno.

Al terzo punto le emissioni di gas serra: l'impegno è abbatterle di almeno 10 volte entro il 2010 rispetto al 1990 (un obiettivo 5 volte superiore a quello della media delle industrie impegnate nell'attuazione del protocollo di Kyoto); portare le rinnovabili al 5 per cento delle fonti totali di energia entro il 2010; compensare le rimanenti emissioni di anidride carbonica con il rimboschimento, in modo da azzerare l'effetto serra della produzione entro il 2010.

Il quarto comandamento affronta il problema dell'inquinamento: trattare tutti i contaminanti rispettando o superando gli standard di sicurezza più severi; contenere l'impatto acustico entro i 60 decibel – l'equivalente del rumore che c'è in un grande magazzino – o attenersi alle norme locali se sono più restrittive.

Quinto: ridurre di almeno il 5 per cento all'anno, per ogni unità di prodotto, il consumo delle sei sostanze chimiche di maggior rilievo.

Sesto: portare entro il 2005 la percentuale di rifiuti destinati alla discarica al 5 per cento del totale e riciclare il 95 per cento di quelli provenienti dalla produzione e dall'imballaggio.

Settimo: realizzare un controllo ambientale attraverso la creazione di una banca dati per l'intero ciclo di vita dei prodotti.

Ottavo: sponsorizzare una giornata annuale per l'ambiente; incoraggiare il personale a prendere la leadership in campo ecologico; stimolare i fornitori a ottenere la convalida Emas o Iso 14001 (le due principali certificazioni ambientali).

Nono: operare una verifica permanente dei progressi ottenuti.

Decimo: mantenere la convalida Emas e la certificazione Iso 14001 di tutte le sedi del gruppo nel mondo.

Sembravano traguardi impossibili e invece ST ce l'ha fatta: alla vigilia della scadenza, gli impegni sono stati rispettati. Prendiamo ad esempio i consumi elettrici. Nel 1994 – l'anno di riferimento per misurare i progressi ottenuti – per fare un *wafer* di silicio da otto pollici ci volevano 660 chilowattora; nel 2004 ne bastavano 400: una riduzione del 5,3 per cento l'anno, leggermente sopra l'obiettivo fissato. Con l'acqua è andata ancora meglio: avevano puntato a un risparmio del 5 per cento annuo e sono arrivati quasi al 9,2 per cento.

Dunque i risultati sono arrivati, ma quanto è costata la scommessa ambientale? «Non solo è stata gratis, ci abbiamo anche guadagnato», risponde Carlo Ottaviani, presidente della Fondazione STMicroelectronics. «Lo so che sembra strano, ma è la verità. Quando vado in giro a raccontarlo, nei convegni, nelle conferenze, negli incontri, scorgo molto spesso una luce di dubbio negli occhi dei miei interlocutori, a cominciare da quelli che hanno responsabilità industriali. Ma i bilanci sono bilanci e i numeri parlano chiaro. Nel 2003 le innovazioni in campo ambientale ci hanno fruttato un vantaggio economico netto, calcolato sottraendo gli investimenti annuali per migliorare le performance, pari a 100 milioni di dollari. Nel 2004 questo utile è salito a 140 milioni di dollari. In altre parole quasi il 25 per cento dei nostri profitti deriva dai vantaggi acquisiti con l'efficienza e il risparmio.»

Naturalmente questa efficienza e questo risparmio hanno prodotto anche un vantaggio ambientale. Ad esempio si può calcolare che l'elettricità risparmiata nel 2004 – rispetto ai consumi del 1994 per unità prodotta – è il corrispettivo di quella fornita da una centrale da 180 megawatt, e che l'acqua che non è stata consumata è equivalente a quella bevuta in un anno dalla popolazione di uno stato grande come la Germania.

«Ma sia il calcolo economico, sia quello ambientale non danno pienamente conto dei vantaggi che comporta una politica come quella che abbiamo scelto», continua Ottaviani. «In gioco c'è qualcosa di più dei numeri. In alcuni casi senza una scelta ambientalmente avanzata sarebbe stata a rischio la stessa sopravvivenza dell'impianto. Prendiamo ad esempio lo stabilimento di Phoenix, in Arizona: non è che in Arizona si trovi una fonte di acqua dietro ogni pietra; la disponibilità idrica è continuamente a rischio e visto che, anche migliorando l'efficienza, i consumi complessivi aumentano, perché l'azienda va bene e la produzione cresce a buon ritmo, senza l'innovazione tecnologica che ha portato al risparmio avremmo rischiato di non avere fisicamente a disposizione abbastanza acqua per le nostre necessità, di dover accorciare la vita dell'impianto. E lo stesso discorso vale per altre località, a cominciare da Singapore che importa acqua dalla Malesia.»

Altre volte i benefici nascono da un intreccio di fattori. È il caso dei cfc, i clorofluorocarburi, i gas killer dell'ozono utilizzati nei sistemi di refrigerazione. L'accordo internazionale raggiunto alla conferenza di Londra del 1990 prevedeva la messa al bando di queste sostanze entro il 2000, ma ST decise di anticiparlo al 1997. Sembrava una decisione coerente con il quadro etico dell'impresa ma molto penalizzante sul piano dei bilanci.

«E invece è andata esattamente al contrario», continua Ottaviani. «Aver uniformato gli standard ci ha permesso di ottenere una serie di vantaggi. Abbiamo evitato i costi relativi alla doppia linea di produzione e di immagazzinamento che sarebbero derivati dalla decisione di mantenere uno standard differenziato nei vari paesi. Abbiamo potuto comprare i macchinari sostitutivi dei cfc fuori dal momento di picco delle richieste, sottraendoci al rischio di un aumento dei prezzi o di ritardi nella consegna. Abbiamo evitato di dover improvvisare in pochi mesi il cambio tecnologico in caso di un'accelerazione legislativa in questo o in quel paese. E, soprattutto, abbiamo acquistato sistemi più efficienti che ci hanno consentito risparmi energetici tali da compensare in poco più di due anni l'investimento. In altre parole siamo arrivati alla scadenza del 2000 con gli impianti già attivi da tre anni e con un utile netto in cassa.»

Il caso dei rifiuti ha avuto un andamento simile. Nel

1994 il 70 per cento di questi andava in discarica. L'obiettivo fissato dal decalogo era arrivare al 5 per cento nel 2005. Sembrava una missione impossibile e invece il traguardo è stato praticamente raggiunto con un anno di anticipo: nel 2004 solo il 6 per cento dei rifiuti era destinato alla discarica. All'abbassamento del livello di inquinamento ha corrisposto un aumento degli incassi perché i materiali di scarto, che prima rappresentavano un costo, sono diventati, grazie ai processi di separazione e trattamento, una voce all'attivo, merce regolarmente venduta: con i fanghi derivanti dai processi di riciclo dell'acqua si costruiscono materiali per l'edilizia, dai residui di resine e silicio si ottengono piastrelle, dagli avanzi della mensa si ricava cibo per gli allevamenti di animali.

Anche nel caso della carta è stato centrato un obiettivo che sembrava irrealizzabile: un dimezzamento annuale del suo utilizzo per tre anni consecutivi. L'annuncio di questo programma aveva gettato nella disperazione i responsabili della documentazione, poi si è scoperto che si poteva spostare su cd-rom (oggi anche in rete) un'enorme mole di dati tecnici: solo il catalogo dei prodotti, stampato in 20 mila copie ogni 18 mesi, occupava una quarantina di volumi di 400-500 pagine l'uno. Un dischetto di pochi grammi di plastica riciclabile ha sostituito 35 chili di carta salvaguardando le foreste, gli archivi dei clienti e le casse dell'azienda; le spese per l'acquisto di carta sono crollate, si è avviato il circuito del recupero e riciclo dei cd-rom, si è occupata in anticipo una posizione avanzata in campo informatico e si è fornito un catalogo aggiornato molto più frequentemente.

«La cascata dei vantaggi economici, in alcuni casi superiore ai calcoli di previsione, deriva da un cambiamento di mentalità», aggiunge Ottaviani. «Noi siamo arrivati a curare dettagli maniacali. Faccio un esempio: il colore del nostro marchio sulle scatole di imballaggio. Tradizionalmente usavamo il blu, poi abbiamo scoperto che, incenerendo i cartoni, l'inchiostro produceva diossina; erano quantità minime, avremmo potuto passarci sopra. Invece tra lo spirito di bandiera aziendale e l'ambiente abbiamo scelto l'ambiente cambiando il colore del marchio: ora è nero ed è ricavato da una sostanza che brucia senza emettere residui nocivi.»

Nel complesso sono performance impressionanti; sarebbe stato impossibile raggiungerle senza la capacità di guardare lontano, senza una formidabile *vision* aziendale. Ad agevolarle c'è stato però un altro fattore determinante: il settore in cui ST opera è animato da una velocità innovativa tale da premiare le scelte più coraggiose. Secondo la legge di Moore le prestazioni raddoppiano e il costo si dimezza ogni due anni: se oggi usiamo computer portatili con le stesse capacità di apparecchi che quarant'anni fa occupavano una stanza, è perché riusciamo a concentrare in un centimetro quadrato di silicio – uno spazio grande come un bottone – una memoria sufficiente a ospitare un filmato o un paio di vocabolari. A mano a mano che lo spazio si comprime, il mercato si allarga e i prezzi scendono grazie a un meccanismo di inflazione negativa: i massicci investimenti necessari a ottenere un circuito innovativo vengono ammortizzati nel giro di pochi anni facendo crollare il prezzo del prodotto.

A spingere la domanda c'è il ruolo crescente dei semiconduttori che sono alla base di buona parte dei cambiamenti tecnologici: per aumentare le prestazioni dell'informatica, per diminuire l'impatto ambientale della produzione, per migliorare la mobilità bisogna fare i conti con la microelettronica, ormai diventata nanoelettronica perché la corsa all'infinitamente piccolo ha raggiunto livelli fantascientifici. La base su cui si lavora è mille volte più piccola di un capello, un supporto talmente minuscolo da rendere necessaria un'organizzazione della produzione del tutto particolare.

Basta visitare uno degli stabilimenti della ST per rendersi conto che il posto più pulito del mondo è una fabbrica, il tempio della microelettronica dove si costruiscono i mattoni della memoria artificiale: frammenti di silicio grandi quanto l'unghia di un bambino ma capaci di custodire milioni di informazioni. Entrando si prova un leggero disagio, come se il corpo diventasse una presenza imbarazzante. La sensazione, a mano a mano che si superano le zone in cui è vietato fumare, mangiare, strappare carta, cresce fino a produrre l'impressione che anche respirare sia un atto di audacia ai confini della legalità. Nell'edificio-robot l'uomo è una presenza inquinante appena tollerata, perciò penetrare in questo santuario dell'alta tecnologia richiede una purificazione meticolosa che si svolge secondo un rigido rituale. Si comincia con la svestizione completa e il rinnovo totale degli abiti: le prime tappe del percorso di decontaminazione sono rappresentate da camici di cotone candido, calzature leggere, vari strati di guanti e una maschera che lascia libero solo lo sguardo. Anche il taccuino per gli appunti è sostituito da un blocco di carta trattata in modo da non rilasciare particelle.

Poi, fasciati da questa sorta di tuta spaziale, ci si immerge in una serie di docce di aria che frustano a lungo il corpo alla ricerca della minima impurità. Solo quando ogni traccia del mondo esterno è stata mondata si ottiene il via libera per entrare nella cabina di pilotaggio dell'infinitamente piccolo. I *chips*, i microcircuiti in cui viaggia l'informazione, sono scolpiti con un'approssimazione molto inferiore al milionesimo di millimetro. L'incisione avviene con tecniche simili alla litografia, che scavano progressivamente il silicio ricavandone un dedalo di strade racchiuse in uno spazio minimo. Queste vie devono rimanere sempre sgombre per lasciare piena libertà di movimento alle centinaia di milioni di elettroni che le attraversano in un miliardesimo di secondo. Gli unici «semafori» abilitati sono i *transistor*, gli interruttori elettronici che stabiliscono i sensi unici guidando il flusso dell'informazione: un miliardo in un centimetro quadrato. Ma per bloccare un canale, per creare un contatto sbagliato che distrugge l'intero circuito, basta un granello di polvere. Il nemico dei chirurghi della memoria artificiale è quindi invisibile e ubiquo; per sconfiggerlo bisogna creare un ambiente artificiale a misura di computer, un enorme palazzo che lavora a difesa di un'area di poche migliaia di metri quadrati. I condizionatori muovono milioni di metri cubi di aria all'ora e garantiscono un ambiente che vive fuori dal tempo, con temperatura e umidità esattamente costanti per dodici mesi. La struttura antivibrazioni assicura la staticità assoluta. La differenza di pressione tra le sale di lavorazione e l'esterno fornisce la difesa più impenetrabile: una barriera d'aria.

Questo insieme di protezioni rende la «clinica» del silicio 10 mila volte più pulita di una sala operatoria. In 30 centimetri cubi di aria è ammessa solo un'impurità, cioè una quantità di polvere 10 milioni di volte inferiore a quella che si trova in una normale stanza. Difendere questo primato non è facile se si pensa al continuo attentato che comporta la semplice presenza di un uomo con la sua pelle che si rinnova continuamente eruttando cellule morte come un vulcano: dalle 100 mila particelle al minuto di chi resta immobile su una sedia ai 10 milioni di particelle di chi affretta un po' il passo.

Tuttavia anche questo livello di protezione ormai è diventato insufficiente perché a mano a mano che si rimpicciolisconο le dimensioni delle strade su cui inserire i transistor aumentano i rischi legati alle impurità nell'aria. «La svolta innovativa necessaria ad aumentare le prestazioni continuando ad abbassare i prezzi è stato il *mini environment*», ricorda Ottaviani. «Andare oltre il livello di pulizia raggiunto avrebbe comportato, a causa dell'ulteriore accelerazione del ricambio d'aria, un costo energetico spaventoso. Abbiamo scelto di lasciare inalterato il livello di base, cioè la classe uno, una parte di polvere ogni trenta centimetri cubi di aria, e di arrivare a livello zero all'interno delle scatole protette in cui viaggiano i *wafer* di silicio.»

La corsa verso l'infinitamente piccolo proseguirà almeno fino al 2010, anno in cui la nanoelettronica potrebbe scegliere direzioni innovative diverse da quelle seguite negli ultimi decenni. Ma per quell'anno la ST avrà pareggiato anche i propri conti ambientali, raggiungendo un traguardo mai sperimentato da un'azienda di queste dimensioni: produrre e guadagnare mantenendo un impatto serra zero. Un obiettivo che il gruppo è convinto di ottenere continuando ad aumentare l'efficienza, facendo crescere la quota di rinnovabili (il target per il 2010 è stato spostato dal 5 per cento, programmato nel 1995, al 15 per cento), riforestando 38 mila ettari in modo da coprire la quota di anidride carbonica emessa nonostante tutti gli interventi correttivi. A quel punto la ST sarà il primo colosso industriale ad avere la coscienza pulita di fronte al rischio di disastro climatico.

Il profeta della ginnastica

È l'uomo che ha allargato i confini del made in Italy occupando una postazione ritenuta inespugnabile. Vent'anni fa sostenere che un italiano poteva insegnare agli americani come tenersi in forma suonava come una di quelle barzellette in cui si cambiano le carte in tavola e agli italiani viene affidata l'organizzazione, agli inglesi la cucina, ai tedeschi l'improvvisazione delle serate. Eppure Nerio Alessandri, un romagnolo che in Europa sta stretto, ha dimostrato che l'interpretazione dello stile di vita italiano può uscire dal cliché abituale, superare il culto anglosassone del fitness e includere tapis roulant e cyclette in una più generale filosofia del benessere: sudati sì, ma in pace con l'anima.

Fondendo radici culturali greche, gusto estetico italiano e tecnologia all'avanguardia, Alessandri è riuscito a imporre nel mondo, e in particolare nella roccaforte statunitense, il marchio italiano Technogym come sinonimo non solo di qualità dell'esercizio fisico e di stile di vita. Ma, poiché negli scambi culturali i movimenti non sono mai unilaterali, anche Alessandri ha preso un elemento dagli stereotipi della cultura americana: i panni del *self made man*. La sua Technogym, con 1000 dipendenti (età media 29 anni) e un fatturato di 260 milioni di euro, nasce nel 1983 nel garage di Gambettola, in provincia di Cesena, dove il futuro profeta del benessere psicofisico – che all'epoca aveva 22 anni e una grande passione per la meccanica – comincia a trafficare con gli attrezzi del bricolage per costruire la sua prima macchina da ginnastica. Sembra lo sfizio di un ragazzo pieno d'ingegno e di buona volontà, ma il successo arriva rapido e imprevisto; prima gli amici fanno la fila per allenarsi da lui, poi qualcuno comincia a chiedere una copia di quell'attrezzo strano che rimette in forma, e alla fine il garage si trasforma in azienda.

Sono passati poco più di due decenni e quell'azienda si è allargata: ha venduto macchinari a 35 mila palestre e 20 mila case distribuite in un centinaio di paesi; fornisce Alexander (la più importante catena di palestre della Cina) e Bally in Asia (la maggiore catena americana di palestre al mondo); è presente nei migliori hotel, dagli Hilton australiani al Burj al-Arab di Dubai, l'unico albergo al mondo a sette stelle, da One & Only Resorts al gruppo Four Season; ha offerto il supporto tecnico a tre Olimpiadi ed è fornitrice ufficiale di Juventus, Inter, Milan, Aiax, Liverpool, Prada e Ferrari. Tra i clienti più affezionati conta Michael Schumacher, che si muove con una palestra personale al seguito per tenersi in forma.

«Lei mi chiede come ho fatto a diventare leader in un settore inventato e dominato dagli americani?», domanda Nerio Alessandri, che in questi vent'anni ha costruito l'immagine della sua azienda con una cura almeno pari a quella con cui cesella ogni particolare delle sue macchine. «La mia ricetta per competere in un mercato che sembrava impossibile è basata su tre ingredienti: anima, identità e cultura. La molla che mi ha spinto sono stati un grande sogno e l'"ossessione" di trasformarlo in realtà. Volevo "rimettere in moto il mondo" perché mi ero guardato intorno e avevo scoperto che stavano tutti sempre seduti, sempre fermi. Volevo costruire e vendere macchine capaci di aiutare a sentirsi meglio, a vivere in pace con se stessi; e per riuscire sapevo che dovevo correre. Noi non ci siamo mai fermati: abbiamo sempre spinto sull'innovazione per essere almeno un passo avanti rispetto alla concorrenza, per arrivare all'obiettivo prima e meglio.» Dice proprio così, prima e meglio, perché è talmente immedesimato nel suo prodotto che lo descrive con termini che riecheggiano il motto delle Olimpiadi: *cetius, altius, fortius*, «più veloce, più in alto, più forte». Ma è un'interpretazione della corsa al primato che sfugge alla monocultura del muscolo e s'intreccia a radici antiche.

Alessandri, un romagnolo asciutto assai lontano dall'immagine canonica del culturista che spende la vita in palestra, utilizza il linguaggio olimpico del barone De Coubertin, ma il suo punto di riferimento è più ampio. *Wellness. Scegli di vivere bene!*, il libro che ha firmato nel 2001 mettendo in copertina la sua fotografia in giacca e cravatta mentre sorride correndo su un tapis roulant, è un manifesto contro la semplificazione che aveva portato a sovrapporre meccanicamente le immagini dello sport, della potenza, della salute e del successo.

L'analisi parte dal debutto della stagione sportiva moderna, nella seconda metà dell'Ottocento, alternando l'ironia e gli affondi. Ci sono le citazioni di Oscar Wilde («Quando mi prende la voglia di svolgere qualche attività fisica mi sdraio. E aspetto fino a che il desiderio non si è placato») e di George Bernard Shaw («Lo sport? Non fa male purché lo si pigli in piccole dosi»), i primi a rispondere con sarcasmo al fenomeno nascente. E ci sono anche, riportate con puntiglio, le ragioni dei primi appassionati di sport, un neologismo coniato dal francese *desport* (corrisponde al nostro «per diporto»), che indica un'attività svolta per divertimento, spasso, spirito di originalità.

«Dunque», prosegue Alessandri, «gli sportivi erano dei simpatici perdigiorno, degli originali che si confrontavano per vedere chi fosse il più bravo a eseguire virtuosismi del tutto inutili e improduttivi quali correre, lanciare una palla, saltare un'asticella, eseguire una volée». Di conseguenza, a rigor di termini, oggi non potrebbero fregiarsi del titolo di sportivi i professionisti che dedicano ogni minuto della loro vita a strappare un primato che si traduce in milioni di euro di sponsorizzazioni, premi, stipendi, gadget firmati; e neppure chi indossa la tuta per dovere salutista, dimostrando uno spirito pratico non in linea con l'originalità disinteressata dello sportivo ottocentesco. Il quale, anche volendo, non avrebbe potuto sposare un approccio igienista al moto perché soltanto allora si stava chiudendo una parentesi lunga quindici secoli e segnata da quel «disinteresse per il corpo, quella negazione della materialità umana, quella condanna del piacere fisico che risaliva più o meno all'avvento del cristianesimo e che si può dire egemone nella cultura occidentale tra due date simbolo: il 393 e il 1894. La prima corrisponde al decreto con cui l'imperatore romano Teodosio – su richiesta di Sant'Ambrogio e in seguito a un eccidio avvenuto nella stadio di Tessalonica – proibisce la disputa dei giochi olimpici. La seconda alla fondazione a Parigi del Comitato olimpico guidato dal barone De Coubertin che, dopo due anni, organizza ad Atene i primi giochi dell'epoca moderna».

Dietro Unica, il primo attrezzo ginnico per la casa inventato da Alessandri, c'è dunque un doppio obiettivo: da un lato la voglia di proseguire nel percorso di riavvicinamento al corpo e ai suoi bisogni, dall'altro la presa di distanza dal culto della forma fisica in sé e per sé. Il risultato è un richiamo alla leggerezza esistenziale, alla naturalità dell'esercizio fisico invocata da Ippocrate, che 25 secoli fa ammoniva a usare gli organi per evitare di farli deperire, e da Galeno, che nella Roma imperiale abituata alla delega dello sforzo fisico (all'epoca agli schiavi, oggi alle macchine), sottolineava l'importanza di non lasciar infiacchire il corpo e di coltivare l'armonia del movimento.

Un'analisi condotta con mano leggera e buona conoscenza della materia storica e filosofica, ma nello stesso tempo anche un approccio di marketing capace di attrarre il potenziale cliente con un'enorme mole di informazioni pratiche da consumare anche alla spicciolata: come calcolare la quantità d'acqua del proprio corpo e come ricostituirla; come sfruttare al meglio i 25.920 respiri che scandiscono una giornata e come praticare la terapia del ridere; quali sono le dieci piante mangiaveleni da mettere in casa e come fare i bagagli senza farsi venire il mal di schiena; come bruciare 300 calorie in 40 minuti di bicicletta o in una camminata veloce di un'ora.

L'azienda di Alessandri riesce a coniugare marketing e filosofia perché crea un immaginario lieve: il sudore si stacca dalla sofferenza e diventa gioco. È un percorso parallelo a quello che Zygmunt Bauman, in *La società dell'incertezza*, individua come il passaggio dal corpo moderno, in cui la salute corrispondeva alla capacità di fornire prestazioni, al corpo postmoderno che «è prima di tutto un ricettore di sensazioni: assorbe e assimila esperienze, e la sua attitudine e capacità a essere stimolato lo trasforma in uno strumento di piacere. La presenza di tale attitudine/capacità è chiamata benessere (*fitness*)... Non è tanto la performance fisica che conta, quanto la qualità delle sensazioni che il corpo riceve durante la prestazione; quelle sensazioni devono essere intense e profondamente gratificanti, "emozionanti", "affascinanti", "incantevoli", "estasianti"».

È proprio questo il punto su cui fa leva Technogym. Forte della capacità di vendere uno stile di vita più che una macchina, all'inizio degli anni Ottanta fa scattare l'offensiva attaccando il suo avversario con uno slogan di grande efficacia: «L'era del body building: sotto i muscoli niente»; nel mirino ci sono la corsa all'ipertrofia dei bicipiti e le palestre frequentate quasi esclusivamente da maschi che comprano con ore di fatica l'adeguamento della forma senza occuparsi troppo della sostanza, perché l'importante non è stare meglio ma apparire meglio.

Impostata così la battaglia dura poco. La Rambo-mania è costretta ad arretrare e si trasforma rapidamente in un fenomeno marginale che lascia la scena a un protagonista decisamente più solido: il fitness. Dagli improbabili muscoli di Tarzan si passa all'aerobica sponsorizzata da Jane Fonda, la grintosa Barbarella del film di Roger Vadim, che diventa l'ambasciatrice della ginnastica dolce, la trasforma in una videocassetta e convince milioni di americani a far scattare i muscoli a suon di musica. È una risposta solida alle critiche che cominciavano ad affiorare, un modello nel miglior stile californiano, con la fatica che si stempera nel sorriso, i confini della palestra che si sciolgono nella possibilità di una corsa sulla spiaggia.

Alessandri risponde alla sfida rilanciando la posta: oltre il wellness c'è il fitness, la ricerca del benessere a 360 gradi. Si può essere davvero efficienti – si chiede l'imprenditore romagnolo – se, appena usciti dalla palestra, ci si ingozza di cibo scadente e si fuma un pacchetto di sigarette per combattere lo stress di un orario di lavoro sempre più lungo? Dunque, dopo aver curato il motore dell'organismo – il sistema cardiocircolatorio – e la carrozzeria – colonna vertebrale, articolazioni, tendini – la proposta Technogym si allarga al «carburante» che mantiene in vita il corpo: l'interazione con l'ambiente. Wellness vuol dire che gli attrezzi per curare il fisico devono essere usati pensando all'essere umano nella sua interezza; il movimento, fatto con regolarità e senza eccessi, è finalizzato al miglioramento della capacità di dormire, riflettere, volersi bene.

«Il wellness è stato la nostra prima grande innovazione», continua Alessandri. «Abbiamo sostituito la corsa all'essere belli fuori con la voglia di essere belli dentro, l'apparire bene con il sentirsi bene. Il 2005 è l'anno di un altro grande salto. Vogliamo ricominciare dalle origini: a Santa Monica, vicino a Los Angeles, dove 30 anni fa è partito il settore, installeremo il primo *Kinesis*, che in greco vuol dire movimento.» È la «palestra invisibile», una rivoluzione totale, perché gli attrezzi spariscono e resta solo uno spazio in cui le macchine vengono assorbite, completamente mimetizzate dietro le pareti. Più che a una sala da ginnastica conviene immaginare una *living room* in cui della fisicità resta solo un segno simbolico: quattro sostegni su un pannello ondulato di legno per appoggiare un cavo e una coppia di maniglie che si spostano di volta in volta, in modo da permettere vari esercizi. Tutto il resto rimane dietro le quinte. È il passaggio dall'hi-tech all'hi-touch, dalla tecnologia pura, che parla solo alla testa, alla tecnologia che dialoga con i sensi, che interagisce con la sfera del piacere.

Ancora una volta la parola chiave di questo percorso è innovazione, la stella polare della Technogym. Certo l'elemento di per sé non è nuovo (è difficile trovare un'industria di successo che non abbia puntato sull'innovazione), ma diventa originale per gli accostamenti proposti dall'interpretazione Alessandri: l'innovazione come parte essenziale del made in Italy, le competenze elettroniche che si combinano con le competenze estetiche, il design che si fonde con i brevetti. Il risultato di questo *melting pot* scavalca l'elemento tecnico arrivando alla definizione di un modello culturale forte, uno dei pochi oggetti imprenditoriali che anche ai cinesi riesce difficile copiare. «Non insisterei sul "fatto in Italia"», precisa Alessandri, «perché potrebbe essere un'ostinazione pericolosa. Meglio pensare al "creato in Italia". Intendo dire che le braccia possiamo trovarle anche fuori, l'importante è che la creatività, il marketing, il cervello restino qui. I cinesi possono copiarti il resto, non l'anima.»

Per mantenere il vantaggio, Technogym punta su un centro ricerca e sviluppo in cui lavora circa il 15 per cento dei dipendenti e che gioca un ruolo fondamentale, come dimostra la sfida che per due decenni ha visto uno scambio continuo di colpi. Negli anni Ottanta gli americani facevano prodotti che puntavano solo a svolgere al meglio la loro funzione? Technogym ha risposto con una cura dei dettagli tale da far diventare le tecnomacchine oggetti di lusso, elementi di arredo, messaggi. A cavallo tra gli anni Ottanta e i Novanta gli americani facevano attrezzi basati sull'efficienza meccanica? Technogym ha inserito l'elettronica, creando un'interfaccia intelligente per misurare in diretta i risultati della fatica. A metà degli anni Novanta, quando tutti si basavano sull'elettronica, Technogym ha puntato sull'informatica, regalando ai clienti una chiavetta elettronica, in cui sono inseriti gli obiettivi del momento (dagli esercizi alla dieta), che si può facilmente consultare in ogni punto del globo. Una svolta tecnologica al quinquennio, seguendo un ritmo che non si è arrestato. Nel 2000 sono arrivate le televisioni al plasma incorporate negli attrezzi per spezzare la fatica ascoltando le news o guardando l'ultimo film di Woody Allen. Nel 2005 è stato il turno di *Kinesis*, l'ultimo colpo di scena con un nome da saga di fantascienza.

Se l'innovazione tecnologica mirata a catturare il cliente attraverso tutti e cinque i sensi costituisce l'elemento determinante della capacità di presa della ginnastica hi-tech, il secondo comandamento Technogym punta al rafforzamento del legame con la collettività. La *mission* dell'azienda è tutta orientata al miglioramento della qualità della vita attraverso il rilancio dell'attività fisica come terapia in grado di sconfiggere le patologie degenerative, che minano la crescita dell'età media: l'uomo – recita lo slogan aziendale – è nato per muoversi e Technogym lo restituisce al suo destino. Anche in questo caso la proposta è in chiave positiva: a una lettura un po' meccanicistica del corpo, che fa corrispondere ogni attitudine a un dover essere genetico, si contrappone un approccio in cui i geni costituiscono l'hardware, mentre il software sono i comportamenti; dunque siamo noi, con le nostre scelte quotidiane, a poterci concedere il benessere come frontiera in cui la salute coincide con il lusso di prenderci il tempo e il piacere necessari a coltivare il wellness.

Si arriva così agli ultimi due capisaldi della filosofia aziendale: la forte identità del marchio (Technogym figura tra le prime dieci aziende europee per cultura d'impresa nella classifica elaborata nel 2004 dalla rivista «Fortune») e la dimensione globale (esporta più dell'80 per cento del fatturato in oltre 60 paesi).

Questo per quanto riguarda il passato. Nel futuro c'è un altro progetto. «Il mio sogno imprenditoriale è trasformare Technogym in un *player* della partita Italia, creare un modello culturale d'impresa che sposa obiettivi economici e impegno sociale e mette al centro il rapporto con il territorio, l'università, le istituzioni», propone Alessandri. «Costruendo la prima macchina ho piantato un seme, questo seme ha generato un albero che è diventato grande. Adesso penso sia giusto che l'albero ripaghi il territorio che ne ha permesso la crescita arricchendolo di humus, in modo da chiudere il ciclo della vita. Finora Technogym è cresciuta utilizzando solo le proprie forze: era la fase del pionierismo. Ora serve il sistema Italia, il rapporto con il territorio. Bisogna spostare i confini del made in Italy dalla qualità del prodotto alla qualità della vita: l'Italia deve diventare il primo distretto mondiale della qualità della vita. E per raggiungere questo obiettivo le scuole diventano importanti perché bisogna creare figure professionali vicine al nostro settore, dai gestori di club ai *personal trainer*. Io penso che nell'arco di una decina di anni si possa arrivare a un diverso rapporto tra aziende e istituzioni.»

Lo slogan «star bene conviene» può in effetti diventare un modello capace da un lato di assicurare un vantaggio competitivo a molti settori (dal turismo all'alimentazione) e dall'altro di avere una buona ricaduta dal punto di vista sociale (il wellness aiuta a prevenire le malattie), aziendale (i dipendenti che stanno meglio producono meglio) e collettivo (se le malattie diminuiscono e la produttività aumenta lo Stato ne trae un vantaggio).

La condizione perché questo scenario virtuoso possa diventare reale è che gli svantaggi derivanti dalle cattive abitudini vengano correttamente valutati. Per ora è un'ipotesi lontana perché si oscilla tra la licenza di danneggiare gli altri (vedi alla voce inquinamento da traffico) e la tendenza a fissare per legge il numero di bicchieri di vino e di calorie quotidiane. Una strada intermedia tra questi due estremi è l'applicazione corretta dei principi del mercato. In termini di wellness significa ad esempio che chi conduce una vita ragionevolmente regolata ha diritto ad agevolazioni assicurative: secondo una ricerca condotta da una compagnia statunitense, chi non trascura le esigenze del corpo dimezza la spesa in ricoveri ospedalieri e farmaci.

La radice di un successo secolare

Chiamasi la glicirriza in Toscana volgarmente regolitia, ma quasi da tutti gli speziali e dai medici, che più si dilettano dei vocaboli arabici, che dei greci, liquirizia (...). Sono le sue radici lunghe, come quelle della genziana, di colore di bosso, acerbe alquanto nel sapore e dolci. Il succo delle quali si condensa a modo di Licio. È essicace questo nelle asprezze della canna del polmone, ma bisogna tenerlo a disfarsi sotto alla lingua: è buono alle infiammaggioni dello stomaco, al petto, e al fegato: sana bevuto con vino passo la rogna della vescica, e i dolori delle reni: disfatto in liquore cava la sete, sana applicato alle ferite: mangiato giova allo stomaco.

A metà del sedicesimo secolo, quando il celebre medico e botanico Pietro Andrea Mattioli scriveva questo passaggio del *Dioscoride*, la liquirizia era di uso comune. Gli uomini del Rinascimento mantenevano un'abitudine nota dal tempo degli Egizi e conservata dai Greci e dai Romani, che chiamavano la liquirizia *radix dulce*; per loro masticare questa radice, in alcune zone tanto diffusa da diventare infestante, era un gesto comune ereditato dall'uomo-raccoglitore e dalle conoscenze degli sciamani che la usavano nei riti di guarigione. Ma già a partire dall'inizio del Settecento matura un cambiamento: la pianta esce dall'anonimato dato dal suo aspetto dimesso – un piccolo fusto che custodisce il suo segreto sottoterra – per dar vita a uno dei comparti protoindustriali dei Borboni nella loro epoca d'oro, quando Napoli era una delle grandi capitali europee. Attorno alla liquirizia calabrese, che secondo l'enciclopedia britannica è la migliore del mondo, nasce un'attività economica formidabile che all'inizio dell'Ottocento si allarga agli estremi opposti del Regno delle due Sicilie: in Abruzzo prima e a Catania e Messina poi.

Di questo universo culturale e produttivo rimane oggi in Italia un'unica testimonianza vitale: la fabbrica Amarelli, a Rossano Calabro, che continua a curare l'intero ciclo di lavorazione della liquirizia, dall'estrazione delle radici alla vendita delle confezioni che fanno il giro del mondo. L'azienda esiste dal 1731 ed è difficile non vedere come il suo percorso sia legato alla storia del Meridione in tutte le sue contraddizioni e le sue potenzialità, dal momento della partenza nel gruppo di testa dell'industrializzazione della prima ora, allo scacco pesante subito nel Novecento, fino alla scommessa di rilancio che si apre nel 2000. Anche perché, se qualcuno non notasse la connessione, a ricordarglielo ci penserebbe una donna che è difficile fermare: Pina Amarelli. «Lady liquirizia», presente nei salotti televisivi come nelle riunioni confindustriali, mostra la sua vitalità già nel cumulo di cariche che riesce a indossare con eleganza. Insegna Diritto romano all'Università di Napoli; ha la delega della Confindustria per il settore agroalimentare del Mezzogiorno; è vicepresidente dell'azienda napoletana della mobilità; presiede *Les Hénokiens*, il club che raggruppa le 32 imprese familiari con più di 200 anni di attività e prende il nome dal patriarca biblico Henock che visse 365 anni. E naturalmente amministra l'azienda di famiglia che, sotto la sua guida, ha superato il milione di confezioni vendute ogni anno.

Pina Amarelli ha molti impegni ma non li dimostra: è una conversatrice straordinaria, e passa da un aneddoto ottocentesco alla citazione marinettiana della ragazza «levantina, grandi occhi di liquirizia, gote di camelia, labbra carnose, sensualissima». Quando poi comincia a raccontare la storia degli Amarelli, la sua verve napoletana – viene da una famiglia partenopea, i Mengano – diventa inarrestabile e un racconto trascina l'altro. Del resto ha gioco facile visto che dispone di mille anni di storia, da quando i primi Amarelli arrivarono in Calabria con la spada in mano. Da allora la dinastia ha prodotto un crociato morto in Terrasanta, un eroe della battaglia di Otranto ucciso in una taverna napoletana per questioni di donne, uno dei fondatori dell'Università di Messina, un carbonaro cospiratore che fece perdere alla casata il titolo di baroni e dovette fuggire a Filadelfia. Ma soprattutto ha stabilito un legame profondo con l'industria nascente della liquirizia, un mondo che non sfuggiva alla durezza dell'epoca. Ecco come Vincenzo Padula, il sociologo calabrese che partecipò ai moti del 1848, descrive la sua visita a un concio, l'antica fabbrica di liquirizia: «In ogni concio è un fattore, sedici concari, un capoconcaro, un trinciatore, sei molinari, un falegname, due acquaioli, un pesatore di legna, un fanciullo marchiatore, e sedici impastatrici. Accrescete a costoro i mulattieri che someggiano legna, i contadini che scavano la radice, e già un concio vi darà l'aspetto d'un piccolo paese, dove per sei mesi dell'anno, da dicembre a tutto maggio, traggono uomini e donne di tutti i nostri villaggi (...). Il fattore, a cui è commesso il capo e l'indirizzo del concio, portava nel viso l'aguzzino: andava su e giù armato di un legno duro e broccoloso, ed aveva autorità di fare alto e basso su quei miseri».

«Sì, le condizioni di vita erano molto dure, ma tra gli Amarelli correva una vena socialista e hanno sempre cercato di migliorare, nei limiti del possibile, la situazione», aggiunge Pina. «Del resto la famiglia ha mantenuto una certa indipendenza anche dalla gestione dei Borboni durante tutta l'ultima fase del Regno delle due Sicilie. E infatti non fu tra le più penalizzate subito dopo l'unificazione d'Italia, anche se i Savoia cancellarono tutte le esenzioni fiscali che sostenevano le industrie tipiche del meridione: la produzione dell'olio, della pece da usare per le barche, della seta e della liquirizia. Fu un colpo durissimo che portò alla chiusura di decine di imprese e alla disintegrazione del distretto della liquirizia, formato dalle aziende che avevano raggiunto una massa critica sufficiente a muovere, per i propri commerci, velieri e treni, come è documentato dalle tariffe speciali che le ferrovie borboniche offrivano per il trasporto del prodotto finito e del succo di liquirizia, utilizzato, oltre che nel settore farmaceutico e in quello dolciario, come aroma per la concia del tabacco.»

L'azienda riuscì a resistere alla prima selezione e rilanciò passando, nel 1907, alle caldaie a vapore. È un bel salto che si misura guardando le foto dei conci ottocenteschi, simili a fornaci per produrre mattoni. In quelle strutture arcaiche la radice veniva pulita e deposta, all'interno di ceste, nei grandi cilindri in muratura pieni di acqua sotto i quali era alimentato il fuoco; l'acqua restava a bollire per intere giornate, per tutto il tempo necessario a catturare l'anima della liquirizia. Poi, eliminata la fibra legnosa ormai esausta, il liquido continuava a evaporare, aumentando la sua concentrazione finché rimaneva solo una pasta morbida e nerastra che andava presa, ancora bollente, da mani callose in grado di lavorarla.

Con il passaggio dal calore di legna, discontinuo e faticoso, a quello costante del vapore e con l'introduzione di macchinari di lavorazione più moderni avviene il primo salto tecnologico. Ma non basta a mettere al sicuro il settore. Nella seconda metà degli anni Trenta arriva, come una valanga, la spinta del mercato americano pressato dalla legislazione statunitense che impone la liquirizia come unico edulcorante. Calano in Italia gli uomini della Mac Forbes, una grande industria dolciaria, determinati ad aggiudicarsi, a qualunque prezzo, la liquirizia calabrese che è fino a 40 volte più dolce di quella che cresce in altre zone; sbarcano in forze e comprano, comprano tutto quello che trovano fino a far schizzare in alto i prezzi. Per le imprese di liquirizia calabresi è una concorrenza insostenibile perché acquistare la radice a quel prezzo per loro significa rimetterci. E infatti chiudono quasi tutte. Gli Amarelli non vogliono cedere il campo: tengono il punto a costo di vendere le terre di famiglia per alimentare il concio; riescono a resistere fino al momento in cui le quotazioni della liquirizia scendono perché negli Stati Uniti sono stati legalizzati edulcoranti meno costosi.

Non è ancora finita. Chiuso il capitolo Mac Forbes, si apre quello drammatico della guerra che inaugura una crisi durata, con alti e bassi, fino agli anni Sessanta. A questo punto, messi di fronte all'alternativa tra vendere e fare il salto verso l'impresa moderna, gli Amarelli rilanciano di nuovo concentrando le loro risorse economiche sull'ammodernamento della struttura produttiva. Abitazione e ufficio si unificano nella vecchia casa-fortezza di famiglia a Rossano Calabro con le mura fatte di pietre legate con le catene per resistere ai colpi, e segnate dalle feritoie per assestarli.

È il salto all'era moderna. Si passa definitivamente da un'azienda autarchica che produce la liquirizia, la legna per il fuoco, l'alloro disposto a strati per non far attaccare i bastoni di liquirizia, a un'azienda a tecnologia avanzata. Le radici, lavate e sterilizzate con il calore, vengono sminuzzate, tritate e messe negli estrattori, grandi cilindri d'acciaio bucherellato in cui l'acqua, sottoposta a circolazione forzata, si trasforma in un liquido color del tè. A questo punto la lavorazione si sposta in capannoni in cui il passaggio dell'aria, grazie al contatto con l'ossigeno, dà al succo il colore nero tipico della liquirizia; evaporando, il liquido si trasforma lentamente in una pasta che viene affidata al mastro liquiriziaio, l'unico titolato a decidere il «punto di cottura» giusto, che cambia a secondo della temperatura e dell'umidità in modo da assicurare alla pasta una consistenza standard evitando che bruci o resti troppo morbida. Poi i blocchi di pasta vengono infilati in una sorta di tritacarne da cui esce un lungo serpente, adagiato su un nastro trasportatore e raffreddato lentamente per impedire che assuma una consistenza vetrosa rischiando di spezzarsi. Infine, per concludere la cura estetica senza ricorrere alla chimica, si effettua un ultimo passaggio dentro il forno: il calore, sciogliendo lo strato più superficiale che era rimasto intaccato durante le ultime operazioni meccaniche, restituisce alla liquirizia la morbidezza compatta del manto nero.

Può sembrare strano che un'espressione come «mastro liquiriziaio» sopravviva nella stessa azienda che usa le tecniche più avanzate di marketing per promuovere il prodotto senza spendere un euro di pubblicità. Da una parte c'è l'economia immateriale, fatta della sostanza che viaggia lungo i cavi del telefono e le vie dell'etere; dall'altra un mestiere in cui non ci si può affidare completamente alle macchine, perché solo i sensi e la memoria rappresentano una bussola del tutto sicura. Come racconta Saverio Caracciolo, uno degli ultimi mastri liquiriziai, in un libro firmato da Emanuela Piancastelli, «la pasta deve essere morbida ma non troppo, non si deve attaccare alle palette. Non si possono stabilire i tempi meccanicamente: il punto di cottura cambia a seconda dell'umidità dell'aria, quindi d'inverno occorre più tempo. Solo a mano si fa la liquirizia di qualità. Io sto vicino alla conca, fino alla sera. Poi la mattina seguente riaccendiamo – la liquirizia ha bisogno di riposare la notte – e vediamo a che punto è».

Ma in realtà i due estremi della contraddizione, l'elemento arcaico che restituisce il primato ai sensi e l'ipermoderno dominato dall'informazione, si sostengono a vicenda. Amarelli ha conquistato un mercato nella fascia alta del settore alimentare perché chi compra una confezione di liquirizia acquista, assieme alla curiosità gastronomica, un frammento di cultura millenaria; perfino gli aromi con cui viene mischiata hanno una storia secolare: il più antico, la violetta, è arrivato dal Piemonte assieme ai marchesi di Saluzzo.

Infatti la crescita dell'azienda si accompagna a quella del Museo della liquirizia, ospitato con inatteso successo nella casa di famiglia, con i busti degli antenati dipinti sui muri risistemati nel Seicento. Non sono pochi 35 mila visitatori l'anno, in continua crescita, per un museo che non si trova esattamente in una città d'arte. Certo la statale tracciata negli anni Sessanta proprio in mezzo alla proprietà, uno sfregio di cemento che separa l'antico concio dalla casa, alla fine si è trasformata in un vantaggio logistico. Ma il segreto del successo sta in una struttura che consente di ricostruire secoli di storia seguendo il profumo della liquirizia. Nelle prime stanze ci sono le vecchie balle di radice e i caccavi (i cestelli che si calavano sopra l'acqua bollente), gli antichi codici e gli stampini in bronzo, i libri contabili del Settecento e le selle di cuoio con cui gli inglesi pagavano le partite di liquirizia. Negli ambienti successivi è riprodotto un punto vendita dell'Ottocento e un vecchio ufficio di spedizioni, con le sue casse in legno e le fatture originali. Il percorso, agevolato da due ragazze che fanno da guida attraverso tre secoli di storia, si conclude con una degustazione: accanto al prodotto in purezza ci sono i sassolini coperti di zucchero, i cioccolatini e i panettoni ripieni di liquirizia, i torroncini, la grappa e il rosolio, i gelati, perfino i tagliolini alla liquirizia da condire con olio e limone, oltre all'acqua di colonia e allo shampoo.

In questo modo il passato acquista valore ma nello stesso tempo si fonde con il presente, con una lavorazione che, accanto alla dimensione industriale, mantiene intatta una forte nota artigianale. Anche la scelta di utilizzare, come contenitori per la vendita al dettaglio, lattine decorate con immagini aziendali d'epoca – raffinatissime e perfettamente riciclabili – è un richiamo al passato, ai tempi in cui l'idea moderna di rifiuto doveva ancora nascere e i vecchi fuochi erano alimentati con la sansa esausta dell'ulivo e con i residui delle radici. Ancora oggi, del resto, mentre le piante di liquirizia sono utilizzate per sostenere con le loro radici gli argini dei fiumi indeboliti dall'erosione, la fibra esaurita, dopo aver vinto qualche battaglia burocratica, viene usata in agricoltura come umidificante del terreno, come uno strato protettivo che si depone d'estate per mantenere il suolo più fresco, limitando l'evaporazione; ancora un segno di continuità, perché la liquirizia si è sempre lavorata d'estate per farla asciugare meglio, evitando il rischio di vederla ammuffire.

«Sì, è vero. Il marketing ci ha aiutato molto a sottolineare il fascino della liquirizia calabrese che è l'unica a bilanciare perfettamente la dolcezza e l'amaro», aggiunge Pina Amarelli. «Ma siamo stati anche fortunati: ci hanno aiutati sponsor come Rousseau che nell'*Emile* raccomanda di non dare ai bambini che mettono i denti gingilli d'argento, ma bastoncini di liquirizia per rafforzare il palato. E più recentemente grandi cantanti come José Carreras e Luciano Pavarotti che sono tra i nostri clienti più affezionati perché la liquirizia ha caratteristiche emollienti utili per proteggere la gola. Ma non solo. È anche tonificante, un po'come il ginseng, perché fa rialzare leggermente la pressione e per questo era considerata un afrodisiaco. E poi è particolarmente adatta ai climi secchi perché trattiene i liquidi; il che per noi occidentali supernutriti può essere un problema se si esagera con le dosi, ma per chi era abituato a camminare e a muoversi molto in un clima asciutto serviva a combattere la sete. Se è vero che si va incontro a un periodo di riscaldamento globale, la liquirizia accompagnerà perfettamente i nuovi tempi.»

I banchieri della comunità

Muove un terzo della crescita del Pil della provincia di Siena; ha uno statuto secondo il quale buona parte degli amministratori deve essere senese, anche se costruisce ospedali in Palestina e in Sudan; nel 2003 ha speso 146 milioni di euro a sostegno di progetti d'innovazione tecnologica, recupero dei beni culturali, solidarietà sociale e difesa ambientale. Certo, non si può dire che per la Fondazione Monte dei Paschi di Siena il legame con il territorio sia una parola d'ordine astratta.

Le ragioni di questa determinazione sono in buona parte «genetiche»; la Toscana ha mantenuto un filo di continuità culturale che corre nei secoli e lo rivendica, utilizzandolo come bussola nei momenti in cui, a livello nazionale, sembra che nessuno voglia decidere la rotta da seguire. Nel caso del Monte dei Paschi, per trovare l'altro estremo di questo filo bisogna risalire indietro di oltre mezzo millennio, quando il concetto moderno di tempo irruppe nell'universo del denaro e, tra il prestito gratuito e l'usura – i due antichi modi d'intendere il rapporto con i soldi – si fece strada il tasso d'interesse.

Un salto culturale che le istituzioni pubbliche, nel quindicesimo secolo, registrarono con la lentezza di chi si trova di fronte un fenomeno inedito che spazza via un modo di pensare, e di sentire, collaudato nel tempo: il denaro che cominciava a circolare e a fruttare incrinava la staticità delle gerarchie feudali, mostrava l'embrione di una nuova classe media, ma sottolineava anche la presenza di un numero crescente di affamati che popolavano le città. Così, in pieno fiorire del Rinascimento, la prima reazione di fronte all'allargarsi del divario tra i ricchi e i poveri fu quella classica: azioni di beneficenza in buona parte coordinate dalle istituzioni ecclesiastiche che si ponevano come punto di riferimento della *pietas* cittadina.

Siena però è andata controcorrente. Già nel 1472, «per volere delle Magistrature repubblicane, al di fuori di qualsiasi intervento diretto, o indiretto, dei Minori Osservanti», cioè dei frati che in quel periodo erano particolarmente attivi, fu creato il Monte di Pietà; ha così inizio il percorso che porterà le istituzioni comunali a guidare il passaggio da un'economia statica, in cui solo la guerra poteva modificare la gerarchia della ricchezza, a un'economia dinamica, in cui la distribuzione del benessere è oggetto di un confronto continuo tra la forza, la capacità, l'organizzazione dei vari gruppi sociali e territoriali.

L'indirizzo di sviluppo della città, orientato verso una forte autonomia sul piano della nascente finanza, divenne ancora più evidente dopo la richiesta della Balìa di Siena (il governo locale) di creare un «altro Monte» con funzioni di vera e propria banca per dare fiato all'artigianato, all'agricoltura e ai commerci che si andavano rafforzando. Si arrivò così, per volere del granduca Ferdinando II, alla nascita, nel 1622, del Monte dei Paschi di Siena che, un secolo e mezzo dopo, si fuse con il Monte di Pietà.

La Fondazione del Monte dei Paschi, un'istituzione nata nel 1995, è certo molto più giovane. Ma, osservandone le priorità, si coglie l'eco delle antiche misure di stimolo del commercio nascente. La differenza principale tra l'approccio antico e quello moderno sta nell'ampiezza della gamma degli incentivi: una volta era sufficiente evitare che gli artigiani restassero senza liquidità; oggi, per rilanciare la produzione, bisogna spaziare dalla fase di progettazione al recupero delle materie prime impiegate, dalla difesa del marchio alla qualità del territorio. Ed è su tutti questi fronti che si sgrana il rosario degli interventi.

Il motore primo della crescita, secondo la graduatoria della Fondazione Mps, è l'area ricerca e sviluppo. Ed è dunque in questo settore che si concentrano le risorse. Oltre a sostenere l'Università di Siena e a finanziare varie iniziative, la Fondazione ha tenuto a battesimo Sienabiotech, una società mirata allo sviluppo di «aree tecnologicamente avanzate quali le biotecnologie, l'informatica e la scienza dei materiali»; una struttura dinamica che ha già promosso un progetto da 10 milioni di euro sulle terapie contro l'Alzheimer approvato dalla Commissione europea nel giugno 2004 e un accordo con la Wyeth Pharmaceuticals, una delle maggiori aziende mondiali nel settore della ricerca di prodotti farmaceutici e dell'*health care*.

Sienabiotech viaggia veloce. Nell'ottobre del 2002 sono stati inaugurati i primi 400 metri quadrati di laboratori; in un paio di anni sono diventati 2 mila e continueranno a crescere. Nel 2007 si arriverà alla creazione di un'azienda impegnata nella lotta contro le malattie neurodegenerative, con laboratori di 10 mila metri quadrati e 130 dipendenti (erano 5 nel 2002). Sarà la base per il decollo di un polo di ricerca di rilevanza nazionale, il parco scientifico e tecnologico Toscana Life Sciences, da costruire mettendo assieme tutte le risorse della Toscana: Università, Regione, Fondazione Monte dei Paschi, Comune e Provincia di Siena, Camera di commercio e le aziende già presenti nel settore.

Ma – si potrebbe obiettare – visto che sono in tanti a indossare la maglia di distretto dell'alta tecnologia, perché gli investitori dovrebbero scegliere proprio Siena? Perché questo progetto dovrebbe riuscire a farsi strada in un'arena tanto affollata? La Fondazione Monte dei Paschi risponde a questi dubbi sottolineando il valore del territorio in cui il nuovo parco scientifico-tecnologico s'inserisce e sostenendolo con un secondo pacchetto di investimenti destinato al settore dei beni culturali, un elemento base dell'identità senese. Tra gli interventi più interessanti c'è il progetto Archeologia dei paesaggi medioevali, che prevede la creazione di un polo informatico per la Val di Cornia e di Cecina e la nascita di tre centri museali. Uno è a Siena, un centro di documentazione sulla storia cittadina da realizzare nell'edificio monumentale di fronte al duomo. Un altro è nel monastero di Santa Chiara di Grosseto e raccoglierà le informazioni ricavate dall'intervento di archeologia urbana condotto in zona. Il terzo è a Poggibonsi, dove verrà aperta un'area archeologica di 12 ettari sulla collina della fortezza medicea di Poggio Imperiale per mettere in luce le tracce di un villaggio dell'alto medioevo e il nucleo urbano del castello.

Sempre sul fronte del recupero delle tradizioni culturali, è stata finanziata la mostra sulle Biccherne, gli antichi registri delle finanze. I 60 libri della Biccherna, esposti nel 2002 prima al Quirinale e poi all'ambasciata italiana a Washington, hanno una datazione compresa tra la prima metà del Trecento e il Cinquecento e sono attribuiti a pittori del livello di Guido da Siena, Ambrogio Lorenzetti e Francesco Vanni; le copertine disegnate dagli artisti più famosi dell'epoca, la ricchezza di dati, le illustrazioni dei banchieri e del denaro che maneggiano ne fanno una straordinaria testimonianza storica sull'alba dell'economia moderna.

Infine, a completare il ventaglio di stimoli economici che partono dalla Fondazione Mps, c'è il filone dei progetti a difesa della coesione sociale, senza la quale il filo che unisce presente e passato sarebbe destinato a spezzarsi. In questa direzione vanno gli interventi in campo sanitario (acquisto di macchinari specialistici in vari ospedali), infrastrutturale (ammodernamento di linee ferroviarie, parcheggi), ambientale (il laboratorio di ecologia nella laguna di Orbetello, il recupero degli spazi legati all'acqua e al verde a Siena), sociale (sostegno al volontariato e alle cooperative sociali), innovativo (è allo studio una società per la gestione non consumistica di eventi culturali).

Questo assieme di azioni, nel 2003, ha prodotto una crescita pari a oltre un terzo dell'aumento totale del Pil della provincia di Siena (l'1,6 per cento su un incremento totale del 4,5 per cento). E parliamo di una provincia che corre a una velocità ben superiore alla media nazionale e ha un tasso di occupazione più alto: nel 2003 era il 53,9 per cento contro una media nazionale del 44,8 per cento. Un successo ottenuto anche perché per ogni euro investito direttamente dalla fondazione se ne attivano altri due; si crea cioè un volano per l'economia locale che stimola la crescita e la indirizza verso la ricerca tecnologica, la diminuzione dell'impatto ambientale, il maggior benessere degli abitanti.

Per raggiungere questo obiettivo la selezione delle domande che arrivano sul tavolo della fondazione è tanto attenta da aver ottenuto la certificazione di qualità per le erogazioni. Per essere accettata, una richiesta deve superare un esame a tutto campo in cui si misurano vari fattori: la sua sostenibilità dal punto di vista ambientale e sociale; la disponibilità di chi firma la domanda a partecipare all'investimento; il grado di definizione del progetto e, di conseguenza, il tempo entro il quale si potrà partire rendendo operative le risorse economiche stanziate; il livello di comunicazione tra imprese e mondo della ricerca universitaria e scientifica.

«Lo scopo degli studi sull'effetto della nostra azione non è tanto un riconoscimento del lavoro che svolgiamo, che non è più in discussione, ma la sua misurazione, la capacità di indicarne i limiti e gli effetti in termini non solo quantitativi, ma anche e soprattutto qualitativi», spiega Giuseppe Mussari, il presidente della Fondazione Monte dei Paschi di Siena. «Noi regaliamo denari ma siamo feroci nell'individuazione dei meritevoli. È un lavoro anche ingrato perché non si può dare tutto a tutti e magari alle volte ci sbagliamo. Ma, proprio perché siamo costretti a una scelta severa, abbiamo bisogno di valutare attentamente gli effetti dei progetti che approviamo. Purtroppo questo lavoro è reso più difficile dalla carenza di strumenti tecnici a nostra disposizione: come misurare con precisione le conseguenze dell'aumento dei posti negli asili nido o nelle sale di rianimazione del Policlinico di Siena? Gli indicatori attuali non tengono conto del benessere perché è una grandezza che sfugge completamente alle considerazioni economiche classiche. In provincia di Siena, ad esempio, siamo al 35 per cento di raccolta differenziata e le ambulanze nel 97 per cento dei casi arrivano con il medico a bordo, ma di questi miglioramenti non c'è traccia nell'andamento del prodotto interno lordo. Per questo contribuiamo agli studi per andare oltre il Pil, un indicatore che va tenuto presente ma non può esaurire l'intera gamma delle considerazioni attorno all'economia di una città e al benessere dei suoi abitanti.»

Il passo delle fondazioni resta però ancora lontano da quello delle banche. A fronte di una crescente richiesta di finanza etica, rimane scarsa l'offerta di fondi che trattino esclusivamente aziende con pedigree di qualità dal punto di vista dell'impegno sociale e ambientale. In sostanza alcune fondazioni bancarie spingono verso un'economia sostenibile, ma i clienti delle banche non sono incoraggiati ad aderire al progetto perché manca, o scarseggia, il prodotto finanziario coerente con quel modello; non è semplice investire i propri risparmi in un gruppo di industrie ecologicamente avanzate.

Eppure nel mondo anglosassone si era cominciato a parlare di finanza etica già negli anni Settanta per due motivi. Il primo è un vantaggio che trascende la dimensione puramente monetaria. Come ha notato il premio Nobel per l'economia Amartya Sen, riavvicinando la rotta del mercato e quella dell'interesse pubblico si sana la frattura all'interno dell'agire umano tra la sfera economica e quella sociale, culturale, emotiva; i vari aspetti della personalità e i vari interessi in campo possono ricomporsi. C'è poi un secondo vantaggio materiale legato alla maggiore affidabilità delle imprese impegnate nel rispetto dei diritti ambientali e sociali: il singolo che punta i propri risparmi su queste aziende può dormire più tranquillo, senza dover temere che la fabbrica su cui ha scommesso salti in aria o venga citata in tribunale per aver distrutto un paese.

La solidità di questa accezione del termine «etico», che supera il concetto di beneficenza per fondere interesse morale e interesse economico, è stata provata dalla ormai quasi trentennale storia delle banche etiche che debutta nel 1976 in Bangladesh con la celebre Grameen Bank, fondata dal premio Nobel Muhamad Yunus per prestare soldi a chi ne era assolutamente sprovvisto, dando la priorità alle donne: un progetto che sembrava un baratro finanziario e che invece si è trasformato in un formidabile successo economico, oltre che sociale, facendo della Grameen Bank la quinta banca del Bangladesh. Ma, nonostante questi precedenti, in Italia la Banca etica ha aperto il primo sportello solo nel 1999 e l'intero sistema creditizio nazionale risulta ancora oggi in netto ritardo rispetto al mondo anglosassone e centro-europeo.

Perché c'è ancora tanta distanza tra il modello teorico delle fondazioni bancarie e la pratica delle banche? «Potrei rispondere limitandomi a osservare che sono ruoli distinti», risponde Mussari. «Una fondazione ha come scopo istituzionale stimolare le imprese che meritano di essere sostenute, quelle legate al futuro, mentre una banca rimane più ancorata alla dimensione del presente. Sarebbe però una risposta parziale: le banche devono fare un passo avanti perché la logica del risparmiatore è sempre più quella di guardare con attenzione alla destinazione finale dei soldi che affida al suo istituto di credito; il

Monte dei Paschi di Siena, per esempio, ha escluso dal suo business il finanziamento ad aziende che producono armi. Ma, se è vero che occorre riflettere di più sugli aspetti etici legati all'operare del mondo finanziario, non penso si possa farlo limitandosi a raccogliere fondi mirati, che pure ci sono anche se in misura quantitativamente piuttosto ridotta, perché insistere troppo sul fondo etico esporrebbe al rischio di trasformarlo in una riserva indiana, di lavarsi la coscienza con un prodotto che non risolve il nodo di fondo. Il rapporto tra etica e finanza non può essere circoscritto a livelli di impiego parziali, altrimenti rischieremmo di incidere poco sulla quantità complessiva di denaro mosso.»

Osservando la dinamica degli equilibri economici, Mussari coglie uno iato sempre più profondo tra la ricchezza reale e le intermediazioni finanziarie, uno slittamento di attenzione dalla cura del prodotto industriale alla speculazione finanziaria sul breve e brevissimo periodo che ha comportato rischi sempre più evidenti, come mostra lo scandalo legato al fallimento di alcune grandi società americane che avevano truccato i conti: «La bolla di Internet di qualche anno fa ha portato aziende che oggi sono sparite dal listino a capitalizzare più di una grande industria. In questo modo, disarticolando il rapporto tra ricchezza reale e ricchezza finanziaria, si rischia di far mancare il nutrimento alle imprese sane, di far sì che gli spiriti animali del capitalismo si orientino verso altro. Non mi risulta ad esempio che, grazie ai capitali accumulati attraverso l'intenso lavoro d'intermediazione immobiliare degli ultimi anni, siano state aperte molte fabbriche o scoperti prodotti o conquistati nuovi mercati. Per questo la valutazione etica, cioè la capacità di giudicare i frutti di lungo periodo di un'azione economica, non può limitarsi all'offerta di un prodotto di nicchia, ma deve diventare un elemento portante della strategia finanziaria complessiva».

Il sarto dei grattacieli

Che cosa accomuna la più grande azienda mondiale di facciate intelligenti, il restauro di un castello da 260 stanze e il progetto di rilanciare il turismo su scala nazionale? La risposta non è una struttura ma un imprenditore talmente innamorato del Veneto da trovare in quel territorio lo spunto per le attività più diverse. Quella di Massimo Colomban, classe 1949, il «sarto dei grattacieli», è una storia strana, uno zig-zag continuo tra la facoltà di Architettura, interrotta a 24 anni, e la laurea *honoris causa* arrivata a 51, tra la creazione di un'azienda da un miliardo di euro di fatturato e la decisione improvvisa di cambiare mestiere.

Forse l'unica costante in questo percorso pieno di svolte impreviste è la spinta all'innovazione tecnologica, unita a un saper fare artigianale e all'abitudine di contare solo sulle proprie forze. In questo mix sta il segreto del successo di Permasteelisa, la società nata dalla fusione della piccola Isa – un'industria d'infissi rilevata da Colomban nel 1974 – con Permasteel, un'azienda australiana che l'imprenditore veneto aveva preso in gestione per il risanamento e che ha finito per comprare.

Partendo dalla base di San Vendemiano – 8 mila anime in provincia di Treviso – la nuova impresa, dal nome così strano che resta scolpito in mente, è cresciuta come un fungo sviluppando in 20 paesi una struttura a rete formata da 40 società controllate. Tra il 1982, l'anno in cui nasce Permasteelisa, e il 2002, l'anno in cui Colomban lascia gli incarichi operativi, l'azienda è arrivata a estendersi su quattro continenti, passando da 10 dipendenti a oltre 4 mila, da 10 milioni a un miliardo di euro di fatturato.

È un successo velocissimo, alimentato da una discussione interna che va avanti finché si raggiunge il consenso, da un sistema di premi con quote azionarie per i manager più capaci, dalla sensazione di vivere sulla frontiera tecnologica, da un esperanto che alterna inglese e dialetto veneto; sono gli ingredienti di una formula che permette alla società di conquistare la leadership di un settore inventato *just in time*, proprio nel momento in cui il bisogno nasceva: gli involucri ad alta tecnologia per i palazzi.

Un bisogno che all'inizio non era certo di massa: i due shock petroliferi degli anni Settanta avevano fatto intravedere la fine della stagione dell'energia a buon mercato, ma la portata reale del segnale era stata colta da pochi perché l'ubriacatura degli anni Ottanta, con il denaro che scorreva e la Borsa che sembrava crescere da sola, aveva finito per distrarre dai rischi legati alla fragilità del sistema energetico basato sul petrolio. Dopo un breve periodo in cui, come d'incanto, i chilometri per litro di benzina si erano moltiplicati perché per le case automobilistiche l'efficienza era diventata una priorità, l'orologio tecnologico aveva ripreso a battere a ritmo rallentato.

Ma chi allora decise di non fermarsi oggi ha accumulato un vantaggio competitivo spesso determinante. È il caso di Permasteelisa, che ha avuto il merito di creare una connessione culturale inedita: quella tra l'architettura di punta e la tecnologica avanzata, tra il bello e l'utile. Mentre con l'abbinata tra cemento armato e petrolio a basso costo l'estetica aveva divorziato dall'intelligenza energetica, cancellando millenni di architettura in armonia con l'ambiente, le *blue technologies* lanciate da Colomban invertono la rotta.

Le facciate interattive non si limitano a delineare lo spazio: creano energia, filtrano l'aria, abbattono l'inquinamento acustico, recuperano il calore del sole e lo utilizzano per il riscaldamento invernale e per la ventilazione estiva. Sono pareti che lavorano: d'estate respingono l'energia termica del sole e d'inverno la accolgono, sfruttando anche il calore del sistema d'illuminazione e perfino quello degli esseri umani che popolano l'edificio.

I *building envelopes*, veri e propri contenitori di alta tecnologia, danno autonomia ai singoli edifici, rallentando la corsa che sta trasformando le megalopoli in buchi neri dell'energia e consentendo di abbattere di un terzo il costo di gestione dei palazzi; in prospettiva s'intravede addirittura l'edificio a costo energetico zero, in grado di autoprodurre tutta l'energia necessaria alle proprie attività.

Lavorando fianco a fianco con architetti come Norman Foster, Frank Gerhy, Jean Nouvel, Renzo Piano, Richard Rogers, Kenzo Tange, Permasteelisa riesce a coniugare eleganza ed efficienza e a costruire le facciate di edifici famosi come il museo Guggenheim di Bilbao, il Parlamento europeo a Bruxelles e a Strasburgo, le sedi di Channel Four e del Lloyds Register a Londra, la Disney Concert Hall di Los Angeles, l'Uob Tower e la Borsa a Singapore, la China Bank di Hong Kong, la torre Jim Mao a Shangai, la Sydney Opera House.

«Negli ultimi 15 anni molte delle più importanti opere architettoniche sono state targate Permasteelisa», ricorda Colomban. «È una bandiera italiana piazzata in giro per il mondo e destinata a durare per decenni o secoli, una testimonianza delle nostre capacità in fatto di design e di tecnologia.»

Proprio l'unione tra questi due elementi ha dato una marcia in più a Permasteelisa, facendole ottenere un netto primo posto: nel 2002 il più vicino concorrente mondiale aveva solo un quinto dei suoi ricavi. La società si aggiudica molti appalti senza neppure doversi cimentare in una gara: a quella velocità tecnologica corre un solo cavallo, nessun altro è in grado di competere. Un solo cavallo verso una meta sempre più richiesta, in cui convergono risparmio energetico, minori costi di gestione, minor impatto ambientale, maggior benessere.

La tecnologia è così innovativa da essere oggetto di uno studio congiunto del Mit di Boston e dell'Università di Harvard (Colomban è l'unico italiano inserito nel Board dell'Harvard Graduate School of Design). «Negli anni Ottanta è cominciata la battaglia sulla qualità e chi non l'ha capito in tempo è stato spazzato via », ricorda l'imprenditore veneto. «Adesso il ciclo si ripete con una competizione centrata sull'ambiente. Chi saprà risparmiare energia e risorse guadagnerà due volte: la prima perché il costo delle materie prime è destinato a salire, la seconda perché l'efficienza si guadagna con l'innovazione tecnologica e l'innovazione tecnologica, in un quadro industriale che cambia così rapidamente, è la carta vincente.»

È proprio il peso crescente dell'efficienza nel settore energetico, in un periodo in cui i danni prodotti dall'uso dei combustibili fossili diventano sempre più minacciosi, a spingere Colomban a fare un passo in avanti. Nel 1997 ottiene il riconoscimento Imprenditore dell'anno da parte di Ernst & Young. Nel 1998 fonda il Kyoto Club, il cartello che raggruppa le imprese impegnate nella sfida verso un sistema energetico più pulito e verso la creazione di una massa critica in grado di dare all'Italia la capacità di competere con la volata ecoindustriale della Germania e della Scandinavia.

Nel 2002 Colomban lascia Permasteelisa, che aveva gestito per 28 anni senza un'ora di sciopero né una contestazione in tribunale, applicando a se stesso la regola che aveva proposto come stile aziendale: regala la metà della propria quota di azioni, che vengono distribuite ai manager più capaci. L'altra metà, venduta in Borsa, gli lascia comunque una liquidità più che sufficiente per completare un'operazione avviata nel 1998 con l'acquisto del castello Brandolini, a pochi chilometri da Vittorio Veneto: 20 mila metri quadrati di pareti coperte da affreschi rinascimentali, un dedalo di 260 stanze che scendono per nove livelli fino alle terme romane, una rocca che per secoli ha fatto da scudo terrestre alla Repubblica veneta.

Il castello prende il nome dai Brandolini (anticamente si chiamavano Brando, dal teutonico «brandire la spada»), una famiglia di uomini d'armi mercenari che lo abitarono dal 1436 al 1959. Arrivando dalla strada che serpeggia tra le colline di Valdobbiadene, nelle terre del Prosecco, si resta colpiti dalla mole del complesso che si staglia su un colle, con le grandi ali settecentesche puntate verso l'alto in modo quasi arrogante come a voler schiacciare i secoli precedenti. È solo poco alla volta, esplorando un labirinto che ha una superficie appena del 10 per cento inferiore a quella della basilica di San Pietro, che ci s'immerge veramente nella dimensione temporale più antica.

La rocca, crocevia obbligato sulla via Claudia Augusta – l'antica strada imperiale romana verso la Germania – è rimasta per secoli un nodo strategico: nel quindicesimo secolo i Brandolini arrivarono a sollecitare l'invio di 6 mila lance al doge di Venezia, un numero rilevante calcolando che per ognuno di quei cavalieri c'erano cinque o sei soldati appiedati; le chiedevano perché il castello rappresentava un punto nevralgico nel sistema di difesa terrestre della Serenissima.

I Brandolini, dalla loro rocca, hanno visto l'espansione dell'impero veneziano sull'Adriatico e la sua fine, hanno resistito al breve passaggio napoleonico, alla dominazione austro-ungarica e alle pesanti devastazioni subite in entrambe le guerre mondiali. Alla fine è stato il potere del denaro a piegarli: nel 1959 hanno ceduto il castello, che si è trasformato in un centro di aggiornamento per religiosi e gruppi parrocchiali. Ma gestire un volume di 80 mila metri cubi con pochi ricavi è oneroso anche per la Chiesa.

«Castelbrando mi è costato poco, 2 milioni e mezzo di euro, perché i salesiani che lo avevano acquisito non riuscivano a mantenerlo», racconta Colomban. «Ma per il restauro ho speso più del previsto: cinque anni di lavoro e oltre 30 milioni di euro. Abbiamo dovuto riportare alla luce 22 mila metri quadrati di superfici dipinte e decorate a marmorino e stucchi, autofinanziarci tre scavi archeologici, recuperare il sistema idrico romano in pietra forata e terracotta che dalla sorgente porta un'acqua purissima direttamente al castello. E nello stesso tempo creare le condizioni per far quadrare i conti: un hotel a quattro stelle con 50 stanze, due ristoranti, otto bar, tre teatri, quattro saloni settecenteschi per una capacità complessiva di 1800 persone, sei aree museali, una biblioteca, un centro benessere, vari negozi e gallerie d'esposizione. In ogni caso non mi pento: siamo riusciti a mantenere il segno di duemila anni di storia, l'anima di un luogo che ha ospitato Carlo Magno e Dante, Boccaccio e Casanova, senza rinunciare ai vantaggi della tecnologia moderna e chiudendo la gestione in attivo.»

Anche nell'operazione di restauro, come nel progetto Permasteelisa, dominano le sinergie. C'è l'informatica avanzata, con 500 chilometri di cavi elettrici che in vari tratti si accoppiano alla fibra ottica, portando il web in ogni camera e Internet a banda larga in tutte le aree congressuali. C'è il recupero della dimensione storica, con la parte museale e le mostre sulle «armi che fecero l'impresa», da quelle del Gattamelata – il condottiero che si era battuto a fianco dei Brandolini e aveva poi preso il comando dell'esercito del doge – alle alabarde secentesche. C'è il centro benessere, con idromassaggi che sfruttano la rete originaria di acqua di sorgente e il bagno turco nei locali già utilizzati in epoca tardoromana. C'è l'aspetto ecologico e d'innovazione, con la fitodepurazione delle acque bianche, riciclate per dissetare i 50 ettari di parco. C'è la cura del paesaggio, con la decisione di far scomparire dalla vista le opere di modernizzazione come i garage e la funicolare che trasporta 500 persone l'ora e che sarà affiancata da due ascensori superveloci; tutto scavato nella roccia, con 15 mila metri cubi di materiale portato via.

L'aspetto più interessante dell'operazione di recupero – quello più legato alla precedente vita di Colomban in Permasteelisa – sta però nell'impiego dell'antico impianto di riscaldamento probabilmente ispirato all'Hermitage di San Pietroburgo: le mura della parte settecentesca sono forate in modo da poter ospitare un reticolo di cunicoli attraverso i quali ancora oggi l'aria calda circola. In pratica l'intero sistema di climatizzazione caldo-freddo è incorporato nei pavimenti e nelle murature, e il castello funziona come una grande *stube* capace di ampliare le proprie prestazioni irradiando tepore d'inverno e fresco d'estate. Ad alimentare il sistema ora è il metano invece della biomassa o del carro di legna che ogni contadino doveva portare come tributo feudale ai signori del castello; il combustibile cambia ma l'efficienza del sistema, che utilizza anche la caldaia del 1720 e l'energia termica delle acque di sorgente che da duemila anni scorrono sotto al castello, resta alta.

A chiudere il circuito del risparmio energetico provvede un sistema digitale molto avanzato che controlla le 20 centrali di trattamento dell'aria, le luci e la temperatura in ogni stanza, la regolazione automatica delle finestre aperte di notte per rinfrescare e chiuse in caso di freddo e pioggia. «In questo modo tagliamo di un buon 30 per cento la bolletta energetica; con il petrolio che ha già superato i 50 dollari a barile e si avvia verso i 100 è un bel vantaggio», assicura Colomban. «E inoltre è la dimostrazione pratica che le tecnologie basate sull'efficienza si possono applicare alle nuove costruzioni così come alle antiche: l'importante è entrare in sintonia con lo spirito del luogo.»

Castelbrando è diventato il primo esempio di un castello che unisce tecnologie bioclimatiche e hi-tech, proponendosi al tempo stesso come meta turistica, sede di congressi e centro culturale (la parte musicale è stata inaugurata con un concerto di Tommy Emmanuel, uno dei più grandi chitarristi contemporanei). E i risultati hanno superato le previsioni: in due anni sono arrivati 450 mila visitatori e sono stati serviti nei ristoranti 200 mila pasti. La gestione è già in attivo ma l'obiettivo è più ambizioso: 300 mila visitatori all'anno entro il 2008.

Messa a regime la macchina economica di Castelbrando, Colomban ha cambiato di nuovo marcia: nel 2003 ha cominciato a collaborare con il progetto Sviluppo Italia, l'Agenzia nazionale per il turismo e l'attrazione di investimenti, ed è stato nominato presidente della sua *branche* regionale, Sviluppo Italia Veneto. «Ho cercato di sfruttare al meglio il know-how che avevo personalmente accumulato», scherza Colomban. «Era come se avessi fatto una ricerca sociologica da solo; avevo passato gli ultimi trent'anni della mia vita a girare tra gli alberghi di tutto il mondo e avevo accumulato una formidabile esperienza su ciò che bisogna evitare: a cominciare dagli hotel di lusso tutti uguali, una fotocopia che si ripete a Mosca come al Cairo, a Buenos Aires come a Parigi. Il turista vuole altro; vuole respirare il profumo della comunità che lo ospita, vuole gustare il sapore del luogo, con le sue caratteristiche e il suo tempo. E noi, in Italia, in questo campo abbiamo moltissimo da offrire; peccato che non lo sappia nessuno: il 70 per cento del territorio non è visitato e il 95 per cento degli operatori turistici è invisibile, è impossibile trovarli in Internet senza una ricerca mirata che presuppone il fatto di conoscerli già.»

Oggi dire che il settore del turismo è frammentato appare un eufemismo. La polverizzazione dell'offerta e la mancanza di regia bloccano ogni possibilità di marketing vincente, rendendo assai poco efficaci i 500 milioni di euro che investiamo ogni anno per pubblicizzare le nostre località. Siamo riusciti a collezionare ben 13 mila enti di promozione e più di 100 mila portali, facendoci incalzare e superare dalla concorrenza: una dimostrazione pratica del motto «troppa informazione, nessuna informazione». In compenso, non abbiamo neanche una grande catena turistica lontanamente in grado di competere con i colossi mondiali.

Il progetto sviluppato da Colomban punta ad affiancare al potere attrattivo dei tre grandi magneti del turismo nazionale – Roma, Venezia, Firenze – un'offerta diffusa e organizzata, capace di far presa. Per raggiungere l'obiettivo, l'imprenditore veneto, dagli uffici di Sviluppo Italia, guidando un team di esperti, ha realizzato per il governo il progetto di fattibilità Scegli Italia.it, in cui le proposte non vengono più presentate alla rinfusa ma seguono percorsi tematici – dalle città d'arte alla montagna, dalle terme ai laghi – e offrono pacchetti a misura delle varie esigenze: una costruzione ad albero, in cui sia possibile arrivare ovunque mossi solo dalla curiosità e dalla logica.

Il portale è comunque solo la prima mossa del rilancio turistico. L'altro cavallo di battaglia è la trasformazione delle agenzie di turismo, che finora hanno ricavato profitti soprattutto dalla vendita di viaggi degli italiani verso l'estero, in operatori interessati alla vendita di pacchetti e proposte ai turisti per visitare l'Italia.

«È impossibile promuovere un territorio senza mobilitare i professionisti», spiega Colomban. «E da questo punto di vista abbiamo un vantaggio: le compagnie aeree hanno abbassato il compenso riconosciuto alle agenzie che vendono i biglietti; così facendo, hanno posto le basi di una crisi del settore da cui si può uscire proprio attraverso il rovesciamento del meccanismo di incentivi.

Proponiamo premi a chi porta i turisti in Italia invece di darli a chi porta gli italiani all'estero. È una scommessa di grande importanza perché oggi il mercato mondiale è animato da 700 milioni di turisti che varcano le frontiere; nel 2020 si arriverà a quota un miliardo. In gioco ci sono 300 milioni di nuovi turisti: perderli o conquistarli farà la differenza. Possiamo recuperare posizioni o crollare definitivamente.»

Da Pechino alle Marche a lezione di caffè

Non ha un *hub*. L'eurostar non ferma. L'hinterland non c'è. Mancano tutti gli attributi della modernità declinata in inglese; eppure a Belforte del Chienti, 1700 anime in provincia di Macerata, il profumo del caffè basta ad attirare centinaia di cinesi, americani, scandinavi, che ogni anno fanno la spola tra aerei e macchine per inerpicarsi fin qui, alle pendici del parco dei Sibillini, nel paese in cui s'insegna a bere l'espresso.

I corsi sono organizzati dalla Nuova Simonelli, un'azienda che fattura 20 milioni di euro vendendo macchine professionali per il caffè in tutto il mondo e che controlla il 9 per cento del mercato globale del settore, con punte del 25 per cento negli Stati Uniti, del 20 per cento in Canada, del 18 per cento in Giappone; per promuoversi ha inserito il cinese tra le lingue ufficiali del suo sito web e mantiene tre ingegneri costantemente in giro per il mondo con la tazzina del caffè nella borsa, pronti a far assaggiare il vero espresso a industriali e baristi.

La Nuova Simonelli è l'immagine di un business che viaggia al confine tra due epoche: sta con un piede nella tradizione e con l'altro nell'innovazione. Una posizione rischiosa, ma se si riesce a mantenere l'equilibrio le prospettive sono interessanti, perché l'espresso sta guadagnando posizioni in piazze in cui fino a ieri era un sapore sconosciuto.

Proprio la velocità di questa espansione minaccia però l'identità di un prodotto che è legato al made in Italy da cento anni: gli italiani hanno conquistato il primato in questo campo per aver interpretato il caffè, non certo per essere stati i primi a berlo; ma questa interpretazione è ormai talmente intrecciata all'essenza del caffè nella sua versione intensa e ristretta da costituire un vero e proprio marchio di fabbrica. L'azienda di Belforte del Chienti ha deciso di legare il suo futuro alla difesa di questo marchio, alla capacità di mantenere la paternità dell'espresso, puntando tutto su tre mosse. La prima è stata l'apertura di filiali strategiche come quella negli Stati Uniti. La seconda è stata l'acquisizione della Victoria Arduino, l'azienda che, esattamente un secolo fa, ha lanciato il caffè nel mondo. La terza è un marketing in cui le caratteristiche tecniche delle macchine per il caffè, le informazioni organolettiche sul prodotto e i dati storici formano un insieme difficilmente separabile: l'elettronica avanzata s'intreccia al dibattito sugli aromi e l'analisi dei profumi si sovrappone alla documentazione sull'ingresso della *coffea arabica* in Europa.

Il viaggio del caffè verso l'Italia, verso la sua trasformazione in espresso – ricordano i dépliant della Nuova Simonelli – comincia in Medio Oriente. Furono gli arabi a mantenere a lungo il monopolio della bevanda che, secondo la leggenda, venne portata a Maometto per assicurargli forze sufficienti «a disarcionare quaranta cavalieri e a soddisfare quaranta donne». Poi, nel corso del diciassettesimo secolo, i mercanti olandesi riuscirono a trafugare qualche piantina e a riprodurla, lanciando così in tutta Europa una bevanda dall'aura magica.

Una delle prime botteghe del caffè ad aprire fu quella di piazza San Marco, a Venezia, nel 1645. Nel 1672 un palermitano emigrato a Parigi, Procopio dei Coltelli, creò in rue de l'Ancienne Comédie l'omonimo caffè, che divenne ben presto il luogo d'appuntamento preferito di Voltaire, Rousseau, D'Alembert, Diderot, perché il rituale che si stava creando attorno alla bevanda trafugata agli arabi assicurava contemporaneamente un'iniezione di energia mentale e un punto fisico d'incontro adatto alle necessità della nascente classe politica. Così il caffè divenne la novità del momento: dopo il celebre episodio della «rivolta del tè» contro gli inglesi, gli americani lo elessero a bevanda nazionale; Nicolas Lemery, membro dell'Accademia reale delle scienze di Parigi, ne sancì la promozione a pieni voti nel *Dizionario universale delle droghe semplici*: «Il caffè fortifica lo stomaco e il cervello, accelera la digestione, attenua il dolore di testa, rarefa il sangue, riduce i vapori, dona gaiezza, impedisce l'assopimento dopo i pasti»; e Pietro Verri chiamò «Caffè» il settimanale simbolo della battaglia risorgimentale.

Ma è solo con l'inizio del Novecento, il secolo della velocità, che il caffè esprime tutte le sue potenzialità: unendo il ritmo sempre più accelerato della modernità all'aspirazione individuale alla lucidità e al dinamismo, diventa espresso, cioè estratto, concentrato. Il luogo in cui questa trasformazione avviene è l'Italia; l'azienda che, tra le prime, lancia l'innovazione sul mercato è la torinese Victoria Arduino, acquisita nel 2001 dalla Nuova Simonelli; l'occasione è l'esposizione di Milano del 1906. La prima macchina da espresso, che appare nei padiglioni dell'Expo per iniziare il cammino destinato a esportare il caffè all'italiana in tutti i continenti, è come una scultura: un'aquila reale di bronzo sopra un busto che regge una serie di bracci in rame e ottone, quasi una dea Khalì che distribuisce energia liquida.

Nel giro di pochi anni l'espresso italiano dilaga e la Victoria Arduino apre concessionarie in tutto il mondo, da Parigi a Manhattan. È una corsa sostenuta dall'eleganza dei manifesti pubblicitari curati dal pittore Leonetto Cappiello e dalla solidità della tecnica: per fare una Victoria Arduino ci vogliono 983 pezzi, 11 esperti e 76 ore di lavoro.

La seconda guerra mondiale fa registrare una battuta d'arresto, ma con gli anni Cinquanta il mito dell'espresso torna a diffondersi, sempre più strettamente legato all'immaginario dell'Italia. E di Napoli, che del caffé ha fatto una bandiera, come testimonia l'indimenticabile monologo della commedia di Eduardo de Filippo in cui il protagonista appare alla finestra conversando con il vicino: «Chi mai potrebbe prepararmi un caffè come me lo preparo io, con lo stesso zelo, con la stessa cura?... Sul becco, lo vedete il becco? sul becco io ci metto questo coppitello di carta. Pare niente, questo coppitello, ma ce l'ha la sua funzione. E già, perché il fumo denso del primo caffè che scorre, che poi è il più carico, non si disperde.... Professore è passato (versa il contenuto nella tazzina). Ecco qua! Caspita, che caffè! È cioccolata! Vedete quanto poco ci vuole per rendere felice un uomo: una tazzina di caffè, presa tranquillamente qui fuori, con un simpatico dirimpettaio».

Se il Novecento è stato, per i buongustai di tutto il mondo, il secolo del caffè italiano, oggi l'industria del settore si trova davanti a un bivio. Può rilanciare e conquistare una platea di massa in tutti i continenti, oppure può essere annientata da un'esplosione del consumo che rischia di appannare l'identità dell'espresso con la crescita vorticosa di catene globalizzate come Starbucks, che colonizza il mondo alla velocità del McDonald's della fase più aggressiva. L'espresso rischia di fare la fine della pizza: fuori dall'Europa tanti sono convinti che, come l'hamburger, sia stata inventata da una multinazionale americana.

Una minaccia che la Nuova Simonelli intende sventare, mettendo i potenziali clienti di fronte agli aromi del prodotto doc e alla possibilità di riprodurli negli angoli più sperduti del globo. L'azienda, fondata nel 1936 da Orlando Simonelli, ha trovato uno spazio di mercato proprio grazie all'invenzione della macchina che passa dall'erogazione con il gruppo a leva a quella continua, una tecnica utilizzata ancora oggi. E dal 1969, l'anno in cui viene rilanciata dall'arrivo di nuovi soci e assume il nome di Nuova Simonelli, continua a insistere sul tasto dell'innovazione sia dal punto di vista della tecnologia, sia da quello del design. Nel 1980 c'è stato il passaggio all'elettronica. Nel 1993, contemporaneamente all'apertura della prima filiale negli Stati Uniti, è stata messa in produzione la seconda generazione di macchine superautomatiche che si è poi andata evolvendo fino a offrire la possibilità di un collegamento via Internet per una gestione centralizzata dei dati e l'assistenza on-line.

All'inizio del Duemila, con la squadra di ingegneri-degustatori perennemente mobilitata nel giro del mondo e i corsi a ciclo continuo a Belforte del Chienti, scatta l'ultima sfida: portare la tradizione dell'espresso nelle aree più lontane del globo, dove sarebbe un po' difficile trovare un barista italiano, attraverso le macchine made in Italy. «Stanno nascendo catene specializzate nella vendita di caffè in India e in Medio Oriente: interi paesi, da sempre lontani dalla tradizione dell'espresso, si avvicinano al caffè all'italiana», ricorda Nando Ottavi, amministratore delegato e socio della Nuova Simonelli. «Come tutti i periodi di crescita è quindi un momento critico: può essere una grande opportunità o un boomerang, dipende in gran parte da noi. Se si allontana dalle sue radici, l'espresso diventa una bevanda indistinta, anonima. Ma, se riusciamo a mantenere vive e apprezzate le caratteristiche tipiche del prodotto, regaliamo un traino a tutta la gastronomia italiana nei mercati che si aprono in Asia, in America, nell'Europa dell'est; e garantiamo un ritorno ai nostri investimenti.» Per questo è difficile separare il marketing dell'azienda di Belforte del Chienti (che deve all'export l'80 per cento del fatturato) da quello dell'espresso, anche se una linea di separazione c'è e passa per la necessità di semplificare il messaggio adattandolo ai luoghi in cui è arrivata la fama del caffè all'italiana, ma non il prodotto.

Del resto anche un esperto come Eduardo De Filippo può restare un po' intimidito scorrendo l'elenco dei sapori e degli odori che, secondo i dettami ufficiali dell'Istituto nazionale espresso italiano, caratterizzano una vera *tazzulella 'e caffè*. La crema deve avere un color nocciola tendente al testa di moro e un tessuto finissimo: assolutamente vietate le bolle piccole e grandi. Dal profumo ci si aspetta che richiami i fiori, la frutta, il pane tostato, il cioccolato: sensazioni che vanno confermate al palato e che devono restare ben chiare in bocca almeno per qualche decina di secondi. Infine, acido e amaro devono risultare bilanciati in modo da lasciare un ricordo tondo e vellutato. Riconoscere l'intera gamma di questi stimoli sensoriali vuol dire impegnarsi in una performance degustativa complessa; pochi affronterebbero l'esame con serenità al momento di mandar giù un espresso dopo pranzo prima di tornare in ufficio.

Tuttavia, la minoranza che guarda alle tecniche dei sommelier come modello da seguire per capire cosa c'è dentro un espresso doc continua a crescere. Tanto che anche per il caffè è cominciato il percorso di identificazione dei sapori e delle componenti che caratterizzano le varie miscele. I due grandi ceppi che si confrontano sono l'Arabica, la pianta mediorientale molto utilizzata in America latina, celebre per i profumi, l'acidità equilibrata, l'eleganza; e la Robusta con i suoi chicchi africani, corposi e resistenti, che danno un impatto forte in gola e producono una crema abbondante e grassa. Di norma queste due famiglie, che si presentano sul mercato in decine di varianti, vengono miscelate: se l'aroma tende al fruttato e la nota di cioccolata è netta, vuol dire che domina l'Arabica; se in bocca resta un sentore amaro con un retrogusto terroso, prevale la Robusta.

Ma comincia a diffondersi anche l'ultima novità offerta da un mercato in crescita che si attrezza per accontentare i gusti dei più esigenti: il caffè in purezza, quello che non ha conosciuto incroci, l'equivalente del monovitigno in campo enologico. Questi *crus* si possono degustare nei bar specializzati che offrono una carta dei caffè ricca di proposte come il Blu mountain della Giamaica, profumato e carissimo, citato nei romanzi di John Grisham; il Medelin supremo della Colombia, pulito e persistente; il Malabar indiano, speziato e leggermente acidulo; il Lintug di Sumatra, esotico e floreale, con una nota di affumicato; lo Skybury australiano, che scivola aspro sulla lingua e se ne va lasciando una sensazione terrosa.

Onde sensoriali tra cui i cinesi e gli indiani che visitano Belforte del Chienti imparano a navigare, assaggiando l'espresso sotto la guida di mani esperte che in Italia rappresentano la norma perché i baristi sono allevati alla scuola della tradizione; sono loro che, per far rendere al meglio la materia prima, governano il processo intuendo, anche in base al clima, la maniera giusta di macinare e pressare i chicchi. Se l'aria è umida, bisogna arrivare a una macinazione a maglia più grande e pressare meno la miscela, in modo che l'acqua passi più velocemente all'interno della macchina caricandosi leggermente meno; se l'aria è secca, bisogna fare il contrario: grani finissimi e più tempo, per lasciar spazio all'incontro tra l'acqua e il caffè che la carenza di umidità rende più complesso. In condizioni ideali il tempo di attraversamento è 25 secondi; andare oltre significa sovrasfruttare le sostanze e ottenere una crema poco consistente, ridurlo vuol dire ricavare un espresso scarico, senza mordente.

Automatismi intuitivi che non trovano più posto nel nuovo scenario del caffè all'italiana servito negli angoli più remoti del pianeta, dove la tradizione dell'espresso non dispone di una memoria umana: di qui lo spostamento del baricentro decisionale dalle mani del barista a quelle di macchine che diventano sempre più complesse e raffinate, tanto da far sorgere il rischio d'incasellare la regola aurea delle quattro M – miscela, macinino, mano e macchina – in un canone troppo rigido, penalizzando la vecchia tradizione artigianale.

«La tradizione e l'elemento umano si trasferiscono nel processo di automatizzazione, vengono inglobati nella tecnologia che consente di offrire a Singapore come a Chicago un prodotto analogo a quello che si può apprezzare in un buon bar italiano», precisa Ottavi. «Certo, il piacere di un espresso in una cornice come quella di un bar storico di Torino o di una terrazza di Palermo resterà sempre un'altra cosa, se non altro perché il contesto influenza l'esperienza; ma è possibile trasferire all'estero una buona parte di quella qualità, e noi vogliamo farlo. Non vedo la contraddizione: è un prendere atto della realtà. In molte delle aree asiatiche dove si stanno aprendo i bar per l'espresso non c'è gente che ha dimestichezza con il nostro modo di fare il caffè, manca il personale in grado di utilizzare al meglio le miscele; e, senza macchine di qualità in grado di fare la maggior parte del lavoro, in molti luoghi si finirebbe per creare l'abitudine di bere caricature dell'espresso che, con l'andare del tempo, farebbero perdere la memoria stessa del modo tradizionale di fare un caffè all'italiana. Ma visto che l'espresso è ancora un prodotto che si distingue chiaramente dai succedanei e che per questo viene apprezzato, riteniamo che ci sarà uno spazio sempre maggiore per la tecnologia che permette di valorizzarlo, cioè per macchine automatizzate di alta qualità: questo è l'obiettivo che ci siamo posti e per il quale stiamo impiegando il 6 per cento del nostro fatturato e il 10 per cento dei dipendenti.»

L'espresso resta al primo posto nella scala dei valori della Nuova Simonelli perché rappresenta un simbolo e offre l'occasione per un incontro potente con l'essenza del caffè. Ma un ruolo di primo piano è attribuito al dialogo con mondi diversi: una delle frontiere su cui si esercita l'azienda di Belforte del Chienti sono i nuovi consumi del caffè, e l'evoluzione delle macchine è studiata per offrire una risposta alle ultime richieste del mercato. Innanzitutto la crescente domanda salutista che cerca di conciliare la dimensione sociale dell'incontro al bar con il contenimento della dose quotidiana di caffeina e può essere soddisfatta puntando sul decaffeinato e sul caffè d'orzo. E poi il boom del cappuccino, rigorosamente con schiuma, che in paesi come gli Stati Uniti e il Giappone viene richiesto tre volte più del caffè.

In Italia il primato dell'espresso, con 30 milioni di tazzine bevute ogni giorno al bar e circa il doppio a casa, resta indiscusso. Non è un record quantitativo, perché in testa alla classifica dei consumatori di caffè figurano gli scandinavi che lo usano nella versione lunga, come una bevanda da accompagnare ai pasti; è una leadership basata sul riconoscimento della qualità: il caffè carico, dal gusto intenso, usato come un rituale socializzante e tonificante, resta legato alla storia del made in Italy. Almeno finché l'Italia sarà in grado di mantenere la sua memoria e la sua capacità commerciale.

L'uomo che compra la storia

Ha scommesso 5 milioni di euro sul vuoto. Su quello che non c'è. Daniele Kihlgren, 38 anni, un nonno console svedese a Genova durante la seconda guerra mondiale, madre italiana, è arrivato a Santo Stefano di Sessanio, ai piedi del Gran Sasso, una sera d'estate. Ha spento la moto e si è innamorato del borgo. Delle case arrampicate sul pendio in cui si entra al piano terra, si salgono due piani e si esce ancora al piano terra; del gioco medioevale che confonde gli interni e gli esterni, le corti e i sottopassi, perché solo i palazzi patrizi erano veramente privati; della torre fatta per vedere ed esser visti dalle torri gemelle che, rimanendo a contatto visivo, si spingevano fino al mare in modo che la notizia dell'arrivo dei pirati potesse correre di specchio in specchio, di segnale in segnale, fino ai monti.

Innamorato di tutto questo, ma soprattutto delle assenze. Nel caso di Santo Stefano di Sessanio l'elemento che fa la differenza è la pulizia del paesaggio, la linea di confine che corre tra le case del borgo e i vecchi campi segnando un dialogo urbanistico antico, non interrotto dalla monotonia delle villette a schiera e dei capannoni tirati su con qualche finanziamento pubblico. Il paese è un caso per quello che c'è, ma soprattutto per quello che manca: il suo fascino risalta perché può esprimersi pienamente grazie all'assenza del cemento che ha distrutto la grazia di centinaia e centinaia di borghi belli quanto o più di lui; è un'eccezione che dà la misura del disfacimento urbanistico divenuto così familiare da essere percepito come normalità.

Le ragioni di questa anomalia affondano in una storia lontana: il borgo era fuori dalle rotte del Grand Tour ed è stato riscoperto solo dai viaggiatori della seconda metà dell'Ottocento; l'impoverimento degli Abruzzi, il crollo dell'economia della lana che aveva regalato alla regione una ricchezza testimoniata dalla qualità architettonica di tanti edifici, lo ha trasformato in marginale. Sono stati poi i primi emigranti a imprimere al destino del paese una direzione che per decenni è sembrata una condanna e che ora si sta trasformando in una fortuna. Hanno scelto il Canada, si sono trovati bene, hanno chiamato parenti e amici; la distanza, unita alla mancanza di lavoro, ha fatto il resto, rendendo Santo Stefano di Sessanio un borgo semiabbandonato: 3000 anime a metà dell'Ottocento, 1407 nel censimento del 1901, appena 116 nel censimento del 2001 che, depurati delle residenze solo anagrafiche, significano un'ottantina di abitanti reali. Perfino in un paese come l'Italia, in cui le periferie si espandono anche quando l'andamento demografico resta sostanzialmente piatto, un trend del genere non poteva provocare grandi movimenti edilizi. Infatti la rocca medicea è sostanzialmente rimasta com'era nel dopoguerra, con il perimetro caratterizzato dalle sue case-muro dotate di poche aperture esterne e di grandi maschi murari, una fascia di rispetto, la distesa dei vecchi campi.

Questa stabilità urbanistica è così rara da aver giustificato un investimento che all'inizio è stato preso come l'atto di follia di un babbo natale svedese, giovane e matto, la laurea in Filosofia ancora fresca, il senso estetico anomalmente sviluppato, che aveva venduto terre sode vicino al mare per comprare case traballanti in montagna. Anzi, come un caso di *folie à deux*, perché Kihlgren non si sarebbe comprato un intero paese se non avesse incontrato sulla sua strada un architetto di Pescara innamorato dell'antico. Lelio Oriano Di Zio aveva passato due decenni a sognare e a progettare la redenzione architettonica delle sue terre, la rinascita dopo la lunga stagione del brutto; aveva bussato a tutte le porte e se le era viste chiudere in faccia. Solo l'ereditiero arrivato in motocicletta, il filosofo inciampato nel denaro lo ha lasciato parlare. L'architetto ha raccontato il sogno e ha mostrato le proiezioni turistiche, ha disegnato e ha fatto di conto.

Il risultato è che la Sextantio – la società di Kihlgren che ha preso il nome latino del borgo che sorgeva a sei miglia da un insediamento preromano – ha deciso di investire con generosità per far tornare la vita a Santo Stefano di Sessanio, acquisendo edifici per un totale di circa 3500 metri quadrati più altre case per complessivi 1000 metri quadrati nei paesi vicini. Ha comprato un palazzetto che si apre sulla piazza medicea con un affaccio a logge; l'edificio delle vecchie carceri collegato per via sotterranea al Palazzo del Capitano; un complesso con grandi archi in pietra che è stato riportato alla condizioni originarie ed è diventato ristorante al piano di sotto e auditorium al piano di sopra; un grappolo di case di cui erano rimaste le mura e poco più, rimesse in piedi con materiali d'epoca recuperati, camino su camino, trave su trave, mentre gli intonaci mancanti sono stati ricostruiti con la tecnica tradizionale che prevede l'uso di malta di calce, inerti di pietra calcarea locale (che danno il colore paglierino) e malta.

Il biglietto da visita dell'operazione «albergo diffuso» è il Palazzo delle Loggette – una costruzione in stile rinascimentale unita a una casa-torre – disabitato per decenni ma perfettamente integro. Ogni ambiente è stato lasciato alla sua funzione originaria, compresa la grande cucina e un'altra stanza di uso comune; solo la stalla e il magazzino per la stagionatura dei prosciutti sono stati trasformati in camere da letto. L'arredo poi è stato curato in modo maniacale assecondando la passione per la purezza filologica di Kihlgren: ogni stanza è stata riempita di asciugamani in cotone tessuto alla maniera tradizionale e di pezzi di antiquariato; le porte e le finestre originarie sono state recuperate a costo di tenersi gli spifferi anche quando fuori si arriva a meno 15 (l'efficienza del teleriscaldamento compensa almeno in parte il costo energetico del rigore estetico); i termosifoni sono stati nascosti sotto il pavimento per evitare l'impatto visivo di elementi estranei all'epoca di costruzione. Se a questo si aggiungono pareti che non sono state neppure ridipinte e portano evidenti i segni di secoli di fumo dei camini e delle lampade ad olio, si ottiene un impatto sorprendente e quasi imbarazzante: si ha la sensazione che il tempo si sia bloccato e che il proprietario, un anziano signore ancora miracolosamente in vita, debba tornare da un momento all'altro per commentare quello che sta accadendo.

Sommando alle sei stanze del Palazzo delle Loggette un'altra quarantina di camere sparse nelle altre case comprate da Sextantio, si ottiene l'«albergo diffuso» nella versione unione degli opposti: cultura contadina e servizi a cinque stelle, telai di legno e circuiti elettrici a bassa tensione contro l'elettrosmog, coperte tessute a mano e sanitari hi-tech. Una proposta che vuole farsi modello rivitalizzando, anche con l'acquisizione diretta di alcuni terreni da destinare a colture biologiche, le attività tipiche della zona e ripristinando le produzione gastronomiche tradizionali basate sulla produzione di lenticchie, farro, ceci, zafferano, aneto, pastinaca. Tanto che il progetto prevede, oltre alle strutture ricettive, la creazione di botteghe di artigianato tradizionale regionale, una cantina per la degustazione dei prodotti tipici, una locanda con cucina del territorio, una zona benessere con saune, bagno turco e piscina, un'altra per le attività culturali con biblioteca e sala multimediale e un centro convegni.

L'impatto mediatico della cura Kihlgren è stato notevole: si sono moltiplicati gli articoli sui giornali europei e americani, le iniziative culturali, le proposte di creare centri di studio e ricerca. E a questo punto i giudizi all'interno del paese si sono ribaltati, anche perché Santo Stefano di Sessanio nel frattempo è diventato un testimonial della campagna di Legambiente sulla Piccola Grande Italia, l'iniziativa nata per valorizzare i centri minori. Il sindaco, Antonio D'Aloisio, ha sposato la linea «tolleranza zero» nei confronti degli abusi e ha adottato la carta dei valori, una sorta di decalogo del rispetto ambientale e paesaggistico. In polemica con le sagre popolari finto-medioevali («Hanno lo stesso valore storico di film come *Maciste contro i mongoli*») e gli interventi di «restauro» devastante («si arriva con le ruspe, si spianano case rurali ottocentesche e si ricostruiscono trasformandole in edifici di cemento armato a tre piani»), per difendere questa autenticità sono stati avviati vari progetti che, con l'appoggio del Museo delle genti d'Abruzzo e della facoltà di Architettura dell'Università di Pescara, servono ad approfondire la conoscenza degli elementi di cultura materiale che costituiscono la dote del territorio: segni architettonici (portali, pavimenti, camini), malte e intonaci, arredi.

Il risultato del doppio *pressing*, di restauro e culturale, è stato che in quattro anni il valore delle case è triplicato, gli arrivi turistici sono aumentati del 30 per cento e non si trova più un appartamento libero: quelli che rimanevano li hanno comprati inglesi, tedeschi, belgi, francesi, oltre a fiorentini, veneti e bolognesi. «Quando sono arrivato qualcuno mi ha chiamato il "mecenate": io ho chiarito subito che ero venuto per far soldi», commenta Kihlgren. «Voglio farli usando e difendendo la bellezza e sono intenzionato a rimanere finché questo progetto sarà realizzabile. Noi siamo pronti a pagare volontariamente oneri di urbanizzazione più alti del dovuto. Siamo pronti a finanziare una serie di ritocchi estetici per compensare qualche intervento discutibile che abbiamo trovato, ad esempio un uso un po' troppo disinvolto del cemento in sostituzione degli intonaci tradizionali. Ma solo finché il patto accettato firmando la carta dei valori viene rispettato. Se un domani il Comune cambiasse idea e il parco nazionale del Gran Sasso non riuscisse a fermare un'eventuale lottizzazione delle aree attorno al paese, non mi resterebbe che vendere e ritentare in un altro borgo. Ma non credo che questo avverrà perché non è nell'interesse della collettività. Oggi tutti quelli che hanno una casa a Santo Stefano di Sessanio hanno visto aumentare di colpo il valore di un bene che stava costantemente deperendo: fare un favore a un singolo palazzinaro equivarrebbe a invertire il trend togliendo di tasca a tutti gli abitanti del paese una bella somma.»

Insomma Kihlgren è disposto a metter mano al portafoglio per cancellare quelli che chiama «detrattori architettonici» e cioè superfetazioni su case medioevali e finestre d'alluminio anodizzato su facciate rinascimentali. Che un imprenditore immobiliare paghi per il gusto di veder buttar giù il brutto può sembrare un paradosso, ma in realtà in questo caso è un atto di autodifesa perché bastano pochi schizzi di cemento per contaminare e deprezzare l'assieme. Il valore di Santo Stefano di Sessanio esiste infatti solo per sottrazione. Invece dei cubi sgraziati che hanno soffocato l'armonia dei borghi antichi, c'è un paesaggio non toccato dai secoli. Alzando lo sguardo s'intravede il profilo tondo della Maiella che galleggia in un mare di pietre; più avanti si apre la vallata chiamata «piccolo Tibet»; accanto alle case si stende il disegno geometrico dei campi aperti, le strisce di terreno con i confini appena accennati che tagliavano la valle ortogonalmente, in modo da assicurare a tutti un po' della terra pregiata del centro valle e un po' della terra difficile, arrampicata sul pendio dei monti; più in basso si scorgono le tracce del grande tratturo della transumanza su cui, dai tempi degli Aragonesi fino a pochi decenni fa, passavano due volte all'anno decine di migliaia di pecore assieme a un popolo che su questo pendolo stagionale aveva modellato la sua cultura e la sua lingua.

Il fascino di ogni singola casa del borgo sta in questo assieme, nell'essere parte di un tutto coerente: una testimonianza storica ancora viva e piacevole. Ma fino a che punto questo processo di rinascita può essere ripetuto? Fino a che punto il modello è replicabile? Santo Stefano di Sessanio è un borgo fortificato medioevale a 1250 metri di quota, appartenente alla baronia di Carapelle contesa tra i Piccolomini e i Medici. Cioè è uno dei tanti insediamenti che hanno caratterizzato il periodo medioevale dell'incastellamento, della vita che per difesa si chiudeva all'interno di mura fortificate. Situazioni analoghe sono tutt'altro che rare e dunque la materia prima per la replica ci sarebbe: solo in Abruzzo è stata individuata una cinquantina di borghi abbandonati o semiabbandonati.

L'uomo che compra la storia è tentato di ripetere l'esperimento, magari scendendo lungo il crinale dell'Appennino povero, quello in cui non sono ancora arrivati a comprare gli inglesi e i tedeschi. Ma le difficoltà da superare sono molte, a cominciare dalle procedure di acquisizione del bene: spesso la proprietà è irrintracciabile o talmente frantumata da rendere difficile l'acquisto. In questi casi, di fronte a complessi medievali o rinascimentali che si disgregano a vista d'occhio, servirebbe un intervento mirato alla salvaguardia del bene perché l'alternativa è acquisire gli immobili o vederli scomparire definitivamente; nella maggior parte dei casi, però, questi borghi in rovina fanno parte di piccoli comuni che a stento trovano i soldi per l'ordinaria amministrazione e molto difficilmente sono in grado di affrontare un'operazione da diversi milioni di euro.

In teoria il problema avrebbe una soluzione semplice: basterebbe costituire una società a capitale misto, pubblico e privato, per ottenere sia la liquidità, sia la tutela dell'interesse pubblico, ma in pratica è difficile raggiungere l'accordo con i singoli comuni perché spesso scattano veti incrociati determinati dagli interessi localistici. «Potrei citare decine di casi in cui tutti assistevano indifferenti alla distruzione rapida e progressiva di edifici di grande interesse storico e architettonico, ma, appena si è presentato qualcuno con un progetto di restauro, i proprietari, più o meno legittimi, hanno cominciato ad accampare rivendicazioni così dettagliate da bloccare tutto», racconta Lelio Oriano Di Zio. «Per superare queste difficoltà ci vuole una spinta potente che può essere data dalla Regione o dall'Ente parco, concedendo ai Comuni i fondi necessari al primo passaggio dell'operazione, l'acquisizione dei beni.»

Questo percorso prevede che la mossa della Regione o dell'Ente parco avvenga contestualmente a un atto del Comune, che deve dichiarare la sua intenzione di espropriare il bene elaborando un piano di recupero dettagliato in cui si definisce la nuova destinazione del borgo e si precisano il progetto di restauro e le sue finalità. A questo punto, avendo ricevuto i fondi dalla Regione o dal parco e avendo pubblicamente notificato la sua volontà di esproprio, il Comune può procedere all'acquisizione del bene. Se i proprietari si fanno vivi, paga l'indennizzo in base al valore di mercato; altrimenti versa i fondi necessari all'esproprio in un deposito che per un certo numero di anni resta a disposizione di chi potrebbe eventualmente vantare diritti sul bene.

Nel caso dell'area di Santo Stefano di Sessanio c'è un fattore che potrebbe agevolare il meccanismo della replica: un intervento determinato del parco che ha scelto il recupero della rocca medicea come esperienza modello e vuole allargare la carta dei valori di Santo Stefano di Sessanio ai 44 comuni compresi nel territorio protetto. Il parco inoltre ha già finanziato con 2,5 milioni di euro la metanizzazione dei cinque centri che fanno parte della baronia di Carapelle curando anche il *maquillage* delle nicchie per i contatori (sono state mascherate utilizzando sportelli che riproducono il tessuto del muro) e interrando i fili della luce in modo da migliorare l'aspetto estetico delle vie.

«Da 3 anni stanziamo 500 mila euro l'anno, con un tetto di 5 mila euro per ogni intervento, a favore dei proprietari di edifici storici che intendono ristrutturarli destinandone una parte al progetto dell'"albergo diffuso"», spiega Walter Mazzitti, presidente del parco Gran Sasso-Monti della Laga. «Facendo il bilancio di questo periodo abbiamo scoperto che per ogni euro investito dal parco i privati ne hanno spesi altri 4. Si è dunque creato un volano importante in grado di attivare il circuito di professionalità legato al restauro conservativo dei centri storici. E il processo si allarga continuamente perché ogni volta che qualcuno fa un intervento i vicini s'incuriosiscono e chiedono informazioni. Ma questo non basta. Servono azioni più strutturali per spingere i comuni a investire nell'acquisizione dei centri abbandonati o in via di abbandono.» Per sbloccare la situazione il parco ha deciso di chiedere alla Cassa depositi e prestiti 5 milioni di euro finalizzati al recupero dei centri storici e ha diviso i 150 mila ettari del suo territorio in 11 distretti, accorpati in base al profilo paesaggistico, storico-artistico e socio-economico. Uno di questi distretti sono le terre della baronia di Carapelle: si comincerà da lì.

Anche Kihlgren ha deciso di saggiare la possibilità di replica del modello Santo Stefano di Sessanio: sta studiando un intervento in altri cinque borghi abruzzesi, analogo per l'attenzione alla qualità del restauro ma diverso per le finalità d'uso. Le possibilità vanno dalla ristrutturazione per ospitare un centro di ricerca all'albergo per escursionisti. In quest'ultimo caso il sistema viario attorno al borgo da recuperare verrebbe lasciato com'è, con la strada che si ferma a un'ora di cammino zaino in spalla dalle case: il luogo ideale per chi vuole andare in montagna mantenendo un contatto forte con la natura.

Natura in pillole

Plinio si meravigliava della cura con cui gli antichi avevano percorso «le cime dei monti, e i luoghi disabitati e deserti» cercando «fin nelle viscere della terra ogni minima erba in modo che trovarono a che sieno utili le radici, a che le foglie dell'erbe». E nel 1575 Girolamo Calestani, nelle sue *Osservazioni*, si affannava a spiegare come istruire uno speziale in modo che potesse «discernere l'un semplice dall'altro, con lor nomi conosca eziandio a che tempo si debbano le erbe, i fiori, i frutti, i semi, e le radici convenienti all'uso della sua spezieria cogliere, e quelli raccolti come riponga acciocché non perdano la loro virtù, o si imputridiscano o in tal guisa secchi diventino che perdano ogni lor virtù».

Due millenni dopo, l'arte dello speziario rappresenta ancora, nella sua variante industriale, un campo in cui l'Italia conserva il primato: produciamo brevetti (uno degli ultimi è quello sul Taxolo, un prodotto antitumorale) e abbiamo una posizione consolidata sul piano della qualità. Sarà forse perché, una volta tanto, investiamo in intelligenza: siamo gli unici ad offrire nelle nostre università l'opzione di una laurea breve in Tecnica erboristica e, grazie a questo sforzo di elaborazione e ricerca, negli ultimi anni abbiamo superato anche la Germania.

Capofila del moderno settore speziario è Aboca, un'impresa che oggi, con 5 milioni di clienti e un fatturato che si avvicina ai 50 milioni di euro, sembra una presenza ovvia nel panorama italiano; ma alla fine degli anni Settanta l'idea di creare un'azienda di medie dimensioni vendendo erbe e derivati sembrava un'originalità al limite della follia, tanto che Valentino Mercati, il fondatore, è stato a lungo guardato con sospetto. Per i Verdi, che si stavano affacciando sulla scena politica, questo strano imprenditore rappresentava un ibrido sconcertante, un personaggio che voleva far soldi usando una materia «ecologista» ma restando fuori dal circuito doc del biologico, che all'epoca apparteneva a un ristretto gruppo di iniziati, e dentro il *mare magnum* del mercato. Anche per i suoi colleghi industriali c'era qualcosa che non tornava, un valore fuori posto rispetto al contesto; in questo caso si trattava di un argomento delicato e cioè la misura del rischio, quella che separa un uomo d'affari di successo da un giocatore d'azzardo. Un signore come Mercati, che passava dalle attività immobiliari e finanziarie all'industrializzazione dell'anice e del tarassaco, ai loro occhi non stava dalla parte del calcolo oculato del rischio.

Evidentemente quel rischio invece era stato ben calcolato perché oggi Aboca è un'industria che confeziona capsule, tisane, estratti, liofilizzati, integratori alimentari per un totale di 10 milioni di pezzi l'anno e, con gli 800 ettari concentrati in Val Tiberina, al confine tra Umbria, Toscana e Marche, è diventata leader mondiale nel settore delle erbe officinali coltivate in modo biologico. L'azienda cura con particolare attenzione l'impatto ambientale della produzione: tutti i materiali da imballaggio sono riciclabili e biodegradabili, i siti produttivi hanno la certificazione Iso 14001, le emissioni di anidride carbonica legate a tutto il ciclo di lavorazione sono totalmente compensate dalla riforestazione.

Sul fronte estero Aboca ha scambi commerciali con la Cina: si è assicurata una fornitura di ginseng coltivato in modo biologico in Manciuria e, dopo averlo lavorato, lo rivende a Hong Kong e a Taiwan. Per un periodo, alla fine degli anni Ottanta, era sembrato che la relazione potesse diventare più stretta. Mercati era stato invitato dal governo di Pechino per inaugurare una convenzione con l'istituto di ricerca cinese Inplamed ma era la vigilia della rivolta di Piazza Tiennamen e dopo la repressione l'intesa venne bloccata. Ora i contatti sono ripresi perché i cinesi vantano una lunga tradizione nel campo dell'uso delle erbe ma non dispongono della tecnologia più moderna per la coltivazione, per l'analisi dei principi attivi, per i sistemi di prova farmacologica, mentre Aboca può fornire a Pechino un know-how specifico sulle tecnologie di estrazione dell'essenza delle erbe, ha un brevetto sulla confezione di capsule senza eccipienti inerti e dispone di sistemi di meccanizzazione molto avanzata messi a punto per abbassare il costo della manodopera (in Val Tiberina si raccoglie tutto in modo automatico: gli operai viaggiano sui trattori senza mettere piede a terra).

«Oggi il prodotto c'è, ma arrivarci non è stata una passeggiata», ammette Mercati. «Per tre anni ho speso una bella quantità di quattrini, due miliardi e mezzo dell'epoca – parliamo della fine degli anni Settanta – solo per condurre, assieme ai ricercatori delle Università di Perugia, Firenze e Bologna, la sperimentazione necessaria a mettere a punto la base scientifica del progetto. Volevo chiamare i miei prodotti biotecnologie: mi piaceva la parola, suonava bene perché la intendevo nel suo senso letterale, tecnologie della vita, ricerca sulle basi antiche dell'alimentazione e della medicina. Ma, mentre stavo cominciando a organizzare la fase di lancio, mi hanno rubato l'idea: una volta arrivati gli Ogm, quel nome lì è stato bruciato.»

Le nuove biotecnologie, cioè le tecniche di ingegneria genetica applicate alla filiera alimentare, sono il vero cruccio di Mercati perché, proprio ora che le vendite in Italia gli danno soddisfazione e lui si sente abbastanza forte da progettare uno sbarco all'estero più consistente (per ora le esportazioni sono concentrate a Hong Kong,

Taiwan, Stati Uniti), il rischio arriva in casa. Il via libero alla coltivazione di alcune varietà Ogm in Europa ha aperto le porte alla possibilità di un'involontaria contaminazione su larga scala, considerata molto probabile da uno studio dell'Unione europea perché le misure di protezione sarebbero così costose da mettere fuori gioco i campi non transgenici; un rischio particolarmente elevato in Italia a causa di una conformazione del terreno che rende quasi ovunque molto difficile mantenere una distanza di sicurezza tra le coltivazioni Ogm e le altre. Il pericolo è quello di un inquinamento tanto diffuso da rendere impossibile la produzione biologica.

In tutta Europa l'orientamento dell'opinione pubblica spinge in direzione delle politiche di sicurezza: l'eurobarometro del 2003 dava i contrari agli Ogm al 70 per cento e un sondaggio della Confcommercio del marzo 2004 faceva salire la percentuale al 77 per cento. Ma al tempo stesso va registrata un'offensiva del partito pro Ogm che tende a rovesciare le parti facendo finire sul banco degli imputati il settore dell'erboristeria, accusato di portare a un consumo poco controllato di prodotti pericolosi. Secondo questa tesi, la natura stessa rappresenta per molti aspetti una minaccia, mentre il mondo artificiale è più affidabile. Alcuni rappresentanti del partito pro Ogm si sono spinti al punto di inserire nella lista degli alimenti da considerare più pericolosi dei cibi transgenici il caffè, il pesto e altri prodotti della cucina tradizionale accusati di contenere sostanze tossiche e cancerogene. Quest'offensiva potrebbe minare le basi del mercato del biologico e dell'erboristeria?

«Direi di no, perché è ovvio che il curaro può guarire o uccidere e più in generale alcune erbe, mal usate, possono produrre effetti negativi», replica Mercati. «Ma di un eventuale errore ci si accorge subito, visto che gli effetti tossici sono immediatamente visibili e in 30 anni non sono mai venuto a conoscenza di un episodio di avvelenamento da erbe causato da prodotti con un marchio affidabile; un conto è il rischio che corre chi s'improvvisa cercatore di funghi, un conto sono le garanzie offerte da un settore che dispone di fior di professionisti. Al contrario, se si fa l'esame del sangue di un gruppo di persone scelto in base a qualunque criterio – il Wwf lo ha recentemente fatto con i parlamentari – si trovano tracce di decine di sostanze pericolose di sintesi, inquinanti chimici che il nostro corpo assorbe e accumula senza riuscire a sbarazzarsene. Il fatto è che noi ci siamo evoluti assieme alle erbe medicinali, le conosciamo e sappiamo utilizzarle, mentre non si può dire la stessa cosa per le decine di migliaia di sostanze chimiche che sono state immesse in natura senza una sperimentazione adeguata: se una pianta è stata usata per millenni, questo stesso fatto rappresenta un buon test di sicurezza. Sono ugualmente affidabili prove farmacologiche che lavorano solo sugli effetti nel breve periodo? Per non parlare delle conseguenze che potrebbero derivare da uno squilibrio ambientale determinato dalla proliferazione incontrollata delle piante Ogm.»

Tra il periodo pionieristico dell'erboristeria e la fase industriale c'è stato comunque un salto che ha comportato difficoltà legate alla conservazione, alle concentrazioni, alla sicurezza; si è passati da un uso prevalente del prodotto fresco a tecniche di lavorazione avanzate che tendono a diffondersi sempre di più a mano a mano che diminuisce la disponibilità di tempo dei clienti: non tutti hanno la pazienza di prepararsi le tisane che, oltretutto, se il problema è depurare il fegato, sono anche amare. La tradizione dunque può sopravvivere solo mettendo a punto tecnologie adeguate ai nuovi bisogni e, per venire incontro alle esigenze più diffuse, Aboca ha deciso di puntare sulla concentrazione dei principi attivi in capsule, compresse, gocce e altri prodotti di rapido consumo che fanno parte della categoria degli «integratori coadiuvanti delle funzioni fisiologiche», sostanze che non curano, ma aiutano la cura.

Sono prodotti ormai accettati dall'associazione dei medici di famiglia, la Fimmg che, dopo una fase iniziale di diffidenza, ha raggiunto un accordo con Aboca per l'organizzazione di dieci incontri formativi di approfondimento all'anno. Lo scopo dell'intesa è agevolare l'impiego di rimedi *soft* per alleviare quei sintomi che una volta erano considerati malattie da aggredire con violenza e oggi tendono a essere classificati come disturbi su cui intervenire in maniera leggera per evitare un utilizzo eccessivo di farmaci. Con l'invecchiamento della popolazione aumentano infatti i pazienti che hanno superato i 60 anni e a una certa età ci sono malattie più gravi da curare dei gonfiori di pancia o dell'insonnia. Tra l'altro, avvalendosi del supporto dell'erboristeria per i disturbi lievi, lo Stato realizza un doppio vantaggio: non paga i prodotti erboristici perché sono fuori dalla fascia dei medicinali rimborsabili, e ottiene un miglioramento della salute media che alleggerisce la spesa sanitaria pubblica.

Il nuovo rapporto con i medici di famiglia conferma l'orientamento dell'opinione pubblica sempre più favorevole all'integrazione dell'uso di erbe nelle strategie per il mantenimento del benessere. Semmai il problema è opposto: cresce l'uso da parte dell'industria della sintesi chimica del termine «naturale» per prodotti artificiali; una tendenza testimoniata dal boom delle vertenze sull'uso di questa definizione nei messaggi pubblicitari.

L'interesse per le erbe officinali è confermato dal successo del museo Aboca, il primo in questo settore, inaugurato nell'ottobre del 2002. Oltre 12 mila visitatori l'anno arrivano a Sansepolcro, in provincia di Arezzo, per immergersi in una storia del rapporto con il mondo delle erbe estremamente radicata, come è testimoniato dai consigli spiccioli di carattere igienico («Corno di capra abbruciato fregando i denti fa bianco e ristringe le gengive che si rilassano») che si ricavano, assieme a un'imponente mole di informazioni più generali, dagli 800 volumi rari ospitati nelle teche del museo. Ci sono il *De Historia Stirpium* di Leonhart Fuchs, con xilografie colorate a mano nel 1542; i due tomi del *Pharmaceutisch Botanik* di Daniel Wagner del 1828, uno dei testi storici più importanti; i libri dei segreti, le pubblicazioni popolari che, come spiega il direttore del museo Luigi Contin, facevano da contraltare all'erboristeria ufficiale dei grandi nomi come Pietro Andrea Mattioli: era la medicina delle streghe, cioè delle cercatrici di erbe capaci di somministrare rimedi spesso di una certa efficacia.

Accanto ai testi, nei tre piani del museo, è conservato un vasto campionario di oggetti che documentano secoli di lavorazione delle erbe: i mortai in marmo del Duecento e quelli in bronzo; gli albarelli, contenitori in ceramica utilizzati per scaldare i liquidi con il calore della mano e per versarli; i distillatori in rame che si mettevano sul fuoco finché l'essenza delle erbe filtrava da una lunga serpentina. Per passare dalle immagini alla realtà non resta che spostarsi nel piccolo «orto dei semplici» che custodisce segreti carpiti nel corso dei secoli. Quello del giaggiolo, o giglio fiorentino, consiste nell'aroma che Caterina de' Medici portò con sé alla corte francese e che serve anche come elemento base della cipria. Quello dell'assenzio è la proprietà eccitante che ne ha fatto la droga dei pittori espressionisti. Quello dell'agnocasto, chiamato il pepe dei monaci, è l'infuso rilassante, con proprietà opposte a quelle del viagra, che si ricava dai suoi grani.

Il cuore del museo, che Aboca utilizza come vetrina e come termometro per misurare l'interesse del pubblico, restano comunque gli erbari. Per migliaia di anni curare ha voluto dire saper usare bene le essenze vegetali e per questo i testi dovevano avere una precisione estrema nelle raffigurazioni: sbagliare la descrizione di una pianta poteva significare far morire i pazienti. Nel Settecento il predominio dell'erboristeria ha cominciato a vacillare fino a lasciare il posto alla chimica. Ma oggi la distanza tra i due vecchi avversari si è accorciata. Del resto, se si considerano i farmaci ottenuti per estrazione dai vegetali e i prodotti derivati da un principio attivo contenuto in una pianta, si può dire che quasi il 40 per cento del totale dei medicinali in commercio dipende dal mondo vegetale; anche per questo la Fao ha lanciato un progetto per la difesa delle piante medicinali minacciate da un prelievo eccessivo.

Il parco hi-tech

All'inizio degli anni Novanta tutti quelli che potevano scappavano via da questo angolo di Liguria; chi se la sentiva di restare nei campi a diciotto anni, con in tasca giusto i soldi per sopravvivere e le ragazze che guardavano solo quelli di città? Mancava la terra sotto i piedi, in senso letterale perché le frane portavano via fette di collina, e in un senso più ampio perché una cultura millenaria basata sulla conoscenza del territorio veniva data per morta. Quale futuro poteva esserci in un luogo in cui i negozi e le scuole chiudevano uno dopo l'altro? Ora, all'inizio del nuovo secolo, la situazione si è rovesciata: dalle fabbriche tornano indietro, lasciano la tuta per dedicarsi ai filari che producono un vino da 50 euro a bottiglia; le terrazze sono pettinate con cura; i turisti riempiono una stagione che dura dieci mesi; la manodopera va importata perché i disoccupati sono finiti; in cassa ci sono abbastanza soldi per comprare la tecnologia più avanzata. Tra questi due momenti c'è la storia di un parco e degli uomini che lo hanno voluto e costruito pezzo su pezzo, creando una struttura pubblica che fattura e investe con spirito aziendale, gestisce il territorio come un'associazione ambientalista e punta all'innovazione come un'impresa hi-tech.

Questo parco sono le Cinque Terre, cinque paesi – Riomaggiore, Manarola, Corniglia, Vernazza, Monterosso – arroccati su un crinale a picco sul Mar Ligure, quindici chilometri di costa che per secoli sono stati scolpiti dalle vanghe e disegnati dai muretti a secco. Il lavoro dell'uomo c'è ma non si vede; la prima impressione è quella di una meta romantica per eccellenza, tanto che il più noto dei sentieri si chiama la Via dell'amore. Lo si percorre con il respiro morbido, perché la pendenza è dolce, e a ogni svolta la montagna ha una sorpresa: un'onda di timo che avvolge, uno strapiombo improvviso che dà l'impressione di restare sospesi sull'acqua. Già nel quindicesimo secolo questo scenario mozzafiato veniva descritto come una fusione di bellezza e produttività. «Cosa degna a vedersi come spettacolo, i monti, non solamente in pendenza dolce, ma tanto ripidi che nel sorvolarli affaticano anche gli uccelli, sassosi, non trattengono l'acqua, cosparsi di vigna così scarna e gracile che sembra più simile all'edera che alla vite: da qui viene un vino per la tavola del re», scriveva nel 1448 Giacomo Bracelli, nel *De bello hispaniensi orae ligusticae descriptio*.

Ma se la bellezza è sempre rimasta intatta, nel dopoguerra la sinergia virtuosa tra tutela estetica e capacità produttiva si era infranta sul muro dell'industrializzazione rampante, sull'altare della fabbrica trasformata in unico simbolo di emancipazione. In pochi decenni le Cinque Terre si erano spopolate, le frane avevano minato i terrazzamenti, la varietà dei vitigni era andata perduta, la memoria delle antiche tecniche di coltivazione si era appannata; solo il turismo nella sua accezione più romantica aveva resistito. Un collasso prodotto da una lunga decadenza economica e dalla sconfitta della cultura del territorio che avevano ribaltato i valori: un posto garantito in una fabbrica di armi era considerato una promozione sociale, la campagna una condanna a vita, la corsa in città l'unica possibilità di ottenere uno stipendio decente.

«Mio padre produceva cento damigiane di vino e ogni anno in famiglia si vivevano due settimane di incubo», racconta Franco Bonanini, l'ex sindaco di Riomaggiore che ha voluto il parco con grande determinazione e lo presiede fin dalla nascita avvenuta nel dicembre del 1999. «La prima settimana era d'ansia e precedeva l'arrivo dei sensali che si presentavano a giugno, quando la vendemmia cominciava a incombere e le cantine dovevano essere liberate per far posto al vino nuovo. I grossisti entravano, assaggiavano, dicevano sempre che il vino stava prendendo d'aceto, che ormai era praticamente perso. Si facevano pregare e alla fine andavano via portandosi dietro tutte le rimanenze pagate una sciocchezza. Così cominciava la seconda settimana di pena, quella segnata dallo sconforto. Era la stessa storia tutti gli anni, come una maledizione. E non c'era niente da fare perché era sbagliata la logica di fondo: all'agricoltura non veniva riconosciuto valore. Eppure il lavoro dei campi, che contava niente, manteneva ogni cosa. Il turismo, le case, le strade: se non ci fosse stata la manutenzione agricola tutto sarebbe crollato e infatti, quando inevitabilmente la fuga dai campi è iniziata, l'erosione ha scavato e il paesaggio è cambiato drasticamente. Ad esempio, quando ero ragazzo, un mio amico aveva la vigna che arrivava al mare e ogni anno si faceva a gara con i turisti a chi prendeva l'uva per primo. Oggi quei vitigni non ci sono più: la zona bassa è stata in parte spazzata via dall'erosione e in parte abbandonata; quella più alta, sopra i quattrocento metri, è coperta di boschi; in mezzo, l'equilibrio è precario perché non c'è abbastanza terra per sostenere alberi d'alto fusto. Questo elemento del paesaggio in realtà esiste solo perché è stato inventato dall'uomo e resiste solo se viene curato dall'uomo.»

Il sistema dei terrazzamenti si è retto non solo sull'enorme fatica necessaria alla costruzione di spazi orizzontali su pareti verticali, ma anche sulla manutenzione affidata ai contadini che, oltre al vino, hanno prodotto per secoli stabilità idrogeologica. A uno sguardo distratto il ruolo paesaggistico del lavoro umano può sfuggire perché la gente delle Cinque Terre ha creato il proprio spazio limitandosi a spostare pietre e terra e la compattezza dei colori crea l'illusione di un contesto completamente naturale, ma l'emozione che questo scenario regala è costruita, come quella data da un quadro. Infatti, appena la presenza dell'uomo si è allentata, è iniziato il degrado: un muretto abbandonato ha ceduto, alla pioggia successiva ne è caduto un secondo e poi un terzo, fino a che il dissesto è arrivato a minacciare gli stessi paesi.

A quel punto la misura è stata colma. Un po' perché le strade franavano, un po' perché l'agricoltura di qualità acquistava peso, un po' perché il sistema dei parchi in tutta Italia cominciava a funzionare, negli anni Novanta è cominciata la battaglia per il rilancio. Nel 1997 il territorio è diventato patrimonio mondiale dell'umanità protetto dall'Unesco e nel dicembre del 1999 è scattato lo status di parco nazionale. In pochi anni la trasformazione è stata radicale perché il parco ha puntato tutto sul recupero dell'equilibrio tra uomo e ambiente rimettendo a coltura parte delle terrazze abbandonate, promuovendo corsi di costruzione dei muri a secco, ripristinando le coltivazioni tradizionali e abbinandole ad altre mirate alla vendita di prodotti biologici come il pesto, il limoncello, i liquori di erbe e il miele.

La gente del parco si è rimboccata le maniche e ha ricostruito sentieri, case rurali e la maggior parte degli 8 milioni di metri cubi di muretti a secco, un'opera titanica che, nel corso delle generazioni, ha reso produttiva una zona altrimenti incoltivabile. Se questi muretti a secco venissero messi in fila formerebbero un muro alto due metri e lungo 11 mila chilometri, l'equivalente della muraglia cinese. Per garantirne la manutenzione, evitando il rischio di una tragedia come quella del Sarno, nella primavera del 2000 il parco ha lanciato una proposta da socialismo reale: la terra ai contadini. Chiunque fosse stato disposto a lavorare i terrazzamenti avrebbe avuto gratis per vent'anni 3 mila metri quadri di terreno, purché si fosse impegnato a coltivarli seguendo un rigido disciplinare, elaborato assieme allo Slow Food, per rilanciare un grande vino, lo Sciacchetrà. Il progetto sembrava un azzardo e molti temevano che la proposta cadesse nel vuoto. Invece sono arrivate 1100 richieste: troppe.

«Abbiamo dovuto fare una selezione molto rigida: abbiamo concesso l'assegnazione del terreno solo a chi era seriamente intenzionato a rivitalizzare i vitigni secondo le tecniche della tradizione», continua Bonanini. «Il resto lo abbiamo recuperato direttamente come parco: arriveremo all'obiettivo che ci eravamo dati, la risistemazione di circa 400 ettari, nel giro di quattro o cinque anni. E a quel punto il territorio avrà ritrovato le sue vocazioni tradizionali: vigneto e oliveto nelle aree esposte a sud, sugli altri versanti basilico, erbe aromatiche, limoni.»

Non è stato facile, perché all'inizio molti avevano guardato con diffidenza questo parco strano, molto italiano, ricco di storia, di passioni, di umanità; c'è voluto un grande impegno da parte di Legambiente, e di Fabio Renzi in particolare, per difendere il nuovo nato nella famiglia delle aree protette. Oggi tutte le perplessità appaiono superate. Il parco, mantenendo una straordinaria capacità di tutela, è diventato un'azienda che gestisce 40 ettari di vigneti, oltre a 5 ristoranti, una piccola flotta elettrica e a metano, un distributore a metano, varie strutture turistiche e sanitarie, 2 stabilimenti per la lavorazione delle acciughe salate di Monterosso. Ha attivato un circuito di produzioni biologiche e un laboratorio di cosmesi naturale basato sull'uso delle erbe aromatiche. Ha recuperato il vecchio mulino ad acqua che aziona un frantoio settecentesco diviso tra parte museale e parte moderna ancora in uso. Ha creato una cantina per consentire ai piccoli produttori di recuperare alcuni dei 24 vitigni autoctoni che si stavano perdendo, come il Rozzese e il celebre Sciacchetrà, il vino «da meditazione» da accompagnare ai formaggi piccanti. Il risultato è che dei piccoli produttori hanno ottenuto una qualità che strappa le massime quotazioni: è il caso di Walter De Battè, che ha lasciato il posto fisso all'Arsenale di Spezia per dedicarsi a uno Sciacchetrà e a un vitigno autoctono prodotto in purezza (il Bosco) che hanno ottenuto più di un riconoscimento.

Se c'è una lezione che viene dalle Cinque Terre è proprio questa capacità di mettere assieme quello che altrove verrebbe distinto come rigore ecologico e rigore economico. Qui si fatica a separare i due concetti perché la difficoltà ambientale si è trasformata in un vantaggio, rendendo evidente ciò che spesso non risulta chiaro: senza tutela del territorio prima o poi la storia economica si ferma e per ripartire bisogna tornare al territorio.

Il caso delle Cinque Terre rappresenta una dimostrazione emblematica di questo percorso. Prima un equilibrio faticoso ma stabile. Poi l'abbandono. Infine la «cura parco» che ha prodotto risultati immediati su vari fronti, partendo dall'intervento sulla struttura di base: la terra e la sua capacità di mantenersi stabile e fertile. Nel periodo dell'abbandono, la Via dell'amore, il più famoso dei sentieri delle Cinque Terre, franava con una frequenza tale da aver ridotto di oltre il 60 per cento il fatturato dell'area interessata. Oggi, dopo gli investimenti in sicurezza e consolidamento, la chiusura dei sentieri è limitata a pochi giorni all'anno, quando, dopo piogge particolarmente intense, conviene per prudenza verificarne la percorribilità.

Una volta risolto il problema di base, la stabilizzazione dei sentieri ha triplicato in pochi anni il valore delle terre e ha fatto ripartire il turismo; questo, a sua volta, ha rivitalizzato i centri storici. Avendo frenato l'espansione degli alberghi e delle doppie case, affittare una camera è diventato un business interessante: con una stagione che si ferma solo a novembre e gennaio e 2 milioni di persone che ogni anno visitano il parco, disporre di una casa con due camere significa assicurarsi uno stipendio dignitoso. Tra il 2000 e il 2004, infatti, il numero degli affittacamere è aumentato del 150 per cento.

La rinascita dei centri storici ha poi offerto il carburante economico per spettacolari investimenti in tecnologia. È difficile resistere al fascino di un parco che si è inventato perfino le montagne russe dell'uva, un lavoro corale a cui hanno partecipato centinaia di volontari, come ai tempi delle grandi opere collettive degli antichi comuni. Per alleggerire la fatica del passaggio dai terrazzamenti al mare, che per secoli era stato fatto a spalla e poi si era fermato, è stata creata la funivia dei vitigni, una sorprendente struttura costruita dai volontari che hanno montato i binari per 52 trenini rubando il segreto ai tecnici svizzeri: «All'inizio avevamo pensato d'ingaggiarli perché a casa loro avevano fatto un lavoro straordinario, ma costavano troppo; abbiamo imparato subito».

Si sale su questi carrelli monorotaia che si gettano dai terrazzamenti più alti verso il mare, e ci si sente trasformati in Indiana Jones: il respiro si ferma mentre la terra balla sotto i piedi come se si stesse precipitando in una frana. Si scende per pendenze impossibili e i 400 metri di dislivello volano via lasciando appena il tempo di cogliere qualche immagine: la macchia compatta dell'erica e dell'euforbia, il profumo del mirto, l'ombra rossa della valeriana.

L'innovazione tecnologica ha cambiato il volto anche dei centri urbani a cominciare da Riomaggiore, trasformato in un paese da ambientalismo realizzato in cui si entra solo con mezzi pubblici a basso impatto ecologico. Dalla statale che corre in quota si scende verso i paesi. Qui è posto il primo filtro: i turisti devono lasciare la macchina e salire su uno dei 40 pullman a metano o elettrici. Poi, appena ci si avvicina all'inizio del paese, entra in azione il secondo filtro: anche i residenti devono parcheggiare e prendere, gratuitamente, il mezzo pubblico, l'unico davanti al quale le fioriere automatizzate che bloccano l'accesso al centro si aprono obbedienti.

«Quella della macchina sembrava un'abitudine impossibile da eliminare, eppure oggi pochi tornerebbero indietro», spiega Bonanini. «Perché ormai tutti si rendono conto del salto di qualità che abbiamo fatto. Prima era un disastro: se chiudevi il centro, vedevi file di gente che s'incollava valigie mostruose, facendoti sentire un negriero; se lo lasciavi aperto anche solo il tempo necessario a scaricare i bagagli, le strade si riempivano subito di macchine. Adesso il traffico funziona come un orologio e, grazie al nuovo sistema di collegamento, anche le zone che stavano per essere abbandonate sono tornate alla vita.» È il caso di Volastra, una frazione arrampicata in quota, che si era completamente spopolata e che, da quando il pulmino la collega alla rete turistica, è tornata ad animarsi: il parco ha rilevato il negozio di alimentari che era chiuso e il ristorante che stava per serrare i battenti; adesso i 100 posti letto a disposizione dei visitatori sono sempre pieni.

Nel complesso il parco incassa 1,7 milioni di euro dallo Stato ma attiva un giro d'affari che si aggira sui 6 milioni di euro e chiude i conti mantenendo il saldo in attivo. Raggiunti questi risultati nei primi cinque anni di esistenza, avrebbe potuto vivere di rendita. Invece ha deciso di rilanciare. I prossimi investimenti insisteranno ancora sulla mobilità. Già oggi le Cinque Terre sono una sorta di avamposto *petrol-free*: l'unico distributore esistente fornisce solo metano, e la ferrovia che attraversa i paesi è stata trasformata in una metropolitana. Con 5 euro al giorno, o 21 a settimana, i turisti possono comprare una carta d'accesso che dà diritto a utilizzare sia il trasporto pubblico – le linee ferrate, i pulmini, i due ascensori e le barche – sia i servizi accessori come la naturopatia (fisioterapia e controllo dell'iride) e il massaggio terapeutico dei piedi. Nei prossimi anni sono previsti altri interventi: la riconversione a biodiesel delle barche da 300 posti che fanno la spola da una spiaggia all'altra (160 motori marini a due tempi sono stati già rottamati); un investimento sull'idrogeno da realizzare in collaborazione con il Centro ricerche Fiat; l'aumento dei tetti fotovoltaici.

Verrà inoltre rafforzato il sistema di comunicazione che già rappresenta un caso di studio. Ogni residente dispone di una casella di posta elettronica attraverso la quale può comunicare e ricevere notizie sulle varie iniziative. Inoltre le paraboliche sono state eliminate perché tutto il Comune di Riomaggiore è cablato e servito da un'unica antenna: in ogni casa, anche nel più modesto affittacamere, ci si può sintonizzare sulle reti nazionali e internazionali (comprese quelle a pagamento) e sui sei canali che il parco si è riservato. I primi due offrono una diretta meteorologica e una panoramica sulla sorveglianza dell'area marina protetta (che dispone di una boa oceanografica convenzionata con l'Enea per il monitoraggio della qualità delle acque). Altri due canali aprono una finestra visiva sottomarina sul grande acquario naturale del golfo, rendendo possibile vedere le cernie anche di notte grazie a un faro che si accende dopo il tramonto per un paio di ore. Sul quinto canale comunale vanno in onda, in italiano e inglese, programmi di naturopatia, botanica, riflessologia, agricoltura, zoologia. Il sesto è un televideo che fornisce le informazioni quotidiane di servizio: dalle condizioni dei sentieri alle manifestazioni culturali. Una rivoluzione informatica pagata in contanti grazie a un bilancio saldamente in attivo.

Le matite che disegnano i computer

Sono sue le matite che fanno nascere i computer, che disegnano forme e pesi dei giganti della microelettronica, delle grandi fabbriche che producono microchip. Ha firmato gli stabilimenti della Texas Instruments e dell'Amd, della Philips e dell'Acer, della Tech Semiconductor e della STMicroelectronics. Occupa il secondo posto per fatturato tra gli studi di architettura italiani e il centoventesimo nella classifica mondiale stilata dalla rivista americana «World Architecture». Ha vinto il Prix Solaire Suisse 2003, il Premio nazionale d'eccellenza Profeti in patria 2004, il Premio Ises-Dedalo Minosse 2003-2004. Eppure lui, Alfonso Mercurio, fondatore dell'Ama Group, lavora quasi esclusivamente all'estero: è un pendolare di lusso, perché non ha mai voluto lasciare fisicamente l'Italia; la sua resta un'emigrazione intellettuale che lo ha portato a costruire un'azienda che muove decine di persone tra l'America e l'Asia, ma mantiene cuore e corpo a Roma. Non è un po' faticoso?

«Faticoso e costoso, ma, anche se con l'Italia ho un rapporto di amore-odio, sono convinto che ne valga la pena», risponde Mercurio con la sua inflessione romana, un po' burbera, che sopravvive a vent'anni d'inglese quotidiano. «A Shanghai ho appena tenuto una lezione alla School of Urban Planning della Tong Ji University sulle tendenze dell'architettura italiana: evidentemente i cinesi sono convinti che chi da Agrigento in poi di architettura ne ha fatta tanta abbia ancora qualcosa da dire.» A patto di scommettere sul capitale umano, come ha fatto lo studio Ama, mantenendo la sede a Roma con un investimento forte in struttura e in formazione.

«Teniamo corsi interni d'inglese per preparare i nostri ragazzi – parlo di ragazzi perché l'età oscilla tra i 25 e i 40 anni – e spendiamo una fortuna per i viaggi aerei e i servizi d'informatica necessari a mantenere il ping-pong di disegni tra Roma, Cina e Stati Uniti», continua Mercurio. «È una follia economica. Se decidessi solo in base ai numeri immediati dovrei chiudere qui e aprire un ufficio a Pechino, perché lavorare con la Cina è un'operazione complessa. Avevamo aperto una sede a Singapore e una succursale a Shanghai per creare una testa di ponte utile alle imprese che volevano investire nelle tecnologie avanzate, ma questo genere di investimenti è risultato inferiore alle attese. Inoltre Pechino continua a muoversi disinvoltamente tra liberismo ed economia rigidamente centralizzata, a secondo delle sue convenienze. Per quanto riguarda la progettazione, le conviene il centralismo, e quindi la regola è che la fase esecutiva va obbligatoriamente affidata a strutture paragovernative, in modo da dare un'altra stretta ai margini di utile delle imprese non nazionali; per abbattere i costi bisognerebbe spostarsi lì e lavorare con gli architetti cinesi che costano molto meno. Però non me la sento.»

Il perché vero di questa resistenza a un cambiamento radicale dell'impostazione dello studio Alfonso Mercurio non lo dice. Si capisce dalla maniera in cui accarezza i suoi schizzi sui rotoli di carta lucida: artigianato vecchio stile, rifiniti con una pazienza che le nuove tecnologie permetterebbero di accorciare se non fosse che sul suo tavolo – lo stesso di quando era studente – il computer non è mai approdato. Il perché vero è la passione per il mestiere nella sua impostazione più legata alla tradizione. Il fascino delle forme che da ragazzo lo ha sedotto al punto di farsi cacciare da casa pur di entrare, dopo una breve parentesi a Ingegneria, alla facoltà di Architettura, che il padre considerava un ripiego non adatto alle sue aspettative.

Quel vecchio dissidio si ricompose ben presto, molto prima che i fatti dimostrassero che anche un architetto può soddisfare le attese paterne. Ma ancora oggi, se c'è una dialettica che attraversa lo studio è quella generazionale. E questa volta il gioco è a parti rovesciate: è il figlio Massimo, ingegnere per libera scelta e titolare dello studio di Singapore, a rompere gli schemi aziendali perché «improvvisamente, a 35 anni, ha scoperto una sua *vis* architettonica» e la esprime con strumenti poco in linea con l'impostazione della «bottega», legata a uno schema preciso. Lo studio Ama Group (Alfonso Mercurio e associati) finora ha funzionato come un orologio dal meccanismo calibrato in due fasi. Nella prima, tutta centrata a Roma, c'è il passaggio dall'ideazione all'elaborazione delle proposte generali che servono a definire la direzione del progetto. Nella seconda fase, il lavoro è gestito dai *project managers* che, insieme ai consulenti, elaborano sul posto il progetto, facendolo evolvere senza tradire l'impostazione originaria. Un equilibrio delicato che ora rischia di entrare in crisi perché il peso della «periferia» tende a crescere, complice anche lo stile progettuale sponsorizzato da Massimo Mercurio e dominato dal ritmo produttivo del mouse.

«Il computer ha sostituito matita e tecnigrafo e spesso viene usato al di là delle sue funzioni logiche», si sfoga Alfonso Mercurio mostrando, accanto ai suoi pazienti schizzi elaborati tratto su tratto, particolare su particolare, decine di *rendering*, le simulazioni al computer che permettono di ripetere i moduli scelti in sequenze infinite, rimontabili e dilatabili a piacere seguendo i rivoli della fantasia. «Con il computer si ottiene un'immediata visione tridimensionale, che certo è colorata, animata e apparentemente aiuta il lavoro, ma rischia di portare verso un'architettura tutta virtuale e poco costruibile; mentre disegnando a mano il tempo scorre più lentamente, c'è modo di riflettere e mettere a punto.»

È il confronto tra due generazioni, ma soprattutto tra la vecchia artigianalità manuale, che cammina poggiando sulla dimensione temporale del Novecento, e la nuova scuola ipertecnica, che viaggia in un tempo tanto accelerato da trasformare il corpo in un ostacolo. Il cuore di Alfonso Mercurio batte per l'approccio tradizionale, ma i *rendering* hanno dalla loro un fattore fondamentale: costano dieci volte di meno perché consentono di limitare i tempi di progettazione. E c'è da scommettere che l'architetto dei microchip, magari con un po' di mal di pancia, aprirà ancora di più alle nuove tecnologie, visto che il realismo è sempre stato il suo marchio di fabbrica: «Se questo studio ha avuto successo nella progettazione di grandi edifici industriali è perché mi sono imposto la regola di mettere assieme una ragionevole estetica, la funzionalità e il budget. Si trattava di passare dalla logica degli scatoloni accatastati uno accanto all'altro, come capita, seguendo meccanicamente le esigenze di espansione dello stabilimento, a una progettazione che tenga conto del luogo, dell'energia, dei materiali, dei colori. Bisognava dare un'immagine unitaria e armonica dello stabilimento, rispettando il budget e i tempi di progettazione e realizzazione che di norma sono strettissimi, perché occorre rispondere subito ai cicli della domanda».

Un caso tipico è quello del *wafer fab* di Le Rousset, la grande fabbrica di «silicio intelligente» della ST vicino a Aix-en-Provence. Era una scommessa difficile, perché si trattava d'inserire una struttura massiccia in un paesaggio delicato e storico, quello immortalato da Cézanne in tanti dipinti: la piana che si distende davanti alla montagna Saint-Victoire, caratterizzata da toni che, nell'arco della giornata, virano dal grigio-bluastro al verde. Per armonizzare l'edificio è stato deciso di rivestirlo con pannelli di calcestruzzo coperti da una superficie stampata su lastra di roccia, in modo da produrre linee indefinite che costituiscono un richiamo alla montagna, mentre la fascia superiore dell'edificio richiama i colori del cielo della Provenza.

Un risultato ottenuto con un bilanciamento attento delle ragioni della produzione e di quelle del paesaggio e approvato perché, per le industrie di frontiera, l'estetica comincia a essere considerata un valore aggiunto. A patto che sia di stimolo e non di peso. «Quando si progettano *clean rooms* di più di 10 mila metri quadrati, spazi enormi che devono essere molto più asettici di una sala operatoria e non possono sopportare la minima vibrazione, una concezione estetizzante diventa un lusso: non si possono fare svolazzi, vetri, cupole. Semplicemente non funziona, aumentano i rischi d'inquinamento», aggiunge Mercurio. «Per questo ho scelto di puntare su un'architettura che segue ritmi classici, razionali, se non razionalisti, e da questo punto di vista mi è stata molto utile la lezione di Ignazio Gardella, uno dei maestri che ricordo con maggior piacere.»

Certo, qualche «svolazzo» ha provato a farlo anche lui. Nei disegni di molti stabilimenti progettati dallo studio Ama Group compaiono giochi d'acqua, riserve idriche di lavorazione trasformate in laghetti che «fanno da moltiplicatore dell'architettura, perché aggiungono alle forme delineate dei materiali un'immagine impalpabile ed eterea». Immagine puntualmente bocciata dai consigli di amministrazione disposti a progettare, come è avvenuto a Singapore, diaframmi di sabbia nei basamenti di granito per spegnere le vibrazioni della metropolitana, ma poco inclini alle fantasie acquatiche.

Anche perché in queste cattedrali dell'alta tecnologia la regola assoluta è la parsimonia nell'utilizzo di acqua e di energia. E dal momento che il risparmio energetico passivo, cioè le tecniche di bioclimatica legate al sapiente uso dei materiali e dell'esposizione, non sono compatibili con la logica produttiva di impianti del genere, bisogna ricorrere a tecniche attive, a sistemi che, usando poca energia, ne facciano risparmiare molta. Da questo punto di vista uno degli edifici più significativi progettati da Mercurio è la sede centrale della STMicroelectronics a Ginevra: 15 mila metri quadrati di uffici pensati per diventare un manifesto di efficienza energetica e di rispetto ambientale. Il complesso si articola in una serie di volumi disposti a ventaglio in cui si concentra un alto livello di tecnologia innovativa: i due atri, vetrati a tutta altezza, separano i primi tre blocchi di uffici per creare degli spazi comuni dove la luce viene filtrata dai pannelli fotovoltaici che fanno da copertura; le tende frangisole delle pareti, sincronizzate in modo da seguire il sole, sono orientate da una centralina in modo da realizzare consistenti risparmi energetici e da calibrare l'illuminazione interna, indirizzando la luce verso il fondo dell'ambiente o verso l'esterno per evitare eventuali effetti di abbagliamento.

Un progetto che ha dovuto subito fare i conti con un problema concreto: l'inquinamento acustico. L'edificio è infatti collocato alle porte della città, vicino all'autostrada che va in Francia, e la legge svizzera impone, in quelle condizioni specifiche, un abbattimento del rumore almeno pari a 43 decibel. L'ostacolo è stato superato montando una serie di pannelli isolanti – in legno sulle pareti, in fibra minerale sui soffitti dei primi piani e in metallo microforato agli ultimi – e vetri di uno spessore maggiorato alle finestre. Un'innovazione che ha avuto una ricaduta positiva anche sull'isolamento termico. Sul fronte energia, invece, la mossa risolutiva sono stati i muri interattivi, una sorta di parete ventilata in modo naturale, grazie a un flusso d'aria forzato tramite piccoli ventilatori radiali collocati nel pannello di facciata; d'estate l'aria viene spinta dal basso verso l'alto e poi espulsa nella parte superiore di ogni pannello, in modo da diminuire il calore solare che si accumula; nei periodi freddi la ventilazione è minimizzata per aumentare l'isolamento termico.

Questa proposta di mediazione tra ambiente, estetica e funzionalità produttiva non è comunque una prerogativa europea: funziona su entrambe le sponde dell'Atlantico, tanto che la sperimentazione dello studio Ama nasce nel 1980 su sollecitazione della Texas Instruments. Si trattava di ampliare uno stabilimento a Rieti e, per mettere a punto il progetto, Mercurio fu invitato a Corpus Christi, nel Golfo del Messico, nell'ufficio di Richard Colley, l'architetto che coordinava tutti i progetti della società. «L'impatto con Colley fu duro, un po' perché lui era molto sicuro di sé e all'inizio non la prese bene, un po' perché non padroneggiavo l'inglese», racconta. «Però colsi subito le possibilità che offriva quel metodo di lavoro estremamente razionale e organizzato. Il tavolo delle riunioni era affollato di specialisti: molti architetti, tra cui un architetto paesaggista, un ingegnere strutturista, un ingegnere elettrico, un ingegnere impiantista. Con questa capacità di fuoco si poteva definire in modo interdisciplinare qualunque progetto, anche il più impegnativo. Tuttavia il passaggio dalla fase analitica a quella sintetica veniva continuamente rimandato, nessuno metteva la prima linea nera su un foglio da disegno. Allora ho fatto io la prima mossa. Ho detto: "Secondo me bisogna fare questo e quest'altro". Mi aspettavo di essere linciato. Figuriamoci quello che sarebbe successo in Italia: tutti sarebbero saltati su a dire che c'era un'idea migliore, sarebbe stato un concerto di prime donne. Lì invece andò bene: ci confrontammo sui contenuti con grande onestà intellettuale. Credo che in fondo avessero percepito esattamente il problema, che è tipico della cultura americana: molti mezzi, molta capacità analitica, mancanza di sintesi. Non c'è il direttore d'orchestra.»

Entrato nel ruolo di capo degli orchestrali, Mercurio

diventa *Corporate architect* prima per l'Italia e poi per l'Europa. Sorvola sugli elicotteri l'Italia alla ricerca dei siti più idonei alla costruzione degli stabilimenti, fa la spola con gli Stati Uniti. Poi comincia a lavorare anche per gli altri principali gruppi della microelettronica, dalla ST alla Philips. Il gruppo Ama completa il suo percorso adottando, tra i primi in Italia, la certificazione Iso 9001, l'insieme dei sistemi di controllo della qualità che aumentano l'uniformità tra le varie fasi di progettazione, diminuiscono le sviste e portano a risparmiare evitando duplicazioni e sprechi.

Eppure, nonostante i titoli prodotti, a parte il restauro della Borsa di Milano e un paio di interventi di rilievo nel settore della microelettronica ad Agrate Brianza e a Catania, l'impegno in Italia resta scarso. Come mai? Colpa delle vecchie difficoltà incontrate nel progetto di ristrutturazione del palazzo della Fao a Roma? «Certo quella fu una vicenda esemplare», risponde Mercurio. «Si trattava di ampliare la disponibilità dell'edificio perché non c'era spazio sufficiente né per le persone né per le macchine, che all'epoca – parliamo di trent'anni fa – erano già 4 mila. Io proposi un parcheggio sotto il piazzale davanti alla Fao, perché mi ero documentato e avevo scoperto che era stato costruito durante il fascismo con terra di riporto; c'era uno spessore di 7-8 metri in cui sicuramente non esistevano reperti archeologici. Eppure non ci fu nulla da fare. Alla fine si realizzò un ampliamento modesto e le macchine restarono per strada. Come tutte le altre a Roma, che vanta un doppio primato: è in testa per il numero di auto pro capite e in coda per il numero di parcheggi disponibili.»

In sostanza, secondo la denuncia di Mercurio, il problema è che l'Italia non promuove la propria architettura, non investe; forse il sistema politico non è nemmeno interessato a farlo: in una città come Milano, neanche il 10 per cento degli edifici importanti è stato costruito negli ultimi 50 anni. Mentre nelle capitali dei principali paesi industrializzati le grandi stagioni culturali sono state segnate da scelte architettoniche forti – basti pensare al Millennium Dome e al recupero dei Docks di Londra, alla Villette di Parigi e agli interventi a Barcellona, Madrid, Berlino – in Italia il sistema dei vincoli è sufficientemente rigido da bloccare la buona architettura, ma non abbastanza efficiente da fermare il degrado. È un processo che segue il ritmo dell'impronta cattolica del Paese: proibizione, peccato, pentimento, assoluzione. Per decenni i piani regolatori non si sono fatti, e il risultato è stata la crescita incontrollata delle periferie abusive, poi puntualmente messe in regola attraverso il sistema dei condoni. Così nessuno si è assunto la responsabilità della progettazione. In teoria si è cercato di preservare al massimo le città, in pratica i centri urbani sono stati in buona parte deturpati: il 90 per cento degli edifici esistenti è stato costruito nel dopoguerra, e in questa enorme massa di fabbricati la bellezza resta un'eccezione rarissima.

Ora comunque Mercurio ha deciso di riaprire una finestra di dialogo progettuale con l'Italia in nome di un ideale astratto («Bisogna rilanciare lo spirito rinascimentale») e di una passione concreta («La Lazio è una delle mie debolezze, ho cambiato moglie ma non squadra»). Tra i progetti del futuro c'è lo stadio bianco-celeste vicino a Roma, concepito con una copertura mobile per agevolare gli usi alternativi durante la settimana e corredato da ristoranti, negozi, palestre, piscina, in modo da chiudere in attivo i bilanci della struttura.

Per lo studio Ama Group, sul fronte italiano, per il momento è tutto. In attesa che, nel campo dell'alta tecnologia, qualcosa si muova.

Il chirurgo della carta

Da una parte c'è il chirurgo della carta, l'erede di una manualità artigianale che si è fusa con le tecnologie avanzate. Dall'altra il teorico del confine sottile che, nel recupero di una pergamena medioevale o di un codice del Rinascimento, separa un intervento corretto da una manipolazione che altera un frammento di storia. Paolo Crisostomi ha fatto crescere la piccola società che aveva aperto appena diplomato all'Istituto di patologia del libro, all'inizio degli anni Ottanta, fino a trasformarla nel punto di riferimento per molti dei più importanti restauri cartacei al Quirinale, in Vaticano, all'Escorial di Madrid e in decine di biblioteche e archivi in Italia e all'estero. Ma contemporaneamente ha mantenuto un'attività accademica in tre atenei, insegnando tecnologie d'avanguardia nel restauro del libro. Questo percorso *double face*, diviso tra managerialità e ricerca, rappresenta un indicatore della capacità dell'Italia di conservare una posizione di primato nel settore dei beni librari grazie all'intreccio vitale fra tradizione e innovazione, conoscenza materiale e sistematizzazione teorica, cultura di settore e sguardo generale.

Una leadership resa più facile da una posizione di rendita che si è accumulata nei secoli ma che, a differenza di quanto sta avvenendo in altri campi, continua a essere valorizzata invece di subire una dilapidazione. L'Italia sarebbe l'azionista di maggioranza di una ipotetica società che possedesse l'assieme mondiale dei volumi antichi, considerando tali i manoscritti e le opere fabbricate interamente a mano come ai tempi di Gutenberg, cioè stampate fino ai primissimi anni dell'Ottocento: con 8 milioni di libri antichi, a cui va aggiunto il milione di volumi conservati in Vaticano, custodiamo circa il 70 per cento del patrimonio globale.

A questo primato si aggiunge il ruolo di guida nella definizione delle terapie più adatte a proteggere le opere segnate dal tempo. La figura del restauratore-conservatore italiano gode infatti di un credito internazionale a tutto campo, come dimostrano il prestigio della Scuola europea del restauro del libro di Spoleto e gli accordi di cooperazione internazionale per il recupero e la manutenzione dei beni librari. «Avere in casa un patrimonio così importante e una scuola di conservazione consolidata fin dagli anni Trenta ci ha aiutato a ottenere il posto principale sul palcoscenico», spiega Crisostomi. «Ma questo ruolo nazionale ora va difeso abbinando ai metodi dell'artigianato della vecchia scuola tecniche d'avanguardia e materiali sofisticati. E visto che il mondo del restauro, nonostante il suo prestigio, non possiede le risorse economiche necessarie a sviluppare una ricerca in proprio, dobbiamo utilizzare quello che di buono hanno prodotto altri campi.»

La vitalità di questa contaminazione tecnologica tra vari settori si coglie immediatamente girando nello studio Crisostomi, un loft di 200 metri quadrati nel cuore del rione Monti, a due passi dal Viminale, un locale che nel diciannovesimo secolo ospitava un magazzino di carta e negli anni Trenta era diventato una tipografia specializzata in cataloghi d'arte. Le presse, i torchi, i telai di cucitura sono pezzi d'antiquariato che hanno più di un secolo ma funzionano ancora perfettamente, come dimostra l'uso quotidiano. Le luci allo ioduro, scelte perché lasciano inalterate le sfumature naturali dei colori e consentono un'illuminazione potente senza danneggiare la carta, sono nate per valorizzare i vestiti di Armani e di Versace, ma si adattano perfettamente ai codici miniati.

Poi ci sono gli strumenti figli del periodo in cui il restauro della carta conquistò la sua autonomia emancipandosi dai laboratori chimico-fisici di fine Ottocento nel corso di un processo d'indipendenza molto lento. Il concetto moderno di restauro del libro fa la sua prima apparizione nel 1898, durante un congresso in Svizzera, ma ancora all'inizio degli anni Trenta è un chimico a firmare la voce «restauro» nella Treccani. La data di spartiacque, il momento che segna il debutto ufficiale della nuova disciplina, è il 1938, quando, con un anno d'anticipo sulla nascita dell'Istituto centrale del restauro, Alfonso Gallo crea l'Istituto centrale per la patologia del libro. L'intuizione di Gallo, uno storico del libro, porta alla fusione degli aspetti umanistici e di quelli scientifici e fa dell'Italia un'apripista nel passaggio dalla fase artigianale del restauro, in cui era lo stesso legatore a somministrare cure rudimentali alle carte malate, all'approccio scientifico.

È a quel mondo ormai lontano che bisogna risalire per trovare i progenitori di alcuni degli strumenti ancora oggi d'uso quotidiano nel laboratorio Crisostomi come in altri studi di restauro. Ad esempio la camera sottovuoto, che offre l'opzione disinfestazione ecologica per evitare l'impiego di sostanze tossiche contro insetti e larve, eliminando l'ossigeno dall'aria a favore dell'azoto; dopo tre settimane di questo trattamento anche il libro più aggredito dai tarli risulta completamente ripulito. Una seconda possibilità d'uso consiste nel recupero di pergamene che, essendo rimaste arrotolate o piegate per troppo tempo, hanno perso la loro elasticità: vengono immerse in vapori freddi finché li assorbono distendendosi e tornando alle dimensioni originarie.

Miscelando poi l'eredità della chimica con le nuove tecnologie di telecomunicazione, si ottiene la lamina d'illuminazione a fibre ottiche, una specie di cartoncino che sostituisce il tavolo visore. «È un sistema che in origine serviva a osservare in trasparenza la filigrana di documenti di particolare importanza dopo aver scomposto il volume in cui erano inseriti», ricorda Crisostomi. «Qualche anno fa ho proposto a un'azienda di Parma, Fotoscientifica, di elaborare una variante del modello creando un oggetto maneggevole, di piccole dimensioni, che si può adattare al libro anziché pretendere che sia il libro ad adattarsi all'apparecchio per le analisi. Ha funzionato, e ora questa applicazione tecnologica è largamente in uso: abbinandola alle riprese in digitale ad alta definizione, si possono fotografare le filigrane dei libri senza bisogno di scucirli, cioè di scomporre le legature.»

Infine ci sono gli strumenti che avvicinano il restauro alle tecniche della sala operatoria: le tavole aspiranti che permettono operazioni di «microchirurgia». Infilate sotto le pagine su cui si deve intervenire con sostanze chimiche capaci di eliminare i danni prodotti dal tempo e dall'incuria, creano una sorta di campo che potenzia l'effetto dei solventi e lo concentra, evitando che si allarghi interessando una superficie maggiore di quella malata.

«Nell'elenco delle nuove tecnologie mobilitate a supporto della manualità tradizionale non bisogna dimenticare l'informatica: tutti i nostri interventi vengono documentati con foto e filmati in digitale in modo che resti una memoria estremamente dettagliata, una vera cronaca del restauro che entra a far parte della storia dell'opera», aggiunge Crisostomi. «Questo è un elemento fondamentale della moderna filosofia del restauro. In passato sono stati fatti interventi che si sono sovrapposti violentemente all'impianto originario del libro finendo per peggiorarne lo stato complessivo. Oggi la base di ogni azione di recupero è la reversibilità dell'atto: tutti i materiali e le scelte sono finalizzati non solo al recupero della stabilità chimico-fisica, ma anche al rispetto dell'opera e della sua storia. L'idea di base è che bisogna lasciare una porta aperta per il futuro. Se un domani, magari avendo a disposizione tecniche più avanzate, si desiderasse fare una scelta diversa, dovrà essere sempre possibile tornare allo stato ante intervento per cambiare la terapia.»

Un'affermazione che nasce dall'esperienza sul campo. Uno dei capolavori restaurati dallo studio Crisostomi è il Codice degli Abbozzi, un manoscritto autografo di Petrarca conservato nella Biblioteca apostolica vaticana, la più importante del mondo per la quantità di opere custodite (tra cui 100 mila manoscritti antichi e 83 mila incunaboli, i libri stampati nel quindicesimo secolo). Già il nome del codice rivela la sua funzione: rappresenta la storia del Canzoniere, raccoglie gli scritti in uno stadio ancora non definitivo, con i ripensamenti e le correzioni dell'autore. «Il restauro è stato un intervento a cuore aperto su un malato reso fragilissimo da una lunga serie di interventi sbagliati, dall'uso di colle acide alla rifilatura violenta delle pagine, che aveva finito per peggiorare la situazione», spiega Crisostomi.

Un restauro attento, oltre a evitare gli «strappi» con il passato, permette di far emergere informazioni importanti. Ad esempio il recupero di sei codici manoscritti della Biblioteca capitolare di Perugia, datati tra l'undicesimo e il quattordicesimo secolo, ha riportato alla luce i colori esatti di opere fondamentali per documentare un momento delicato della storia della miniatura, cioè l'incontro tra le tecniche orientali e quelle occidentali. Attraverso il restauro dei disegni di Gaspare, Luigi e Carlo Vanvitelli, nella Reggia di Caserta, intaccati dall'uso dell'inchiostro acido estratto dalle galle delle querce, è stato inoltre possibile precisare meglio la paternità delle opere: l'analisi microscopica ha permesso di accertare la presenza di tracce di matita rosso bruna, quella fiamminga usata da Gaspare, in opere attribuite al figlio Luigi. E il risanamento dell'Atlante realizzato tra il 1582 e il 1584 da Antonio Millo, un'imponente raccolta di carte nautiche su pergamene lunghe oltre un metro e larghe 70 centimetri, ha restituito una documentazione importante sulle rotte commerciali del sedicesimo secolo.

Ma le sorprese maggiori sono venute dal restauro di alcuni mappamondi che avevano subito gocciolii d'acqua da tetti non riparati, cadute, colpi, ritocchi con il gesso, perfino trattamenti con detergenti per la pulizia della casa. Il primo intervento dello studio Crisostomi è stato effettuato sui due globi acquistati a metà del Seicento dal cardinale Bernardino Spada e rimasti per secoli sotto un manto di polvere e gommalacca ingiallita in una stanza dell'omonimo palazzo romano. Tre mesi di tamponi con una miscela di alcol, acqua e qualche goccia di ammoniaca hanno dissolto il velo marroncino che copriva questi capolavori, facendo emergere una serie di coloratissime miniature che compongono uno straordinario affresco della vita del Seicento: caravelle lungo le rotte battute dai grandi navigatori, carovane sulle piste dell'India, coloni al lavoro nei campi, «vignette» con le guerre tra indios in Sudamerica; e poi una folla di pappagalli, tacchini, lama, elefanti, leoni, coccodrilli, cammelli. Tutto dipinto con estrema precisione dall'olandese Wilhelm Blaeu, l'allievo dell'astronomo Tycho Brahe, che era così pignolo da bloccare il lavoro fino all'ultimo minuto per inserire gli ultimi dati di «cronaca», cioè segnalazioni che arrivavano da migliaia di chilometri di distanza, come il nuovo passaggio attorno alla Terra del Fuoco riportato con la data della scoperta, il 1616. La mano di Blaeu, dopo aver risalito la costa delle due Americhe, si è dovuta però arrestare ai confini con il Canada, il limite della *pars orbis incognita* che comprende anche il Polo sud e un'irriconoscibile Australia, e si è rimessa in moto solo sul mappamondo gemello, quello astrale, per tracciare le figure dei nettuni, delle sirene, dei tritoni.

Altri due globi risanati dallo studio Crisostomi sono conservati a Roma. A ordinarli ad Amanzio Moroncelli, il miglior cartografo dei Domenicani, furono i padri curatori della Biblioteca Casanatense che nel 1715 pagarono 402 scudi perché venissero costruiti «di quella maggior grandezza che fosse possibile». Moroncelli interpretò alla lettera il suggerimento, tanto che per farli entrare nel salone monumentale della biblioteca, con i loro 481 centimetri di diametro, fu necessario allargare la porta. Anche in questo caso il restauro ha riguardato due mappamondi: la coppia di globi rappresenta un elemento che resta quasi costante fino a tutto il Settecento perché nell'immaginario dell'epoca le cosmogonie di cielo e terra erano indissolubilmente legate, due facce della stessa realtà talmente intrecciate che gli influssi dell'una si ripercuotevano sull'altra. Proprio in questo collegamento risiede l'importanza storiografica dell'opera: i disegni delle comete osservate in quel periodo e le prime immagini dei pesci ritratti dai biologi-esploratori, mischiati al bestiario fantastico dei tritoni e dei mostri marini, rappresentano l'embrione di un approccio scientifico alla geografia e forniscono un elemento in più per comprendere meglio l'evoluzione del rapporto tra cultura cattolica e natura.

«Il restauro ci consente un viaggio all'indietro nel tempo per ricostruire l'immaginario e la cultura materiale di una data epoca; ad esempio l'uso dei vari tipi di pelle utilizzati per realizzare le pergamene rivela quali animali venivano allevati e qual era il livello di ricchezza della società, visto che per fare un solo libro servivano almeno 300 pelli», osserva Crisostomi. «Ma i sistemi d'avanguardia che stiamo sperimentando, come le riprese in digitale della carta illuminata con una banda di colori non percepibile all'occhio umano e dunque visibile solo dal computer, ci proiettano verso il futuro. Un futuro in cui non sappiamo con quali strumenti potremo conservare la nostra memoria collettiva: le generazioni di tecnologie informatiche si succedono a un ritmo così rapido che un apparecchio prodotto oggi difficilmente sarà utilizzabile tra cinquanta o cento anni; e la carta che usiamo ha un orizzonte di vita di poco superiore. Fra tre secoli i libri del Cinquecento resteranno intatti, quelli stampati oggi saranno polvere. Per questo non possiamo fermare la ricerca né in direzione del passato né in direzione del futuro.»

Gli alberi più veloci del mondo

Le prove generali per le medaglie d'oro nella vela si tengono a Mandello del Lario, un paese di 10 mila abitanti sul lago di Como. È qui che i più grandi campioni del mondo arrivano per forgiare l'armatura tecnologica da indossare nelle regate olimpiche; per prendere confidenza con l'albero, il boma e le vele, facendoseli tagliare su misura, come un vestito. La boutique della vela estrema è Emmeti Spars, un'impresa piccolissima come dimensioni, ma con un primato molto particolare: dopo le performance degli ultimi anni, è arrivata a un picco di produzione che è pari al 90 per cento del mercato mondiale degli alberi per le barche della categoria «star», quella in cui si cimentano i più grandi velisti.

Emmeti è il frutto di una strana unione: il massimo della tecnologia in un settore sofisticato come quello della vela per superprofessionisti e una dimensione assolutamente artigianale. Anzi, familiare. Il titolare della società è Massimo Tagliaferri, 36 anni e una doppia vita sportiva: fa i soldi con la vela, ma in privato si mantiene fedele al canottaggio. Usando i remi ha vinto un titolo italiano nel 1991 e si allena ancora per il campionato sulla lunga distanza, alternando le uscite in canoa alle gare di corsa in montagna, più di 12 ore senza fermarsi, su e giù per un dislivello complessivo in salita di 5 mila metri.

Anche sull'altro fronte acquatico – quello professionale – i risultati sono notevoli. Tagliaferri ha cominciato a lavorare a 20 anni nello stesso cantiere dove adesso c'è l'Emmeti, l'azienda che prende il nome dalle sue iniziali, con l'aggiunta della parola *spars*, che in inglese significa alberi da regata. Nel 1993 il vecchio proprietario decise di cambiare attività e gli propose di comprarla. Lui subentrò con la moglie Moira, che si occupa del settore amministrativo, e con il fratello Andrea, responsabile del montaggio e dell'assemblaggio dei vari particolari. Una famiglia, e anche ristretta, più che un'azienda.

Pare che il segreto del successo in questa nicchia di mercato di qualità esasperata sia proprio la dimensione ultra artigianale, visto che tutte le grandi imprese che hanno provato a cimentarsi nel settore alla fine hanno dovuto rinunciare perché non riuscivano a chiudere i conti in pareggio. E invece loro, i tre della Emmeti, vendono 200 alberi l'anno più l'attrezzatura di supporto, dal boma ai cavi, e sono diventati un punto di riferimento obbligato per chi vuole puntare all'oro olimpico.

Infatti tra i frequentatori più assidui di Mandello del Lario c'è Paul Cayard, il californiano che è uno dei miti della vela: veterano della Coppa America, timoniere del *Moro di Venezia* – la leggendaria barca di Raoul Gardini – nel 1992 ha vinto la Louis Vuitton Cup battendo i neozelandesi. «Cayard è una persona molto disponibile e gentile, ma è anche estremamente metodico, uno che non lascia niente al caso: dalla più piccola vite all'albero, tutto deve essere sempre sotto controllo», racconta Massimo Tagliaferri. «Arriva da noi e comincia a provare e riprovare l'attrezzatura finché non è soddisfatto al cento per cento. È capace di stare sulla barca per giornate intere a studiare tutti i possibili assetti e le possibili combinazioni. E quando smonta, continua l'allenamento a cena, perché a tavola deve controllare il peso.»

A differenza della maggior parte degli abitanti dei paesi industrializzati, Cayard controlla il proprio peso per aumentarlo con una dieta iperproteica. La ragione sta nel regolamento per le regate approvato dopo le Olimpiadi di Sidney. Il nuovo disciplinare ha cambiato il legame tra il timoniere e il prodiere: non basta che vadano d'accordo, devono anche essere in un rapporto armonico di peso. Mentre fino al 2000 la coppia classica della barca a vela iperprofessionale somigliava un po' a Stanlio e Olio, con un timoniere asciutto e leggero e un prodiere di buona stazza che, quando si lanciava nel vuoto per dare il giusto assetto alla barca, assicurava un peso abbondante, ora la coppia è costretta a riequilibrarsi perché il nuovo regolamento applica una formula matematica che impone un massimo allo squilibrio consentito: se si vuole avere a disposizione un Bud Spencer per le manovre ardite, al timone ci vuole almeno l'equivalente di John Wayne.

La decisione di cambiare la figura professionale del timoniere, sottolineando l'importanza dell'aspetto atletico rispetto all'esperienza e all'intuizione, ha modificato il regime alimentare non certo di grandi masse, ma di quella quarantina di superprofessionisti che fanno la differenza nella vela agonistica. O almeno, l'ha cambiato quasi per tutti, perché tra i frequentatori della fabbrica di trofei di Mandello del Lario ci sono anche geni eccentrici e allergici alle diete come Torben Grael, che dal suo Brasile ha preso il gusto per un mestiere fatto tutto d'istinto e di passioni estemporanee. Grael è considerato il numero uno. Ha vinto le Olimpiadi del 1996 e quelle del 2004. A Sidney 2000 ha perso dopo essersi praticamente messo la vittoria in tasca. «Aveva accumulato un vantaggio tale che ormai tutti davano la partita per chiusa», ricorda Tagliaferri. «Poi, all'ultima gara, invece d'incassare, ha voluto divertirsi. Poteva scegliere la via più semplice, perché gli sarebbe bastato arrivare nel gruppone per salire al primo posto del podio; ha deciso di provare un percorso particolare, a maggior rischio. Una scelta che ha un senso pratico solo se sei in difficoltà e vuoi tentare il tutto per tutto e quindi, invece di stare con il gruppo sulla via che a tutti sembra migliore, tenti un'alternativa sperando che vada bene: se l'intuizione è giusta, passi in testa, se trovi un vento seduto, arrivi ultimo. Grael non aveva alcun bisogno di accumulare altro vantaggio, gli bastava raccogliere i frutti delle gare precedenti. Evidentemente questa prospettiva lo annoiava; ha tentato l'ultimo azzardo e gli è andata male, in un colpo solo ha perso tutto il vantaggio accumulato ed è scivolato dal primo al terzo posto. Quando alla sera l'ho chiamato per dirgli che mi dispiaceva, ha risposto: "Ma dai, sono contentissimo, ho preso una medaglia, e la medaglia è un'occasione per fare *fiesta*".»

Grael per la Emmeti è il cliente ideale. Arriva, scherza con i Tagliaferri, li abbraccia e dice che si mette nelle loro mani: il solito trattamento. Poi se ne va in giro a trovare gli amici di Mandello del Lario e a frequentare sia le bettole, sia i ristoranti top. Del resto la sua fiducia poggia su anni di risultati straordinari: la Emmeti ha successo perché risponde in modo flessibile, al massimo livello tecnico, a una richiesta di eccellenza che comporta una cura minuziosa dei dettagli. Andare per mare a questo livello agonistico è questione d'istinto, si tratta d'intuire il percorso migliore dal colore dell'acqua, dal modo in cui questa s'increspa, dalle nuvole o dalle colline in lontananza che potrebbero mutare il flusso dell'aria. Ma è anche questione di grande tecnica: il pellegrinaggio dei campioni del mondo sul lago di Como è determinato dalla ricerca di strutture più efficienti alle quali appendere vele che devono resistere alle formidabili sollecitazioni di competizioni giocate sull'alta tecnologia. È una corsa verso prestazioni sempre più avanzate, sostenuta dalla ricerca esasperata di materiali che raggiungano il massimo in due campi: leggerezza e resistenza.

Per rendere sempre più leggeri e resistenti i suoi alberi pluridecorati (e brevettati), Tagliaferri passa la vita facendo la spola tra Mandello del Lario e i luoghi dove si svolgono le principali gare di vela, in modo da misurare sul campo pregi e difetti dei propri prodotti. Finora gli è andata molto bene. Nel 1994, l'anno dopo la creazione della società, al debutto nel campionato del mondo di San Diego, in California, era riuscito a vendere i suoi alberi solo a 3 dei 97 equipaggi in gara; tornò a casa con un bronzo, un ottavo e un quindicesimo posto. Da allora ha vinto 9 campionati del mondo, più di 15 titoli continentali, 8 medaglie olimpiche (di cui 3 d'oro), ed è riuscito a vendere i suoi alberi a tutti gli equipaggi che hanno gareggiato alle Olimpiadi di Atene nella classe «star»; è come se tutte le macchine della Formula uno montassero le stesse gomme.

Tagliaferri dice che il suo segreto sta nella passione. Certo la precisione, l'organizzazione e la capacità d'instaurare il rapporto giusto con i clienti giocano un ruolo fondamentale. Nonostante le dimensioni ridotte, la Emmeti è in grado di fornire i suoi pezzi in tutto il mondo grazie a una rete di rivenditori che sono a loro volta campioni della vela e che quindi controllano sul posto, durante le gare, la qualità del prodotto. La finestra di eccellenza di ogni singolo pezzo è però breve, perché l'evoluzione tecnologica fa sì che gli alberi hi-tech invecchino molto presto: interrompere la ricerca per un anno significherebbe finire fuori mercato. Per questo il ciclo di lavorazione si fonde con quello della sperimentazione e del continuo affinamento, creando un processo in cui è difficile stabilire il confine tra ricerca e produzione.

Si parte da pali alti 10 metri e 20 centimetri in una lega molto resistente di alluminio e si va avanti lavorandoli millimetro dopo millimetro, in modo da farli somigliare a una canna da pesca: più grossi e robusti alla base, sottili e flessibili in alto. È un processo fatto per il 90 per cento a mano e sintetizzato in due paginette di presentazione scritte in un inglese talmente tecnico che anche gli inglesi faticano a capirlo. In sostanza è tutto un saldare, sagomare, limare, avvitare, finché il perno, che costituisce l'anima della barca, non diventa abbastanza morbido da assecondare il vento e abbastanza duro da governarlo.

Questa, comunque, è solo la ricetta base. Come tutti i grandi chef, Tagliaferri adatta le formule alle esigenze specifiche di ogni cliente, al modello di scafo, alle vele utilizzate, allo stile e ai gusti dello skipper. I regolamenti di questo genere di gare sono ferrei, dettagliati, e riguardano sia i materiali sia le misure (ogni particolare deve essere stato approvato da una delle federazioni di cui le barche fanno parte), ma c'è sempre un margine di manovra consentito all'interno del quale si gioca la battaglia per creare il prodotto vincente.

«Si possono fare mille progetti con mille variabili impostate a tavolino, usando software spettacolari, ma poi, mettendo la barca in acqua, le cose cambiano: c'è sempre un imprevisto, per cui alla fine quello che conta sono l'esperienza e le prove», aggiunge Tagliaferri. «Proprio di recente un progettista di altissimo livello aveva disegnato una barca della categoria "star", ci aveva studiato sopra per anni, utilizzando i migliori sistemi di calcolo, e aveva presentato il suo prototipo come la barca più veloce del mondo. Una volta calata in acqua, si è scoperto che non funzionava: i calcoli erano esatti, ma per andare in mare non bastano i calcoli, ci vuole pratica. Noi, prima di metterli in commercio, facciamo testare i prodotti ai clienti, così, se c'è qualche particolare che non va, ci avvisano e possiamo correggere il difetto in corsa. Anche perché, per stare su questo livello di competizione, i prodotti devono essere estremamente personalizzati: bisogna tener conto del peso dell'atleta, dell'andatura che preferisce, del tipo di vento con cui ottiene le prestazioni migliori. Per questo, i grandi campioni vengono qui spesso. Stanno una settimana, provano, misurano, calcolano, escono sul lago di Como per collaudare le varie soluzioni, tornano per discutere i risultati. E il giorno dopo si ricomincia, provando l'attrezzatura modificata: il circuito non si interrompe mai, perché il vero professionista occupa tutti i quattro anni d'intervallo tra un'olimpiade e l'altra per prepararsi, e ogni anno cambia la barca e tutta l'attrezzatura per continuare a progredire.»

È una corsa a ostacoli continua fra tecnologia d'avanguardia e approcci molto antichi e non ancora sconfitti. Ad esempio le barche, oltre a essere perfette, non devono avere niente di verde perché questo colore ricorda le alghe, che durante la navigazione non portano bene.

Lo stile Emmeti, invece, ha portato bene a Mandello del Lario. Il modello della piccola, anzi piccolissima azienda, che lotta con successo sul palcoscenico mondiale è stato lo stimolo per far nascere una struttura piuttosto anomala: un «distretto della località», cioè un accorpamento tra artigiani e piccole imprese in cui l'intesa nasce perché si condivide non lo stesso tipo di produzione ma lo stesso territorio. È un'idea che sfrutta le caratteristiche del paese: la presenza degli stabilimenti della Moto Guzzi ha creato un indotto piuttosto consistente di piccole aziende meccaniche, e le sorti travagliate dell'industria madre hanno incoraggiato la flessibilità e la fantasia, doti preziose per sopravvivere in tempi difficili.

È nato così il Consorzio lariano, fondato da Tagliaferri e da altri 14 artigiani e imprenditori decisi a unirsi per fare massa. Adesso gli associati sono già diventati 80, raggruppano i mestieri più diversi ma condividono gli stessi vantaggi, che ormai risultano evidenti. «Ci presentiamo come blocco alle trattative con i vari fornitori, dal gas ai metalli, e spuntiamo prezzi che altrimenti sarebbero impossibili», spiega Tagliaferri. «Ha funzionato perfino con le banche; abbiamo bussato a dieci sportelli chiedendo le condizioni che ritenevamo adeguate. Ci hanno detto di sì solo in due, e noi abbiamo tutti aperto il conto in quelle due banche. Esserci associati ci ha permesso di offrire a noi stessi e ai nostri dipendenti corsi d'inglese e d'informatica a prezzi molto vantaggiosi; anche aziende dello stesso settore hanno scoperto che, alleandosi invece di cercare di rubarsi i clienti, riuscivano a conquistare appalti che solo le dimensioni di scala potevano assicurare.» Così a Mandello del Lario, dopo aver capito come si fa a vincere gli ori nella vela, hanno fatto una scoperta ancora più utile: come unire molte piccole imprese per creare una grande industria virtuale.

Il latte etico

Se c'è un'immagine che dà l'idea dell'azienda Granarolo è quella di una barca che va controcorrente. Gli altri puntano sulla finanza, spostano risorse sulle scommesse a breve, interpretano la globalizzazione come indifferenza rispetto all'oggetto delle speculazioni economiche? E loro restano affezionati al prodotto, ancorati alle radici. Gli altri giudicano i manager in base all'andamento dei bilanci dell'ultimo trimestre? E loro valutano le decisioni pensando a cosa succederà nell'arco di una generazione. Sono un po' lenti, demodé, hanno perso qualche battaglia per mancanza di sprint; eppure stanno vincendo la guerra. All'inizio degli anni Novanta erano un'impresa a carattere provinciale; al passaggio del secolo avevano già raggiunto una solida dimensione nazionale e nel 2005 si presentano ulteriormente rafforzati dopo aver comprato la Centrale del latte di Milano e aver allargato il settore yogurt con l'acquisizione della gestione di Yomo. Anche se il consumo di latte non è cresciuto in modo vistoso, l'azienda è passata da un fatturato di 350 miliardi di lire all'inizio degli anni Novanta agli 850 milioni di euro del 2004.

Mentre l'astro veloce della Parmalat, dopo una corsa vorticosa sui binari della finanza internazionale, riportava più di un'ammaccatura nell'impatto con le inchieste giudiziarie, la Granarolo, andando avanti con il suo passo da montagna, ha continuato a mietere traguardi: il ruolo di marca leader nel mercato italiano del latte fresco e dei prodotti lattiero-caseari biologici industriali; il primato nella produzione di yogurt in Italia; 35 certificazioni sul fronte della qualità, dell'etica e dell'impegno ambientale. Cosa ha spinto l'azienda a restare attaccata al prodotto nel momento in cui sembrava che la finanza fosse tutto e la merce niente? Esiste un nesso con il fatto che alla base del gruppo c'è una cooperativa?

«Il nesso c'è, perché noi siamo un'impresa che è proprietà del mondo agricolo», risponde il presidente di Granarolo, Luciano Sita. «I nostri padroni-soci sono contadini che tutte le mattine si alzano alle 5 per mungere; il loro guadagno dipende da come alimentano le mucche, da come le trattano, da come curano l'igiene. Sono questi gli elementi che determinano le caratteristiche del latte che vendiamo. Per noi la qualità è tutto e perciò vogliamo che sia certificata e difesa di fronte ai tentativi di abbassarla utilizzando un processo industriale troppo spinto. Ad esempio, ci siamo battuti contro la tecnologia della microfiltrazione perché spostava dalla stalla alla fabbrica la cura del prodotto, allungandone così la vita. Ma è proprio la freschezza il distintivo del latte e non si fa qualità "depurando" meccanicamente la materia prima. La pastorizzazione è preferibile perchè, attraverso un trattamento termico blando, assicura al latte una vita di sei giorni e preserva le caratteristiche intrinseche di un alimento carico anche di valori simbolici.»

Alla microfiltrazione, bollata come una «scorciatoia industriale per far diventare buono un latte che potrebbe non esserlo», Granarolo contrappone la politica di valorizzazione di tutta la filiera, certificata dal momento dell'alimentazione delle mucche fino all'arrivo del prodotto nel negozio. C'è un'attenzione quasi maniacale alla qualità della materia prima che comporta un esame continuo per tutti i soci della cooperativa attraverso un sistema di valutazione basato su quattro parametri; chi dà il latte migliore viene premiato, chi scende sotto la media viene sanzionato.

«In Italia, per via delle quote di produzione assegnate

a ogni paese europeo, siamo strutturalmente deficitari: produciamo meno di quello che consumiamo e dunque corriamo il rischio di venire sommersi da un latte espressione di una cultura in cui si presta più attenzione ai processi industriali che a quelli dell'allevamento», continua Sita. «Oltretutto, a causa del tetto europeo di produzione, in Italia dobbiamo frenare continuamente e in queste condizioni è difficile investire in innovazione facendo scendere i prezzi; l'unica strada percorribile è quella della qualità. Dobbiamo dare valore ai nostri prodotti tipici, come gli svizzeri e i francesi fanno da tempo: investire sull'ambiente, sulla qualità e sui valori immateriali è un elemento di strategia d'impresa che dà ritorni nel tempo. Certo, prima questi risultati arrivano e meglio è ma, se un'azienda viene misurata solo nel breve periodo, si ottiene un giudizio poco indicativo, si fotografa un momento particolare che può non essere significativo rispetto all'evoluzione nel corso degli anni. È un'aberrazione del mercato finanziario, che invece avrebbe tutto l'interesse ad adottare parametri più prudenti perché un'azienda che, nel medio periodo, esprime comportamenti coerenti dà sicurezza proprio in termini finanziari: se l'ambiente non è preservato e la gente vive in condizioni di marginalità, mancano le premesse per lo sviluppo dell'impresa.»

Granarolo si porta dietro questo Dna imprenditoriale dalla nascita, avvenuta in modo piuttosto avventuroso. Il Cbpl-Granarolo si forma nel 1957, e già il nome la dice lunga. Cbpl sta per Consorzio bolognese produttori latte e fotografa il travaglio del «parto imprenditoriale»: il primo obiettivo era la creazione di una centrale del latte di Bologna, ma in piena guerra fredda il governo democristiano bloccò l'operazione, paventando la nascita di un nuovo centro di potere nella temibile Bologna rossa. L'ostacolo fu aggirato formando una cooperativa di produttori, un soggetto economico dal meccanismo decisionale più lento, dai finanziamenti più fragili e dalla gestione appesantita dal doppio impegno sul fronte della solidarietà sociale e su quello dell'economia. Eppure il nuovo arrivato, guidato da un gruppo dirigente formato da autodidatti senza esperienza d'impresa, si è fatto subito strada conquistando, già negli anni Sessanta, la piazza bolognese grazie a una strategia mirata alla competizione sulla qualità anziché sul prezzo e a una concezione del marketing molto originale. La G rossa del logo Granarolo cominciò a essere conosciuta e apprezzata davanti alle fabbriche occupate, dove l'azienda distribuiva il latte ai lavoratori in sciopero: era la strategia soprannominata dal direttore Franco Migliori «fare marketing con la simpatia della gente».

Durante l'era pionieristica in cui faceva da volante del latte, la Granarolo fu al centro di un altro scontro sociale nelle campagne emiliane: il contrasto tra i mezzadri che avevano partecipato alla nascita della cooperativa e i proprietari terrieri che, per motivi economici ma soprattutto per mantenere intatti gli equilibri di potere all'interno del mondo rurale, volevano trattare la vendita del latte solo con le aziende di raccolta private. Dopo numerosi ricorsi ed esposti, i camion della Granarolo vennero bloccati dalla polizia; la partita sembrava chiusa, ma i soci della cooperativa inventarono una via d'uscita per forzare il blocco in modo pacifico: organizzarono le consegne in bicicletta. Nell'archivio aziendale sono conservate centinaia di foto che raccontano la storia di queste sfide in cui si partiva in gruppo, in equilibrio su due ruote, con il bidone del latte sulla canna, alto quanto la bici. Chi non andava in bicicletta improvvisava comizi e distribuiva volantini per spiegare come l'azienda proteggeva la qualità del latte e come si dovevano fare i controlli. E i nuovi clienti venivano invitati in fabbrica a verificare di persona.

Già allora, nel segno del tempo e del luogo, la Granarolo aveva trasformato la produzione industriale in un evento, in un messaggio da comunicare. L'azienda si esibiva ed esibiva: da un lato mostrava i propri processi produttivi come garanzia di qualità, dall'altro sfoggiava le visite delle scolaresche e dell'astronauta sovietica Valentina Tereskova come testimonianza di un'identità culturale e politica. Questo percorso, che oggi chiameremmo di marketing sociale e che all'epoca era vissuto come militanza, aveva creato un flusso di informazioni che viaggiava in una doppia direzione: dalla fabbrica verso l'esterno, attirando attenzione e consenso, e dall'esterno verso la fabbrica, affinando la promozione con l'ascolto delle opinioni dei clienti.

Era l'intuizione dell'importanza del rapporto profondo, emotivo, con il consumatore soprattutto nel settore del latte, dove il gioco di rimandi dell'immaginario porta lontano. Tanto lontano da coinvolgere il campione delle fantasie legate all'accoppiata seno-latte: Federico Fellini, che nel 1962 si cimentò in un'opera brevissima, il «mezzo film» *Otto e mezzo*, in cui faceva cantare ossessivamente ad Anita Ekberg una canzoncina ritmata dal motivetto «Bevete più latte, il latte fa bene», fino a far precipitare in uno stato di leggera follia il personaggio interpretato da Peppino De Filippo. «L'idea stessa di far pubblicità al latte appariva surreale, grottesca, come tutto il tono del film; che il latte faccia bene si sapeva, e non c'era bisogno di ricordarlo; ma pretendere di farlo bere anche agli adulti...», notano Maria Teresa Di Marco e Peppino Ortoleva, nel volume sulla Granarolo pubblicato dal Mulino. «È significativo inoltre che Fellini non abbia neppure pensato alla pubblicità di una marca, magari dal nome grottesco come tutto il film; con pochissime eccezioni il latte, per gli italiani, era il latte; non aveva un marchio né un nome.» Le cooperative bolognesi riescono a creare questo spazio che non esisteva; il latte esce dall'ovvietà del consumo e dall'anonimato della produzione per diventare un tema attorno al quale si costruisce una battaglia sull'identità e sulla qualità. Un percorso simile a quello compiuto con successo dalla Galbani – che, attraverso gli sketch di Carosello e testimonial come Giorgio Gaber e Ugo Tognazzi, ha fissato nella memoria di milioni di italiani il ritornello «Galbani vuol dire fiducia» – ma condotto con tecniche di promozione più economiche, mirate e innovative.

Passa poco più di un decennio e la Granarolo gioca ancora d'anticipo, questa volta sul fronte della politica. Nel 1972, alla vigilia della proposta berlingueriana del compromesso storico, la grande intesa viene siglata a Bologna con la fusione delle cooperative rosse del latte e di quelle bianche Felsinea. «Qui avete realizzato l'unione nazionale», commenta nel 1979 Sandro Pertini, visitando, in veste di presidente della Repubblica, gli stabilimenti. L'accordo è una decisione carica di significato politico, ma risponde soprattutto a una logica di mercato: concentrare forze produttive di diversa formazione, ma simili per composizione sociale e per radicamento nel territorio.

La mossa funziona e l'azienda cresce. Prima si moltiplicano gli stabilimenti in Emilia Romagna e s'investe nei sistemi di refrigerazione, sistemando 3450 celle frigorifere vicino alle stalle dei singoli produttori; poi s'incorporano altre piccole cooperative. Qualche acquisizione importante, come quella dell'Ala-Zignago dei conti Marzotto, però fallisce perché le trattative interne sono estenuanti e i tempi di gestione dell'operazione (dal 1978 al 1984) si fanno tanto lunghi da far sfumare l'affare. La necessità di bilanciare le varie componenti dell'azienda (all'epoca si chiamava Cerpl-Granarolo, cioè Consorzio emiliano romagnolo produttori latte) e una certa rigidità manageriale rallentano la crescita, ma non la bloccano: a metà degli anni Ottanta la Granarolo è pur sempre la seconda impresa nel settore del latte fresco e la diciottesima nel comparto alimentare.

Gli anni Novanta sono segnati da una pesante campagna acquisti delle multinazionali sul mercato alimentare italiano: Unilever, Nestlè, Danone, Philip Morris sbarcano in forze a «fare la spesa». La Granarolo accusa il colpo, anche perché una nuova acquisizione, quella della Giglio, fallisce a causa di problemi di liquidità, acuiti dalla fuoriuscita di alcune cooperative. È una doccia fredda che fa scattare la reazione: l'organico viene snellito e il gruppo ristrutturato in modo da poter competere in un mercato in cui non c'è più posto per aziende di medie dimensioni. La Granarolo Spa (la semplificazione del nome e il progetto della quotazione in Borsa segnalano la volontà di presentarsi con maggiore dinamismo) è ormai pronta ad accelerare la crescita, che resta però concentrata sul *core business*: il latte e i suoi derivati.

Questo radicamento a un prodotto legato alla storia del territorio e capace di coinvolgere il cliente in maniera totale è uno degli elementi che spiegano l'impegno solidaristico più che mai vivo nell'azienda, entrata a pieno titolo sul palcoscenico nazionale; la valorizzazione del mondo del volontariato e il decalogo etico sono paletti inviolabili per la Granarolo diventata ormai grande.

«Sono paletti a cui siamo arrivati dopo una lunga discussione sulla mappa dei valori che ha coinvolto, a partire dal 2000, tutti i nostri dipendenti, che oggi sono più di 1900», precisa Sita. «Solo quando abbiamo capito che il processo era maturo e che si era raggiunto un buon livello di consenso abbiamo deciso di presentare il codice etico in una serata di festa, che si è svolta contemporaneamente in cinque città con un collegamento satellitare interattivo tra le varie sedi; due ore di diretta televisiva, con Serena Dandini e Carlo Massarini, riservate ai dipendenti del gruppo.»

Non è stato un coinvolgimento solo formale. Il codice etico è stato elaborato da 15 dipendenti appartenenti a vari livelli e a varie funzioni, e le bozze via via prodotte sono state discusse con la direzione e con esperti esterni all'azienda. Alla fine, dopo due anni di elaborazione, è risultato un pacchetto composto da: sei principi etici (trasparenza, equità, correttezza, coerenza, eccellenza, cooperazione); norme di relazione da adottare nei confronti di dieci categorie di interlocutori (tra cui dipendenti, clienti, fornitori, banche, organizzazioni non governative, gruppi di opinione); meccanismi di attuazione e controllo che prevedono un «manager e un comitato etico» presieduto da un garante esterno all'azienda.

Accanto alla democrazia dei processi decisionali, la responsabilità sociale, filtrata dalla cultura della solidarietà d'impronta emiliana, si traduce in un aiuto concreto a favore di associazioni non governative. L'azienda ha deciso di contribuire al sostegno del volontariato in misura uguale a quella dei suoi dipendenti: per ogni euro versato da un dipendente a favore di una Onlus (Organizzazione non lucrativa di utilità sociale) l'azienda ne aggiunge un altro. Per non disperdere le risorse finanziando in maniera insufficiente un numero troppo alto di progetti, nel 2004 è stato deciso, con un referendum aziendale, di scegliere due associazioni da adottare a partire dal 2005: Medici senza frontiere e l'Airc, l'associazione che promuove la ricerca sul cancro. Inoltre quattro sigle no profit, selezionate da un comitato esterno tra quelle segnalate dai dipendenti, si divideranno 50 mila euro messi a disposizione dall'azienda per quattro progetti (due nel nord Italia e due nel sud).

La Granarolo, che nel 2003 è stata la prima azienda agroalimentare italiana ad aver ottenuto la certificazione etica, è anche impegnata in progetti di solidarietà all'estero. Uno è lo sviluppo in Tanzania di un caseificio che assicurerà la produzione di latte e formaggio in una delle zone più depresse del pianeta e che aiuterà a fornire alimento ai neonati figli di madri sieropositive, evitando loro il rischio di contrarre la malattia durante l'allattamento. Un altro progetto, nel Rio Grande do Sul, in Brasile, prevede la formazione di un'impresa cooperativa che coinvolge 4 mila contadini. Per il complesso delle azioni di solidarietà è previsto lo stanziamento di un milione e mezzo di euro.

A completare il pacchetto di un programma di impegni sociali che sembra quello di un partito ci sono altri due elementi. Il primo è l'attenzione alla contabilità ambientale. Dal 1998 l'azienda ha cominciato a inserire all'interno del rapporto annuale il bilancio sociale e quello ambientale; dal 2001 queste elaborazioni sono state unificate, arrivando a un vero e proprio bilancio di sostenibilità, lo strumento attraverso il quale si calcola la creazione di valore non dal punto di vista degli azionisti ma da quello dei cosiddetti *stakeholders*, cioè i dipendenti, i clienti, i fornitori, le banche, i consumatori, la società. Questo *annual report* viene stampato su una carta ottenuta dal riciclo delle confezioni di latte in tetrapak e distribuito a tutti i dipendenti, ai fornitori, ai rappresentanti delle istituzioni. Nel 2002 l'*annual report* della Granarolo, ancora sperimentale perché in Europa si sta lavorando alla definizione di una metodologia comune, ha avuto la menzione d'onore, per il settore sostenibilità, nell'ambito dell'Oscar di bilancio organizzato dalla Ferpi (Federazione relazione pubbliche italiana).

Il secondo elemento d'innovazione gestionale è una grande macchina di ascolto: i laboratori di Archimede, gruppi di lavoro creativo per la soluzione di problemi e l'elaborazione di proposte. Sono abolite le gerarchie (la parola del centralinista pesa quanto quella del direttore generale) e l'esclusività delle competenze (gli uomini di marketing danno un parere sulla logistica e viceversa), e viene premiato il pensiero positivo: l'«avvocato dell'angelo» (quello «del diavolo» è stato bandito) sollecita il gruppo di lavoro a fare l'inventario degli effetti positivi delle idee espresse da ogni componente. In sei anni di attività i laboratori di Archimede hanno risolto vari problemi e proposto idee già trasformate in realtà, come il Settimo cielo (l'osservatorio permanente sulla soddisfazione del cliente); il Giardino antistress all'interno del caseificio; il *Granarolo landscape*, un pascolo di mucche in vetroresina, enormi e coloratissime, che campeggiano su un profilo di collinette verdi di fronte all'azienda.

Una rete cattura-export

L'isola sembra uscita dalle pagine di un romanzo medioevale. È un cono conficcato in mezzo al lago d'Iseo: niente automobili, qualche bottega, una manciata di ristoranti, pochissimi alberghi perché di turisti che si fermino ce ne sono pochi. Un'immagine agli antipodi dello scenario classico in cui collocare un'industria vincente nell'era della globalizzazione. Eppure a Montisola, 1800 abitanti in Franciacorta, in provincia di Brescia, vengono prodotte le reti che sono state utilizzate in decine di stadi europei e nei mondiali di calcio in Giappone e in Corea. Il 60 per cento del mercato italiano delle reti da calcio, pallavolo, pallacanestro, tennis, pallamano dipende da quest'angolo sperduto d'Italia.

E se si va a scavare nel paradosso, se ne trova un secondo. Il motivo per cui l'Italia tiene validamente testa alla concorrenza asiatica nel settore delle reti sportive va cercato in una tradizione che affonda le radici in strutture di produzione arcaiche, in tecniche di lavorazione documentate a Montisola a partire dal medioevo, quando i pochi abitanti costruivano reti e pescavano per i feudatari della zona. Già allora la più grande isola lacustre d'Europa era una sorta di supermercato del pesce di acqua dolce e le donne erano specializzate nella lavorazione delle reti con cui gli uomini potevano procurarsi l'indispensabile per combattere la fame.

Trainata dal bisogno, la perizia dei montisolani è poi cresciuta fino a fare delle loro reti un oggetto da esportazione. Nel diciassettesimo secolo erano diventati gli artigiani della globalizzazione dell'epoca: fornivano alla Serenissima i materiali da pesca utilizzati in tutto l'Adriatico e nelle acque dell'Egeo. Nel secolo successivo la fama dell'isola come terra di tessitori era ormai consolidata, e nell'Ottocento i montisolani cominciarono ad attivarsi per trovare nuovi sbocchi commerciali, aprendo negozi nelle città vicine. A questo punto Montisola era l'«isola delle reti», una comunità in cui i legami erano cementati dal ciclo di lavorazione della rete e dal suo trasporto, come racconta la ricercatrice Rosarita Colosio: «La rete, legata ad un bastone, si poteva intrecciare mentre, seduti su grossi sassi o muretti, si guardava pascolare gli animali, oppure si portava nei campi una seggiolina, la "scagnina", dove si arrotolavano le nasse, "i barteèi" a due o più inganni, le lavorazioni più facili da trasportare (...). Le reti finite si portavano nei laboratori di Siviano, Peschiera e Carzano, dove si ritirava il filo; le strette mulattiere che collegavano le frazioni di Monte Isola erano così sempre movimentate da carri che trasportavano non solo fieno e letame, ma soprattutto filati e reti finite. Anche i bambini erano un mezzo di trasporto sempre in movimento, carichi di matasse di filo o di reti finite. I frequentissimi scambi di filo-rete avvicinavano sempre di più queste piccole comunità in una specializzazione che era stata e continuava a essere la loro storia, impedendo un isolamento che poteva essere più profondo di quello creato dall'acqua».

Nel 1907 arrivarono i primi telai, e il cambiamento segnò la trasformazione dei laboratori in piccole industrie che finirono per assorbire la maggior parte della mano d'opera dell'isola; nello stesso periodo, dall'altra parte dell'acqua, sulla terraferma, si cominciarono a sviluppare imprese specializzate in lavori di tessitura. Era un'economia articolata, basata su un ciclo di lavorazione completo: si facevano le reti, di cotone, lino o canapa, e in parte si vendevano, in parte si usavano direttamente per le battute di pesca con la «regagna», chiamata anche «bastarda» dalle invocazioni che strappava durante i momenti di fatica. La «bastarda» era una rete a strascico enorme: asciutta pesava quattro quintali e per farla galleggiarc occorrevano centinaia di grossi turaccioli di sughero chiamati «fengole»; era alta una cinquantina di metri e lunga anche più di mezzo chilometro; per muoverla servivano molte barche.

Questo mondo statico e iperspecializzato, fatto di abitudini vecchie di secoli, andò in pezzi alla metà degli anni Cinquanta, quando si affermò il nylon «resistente come l'acciaio e delicato come una ragnatela», che cambiò l'immagine delle donne e l'immaginario degli uomini. Assieme alle calze si trasformarono anche le reti. In pochi anni il settore passò da una lavorazione ancora sostanzialmente artigianale a una completamente meccanizzata, e la concorrenza di paesi come la Corea, la Cina, l'India divenne ben presto imbattibile. L'intera economia di Montisola declinò, anticipando, con la delocalizzazione sulla terraferma, la successiva fuga verso est; finché, alla fine degli anni Settanta, una nuova società, La Rete, comprò una delle fabbriche in abbandono e riuscì a invertire il trend.

«D'inseguire il mercato delle reti da pesca non se ne parlava», racconta Claudio Bonissoni, uno dei tre soci dell'azienda La Rete, che è anche sindaco di Sale Marasino, il paese vicino a Montisola. «Il distacco di prezzo era incolmabile anche perché il processo di fabbricazione di una rete da pesca è complesso: dopo averla costruita, bisogna armarla, cioè sagomarla, disporre i galleggianti e i pesi; è un lavoro in cui il costo della manodopera incide pesantemente; su quel fronte non c'era niente da fare. D'altra parte era anche assurdo arrendersi e consegnare ai musei una tradizione ancora viva: me le ricordo le donne che negli anni Settanta stavano nelle piazze, nei cortili, sull'uscio di casa, a tessere le reti; le corde venivano distribuite per la lavorazione alle mamme, alle bambine, alle zie, alle nonne; era un'economia corale, di paese, che poi restituiva a ognuno il frutto del proprio lavoro. Ma ormai il ricavato era irrisorio. Dovevamo inventare qualcosa che collegasse il passato con il futuro e credo che ci siamo riusciti.»

Questo qualcosa è stato il settore delle reti sportive. Negli anni Settanta la rete da calcio era ancora un prodotto marginale che veniva annodato a mano con una corda grossa anche un centimetro. «Non c'era cura dell'estetica e nemmeno della funzionalità», continua Bonissoni. «Noi abbiamo cominciato a proporre reti diverse: bianche, nere, colorate. E poi abbiamo cambiato la tecnica di base, passando dalla rete a maglia quadra a quella a maglia esagonale, chiamata a nido d'ape. È stato un salto considerevole perché, se usi la maglia quadra, la rete va trascinata da un rullo che la fa passare ben tesa in un forno, in modo che il calore fissi i nodi, e poi bisogna tagliarla e metterla in squadro. La rete a maglia esagonale, invece, viene lavorata come un tessuto: la macchina funziona a trama e ordito, con la corda che si apre e si riunifica di continuo. Oggi potremmo presentare la nostra scelta come una grande intuizione; molti imprenditori tendono a far vedere che tutte le loro strategie sono perfettamente pianificate. La verità è che il caso ci ha dato una mano; avevamo richieste pari al doppio della nostra capacità di produzione e abbiamo scommesso sulla rete esagonale senza nodi. È andata bene. Ormai il modello ha preso piede, ma noi siamo restati da soli sul mercato il tempo sufficiente a farci conoscere; la rete esagonale ha fatto il suo debutto con il nostro marchio in così tanti stadi che siamo associati a questa innovazione.»

Un'innovazione che ha mantenuto forte il legame con il territorio. Partita a Montisola, la produzione è rimasta qui anche quando la convenienza immediata sembrava reclamare la migrazione verso i paesi dell'Est, verso il paradiso dei bassi salari. «Oppure avremmo potuto semplicemente trasferirci sull'altra sponda del lago», aggiunge Fiorello Turla, un altro dei soci. «Sarebbe stato sufficiente un trasloco di pochi chilometri per semplificare i trasporti e guadagnare immediatamente una certa quota di utili. Non l'abbiamo fatto perché avremmo dovuto rinunciare a un patrimonio di esperienza lavorativa che riteniamo prezioso. A Montisola la lavorazione della rete è fatta soprattutto dalle donne, e per molte di loro spostarsi, prendere un traghetto, lasciare i figli, poteva rappresentare un problema. Abbiamo preferito restare legati alle nostre radici sia per motivi affettivi, sia per motivi pratici: rinunciare alla qualità della manodopera significa perdere efficienza.»

Del resto l'azienda ha amministrato con oculatezza il romanticismo delle origini. Da un lato è rimasta ancorata all'isola, e i suoi stessi dirigenti hanno firmato lavori di ricerca e di documentazione fotografica per assicurare la memoria storica del mondo che ruotava attorno alle reti. Dall'altro sono state aperte due società all'estero. La prima operazione, in Nicaragua, è legata all'attività di uno dei tre soci, Elio Agnesi, che partecipava a un progetto di solidarietà nel paese sudamericano. Alla metà degli anni Novanta il rapporto si è trasformato in un'attività industriale. L'esigenza era nata dalla necessità di bilanciare la pressione crescente della concorrenza tedesca, che nel settore delle amache utilizzava il Brasile come fornitore; la società di Montisola rispose avviando uno stabilimento in Nicaragua, una *joint-venture* che, anche grazie a un progetto dell'Unione europea, si è radicata nel territorio dando lavoro a molte famiglie.

La seconda postazione estera è stata aperta in Ungheria e risponde alla classica logica dell'abbattimento dei costi. Con il fiato sul collo della concorrenza asiatica, La Rete decise di diversificare in maniera netta la produzione. Da una parte c'è un mercato per il 70 per cento di fascia alta: un prodotto al vertice delle prestazioni per clienti che hanno bisogno della massima qualità disponibile. Dall'altra un 30 per cento di produzione rivolto a clienti che vogliono una rete funzionale e poco costosa: una scuola, ad esempio, non ha un budget che permette di acquistare il modello perfettamente rifinito, e tutto sommato non ha nemmeno l'esigenza di dotarsi di una rete adatta a un campionato di serie A. Per mantenere questa seconda categoria di acquirenti, insidiata sempre più apertamente dalla concorrenza di paesi come la Cina, è stata decisa una contromossa europea: pur mantenendo la produzione di base a Montisola, è stato aperto uno stabilimento in Ungheria per le rifiniture e i montaggi del mercato di seconda fascia. In questo modo sono stati contenuti i prezzi e sono state mantenute stabili le quote di mercato. Un obiettivo prioritario perché, senza il 30 per cento di fatturato garantito dalla seconda fascia, si rischiava di perdere la massa critica di liquidità necessaria agli investimenti per la crescita, strategia fondamentale per l'espansione.

Nel futuro dell'azienda c'è un'altra scommessa: la rete di sicurezza legata alla normativa che si sta affermando in Europa. La Ue ha deciso, infatti, di aumentare le garanzie in una serie di luoghi di lavoro o di passaggio a rischio (alcuni tipi di industrie, cantieri edili, zone esposte accanto alle funivie e alle seggiovie), imponendo l'uso di barriere protettive efficaci, e le reti rientrano tra le varie soluzioni tecniche. Per misurare il futuro di questa possibilità, l'azienda di Montisola ha fatto consistenti investimenti in modo da dotarsi di un impianto di prove tra i più evoluti in Europa: con 200 mila euro è stata costruita, in collaborazione con il Politecnico di Milano, una struttura d'acciaio con una gru da 7 metri che muove una palla da un quintale, con la quale si simulano i possibili incidenti in vari contesti.

«La nuova linea di prodotti per la sicurezza sui cantieri edili sarà la sfida produttiva e commerciale dei prossimi anni», prevede Bonissoni che, per la competenza acquisita, è stato inserito dal governo italiano nel gruppo di lavoro che in sede europea segue la messa a punto della normativa sulla sicurezza negli impianti sportivi. «L'obiettivo è far affermare un prodotto di qualità anche in un mercato, come quello edilizio, riluttante ad assumere costi per la sicurezza e in cui ogni anno si registra un numero inquietante di incidenti sul lavoro. Purtroppo la legislazione italiana non ha ancora completamente recepito le indicazioni date dalla Commissione europea, e questo non ci aiuta a costruire un sistema produttivo all'altezza della sfida che abbiamo di fronte; comunque il percorso è tracciato e siamo convinti che la nostra scelta sarà premiata, come è avvenuto quando abbiamo fatto il salto di qualità nel settore delle reti sportive.»

Dalla produzione allo spettacolo

C'era una volta un piccolo imprenditore che lavorava a capo chino in un bugigattolo di quaranta metri quadrati. Veniva dalla campagna e aveva chiesto 500 mila lire in prestito a una banca per comprare pochi chili di lana che aveva trasformato in maglioni. Faceva tutto da solo: puliva per terra; confezionava i pacchi per la spedizione; rispondeva al telefono facendo finta di essere il factotum dell'azienda, poi cambiava voce e si trasformava nel proprietario.

La fata turchina non è arrivata ma, come nelle favole, al posto della stanzetta è spuntato un castello medioevale, quello di Solomeo, un borgo di 500 anime appollaiato sulle colline attorno a Perugia; e nel 2003 Brunello Cucinelli è stato incoronato «re del cashmere» dallo speciale *Best of the best* della rivista americana «The Robb Report». In 25 anni di attività il gruppo – Brunello Cucinelli, Rivamonti e Gunex, tre marchi che spaziano dal cashmere alla linea sportiva – è arrivato ad assumere 320 dipendenti, a dare lavoro ad altre 800 persone con l'indotto nei paesi vicini e a fatturare 64 milioni di euro vendendo per due terzi all'estero.

Se gli si chiede come ha fatto, Cucinelli risponde citando la massima di Dostoevskij che apre il suo sito web: «Il bello ci salverà». Poi mostra gli affreschi del Trecento che incorniciano le pareti del suo studio, il camino in pietra scolpita della camera in cui ha dormito Leone XIII quando era vescovo di Perugia, il labirinto di stanze dove travi secolari dominano i tavoli luminosi su cui poggiano grappoli di cashmere scelti e lavorati da ospiti che sembrano quasi fuori posto, come se un padrone di casa un po' bizzarro avesse deciso di allestire per gioco un atelier.

«Sono tutte casette autonome, basterebbe togliere i banchi di lavoro per abitarci», sussurra Cucinelli, che ripete di essere solo il custode del castello e si comporta di conseguenza, camminando in punta di piedi, come se non volesse disturbare lo spirito del luogo spesso citato nelle sue lunghe chiacchierate. «Un giorno, quando l'azienda non ci sarà più, torneranno a essere case. Ecco, basta togliere le applique al neon e utilizzare le luci tradizionali qui accanto, e diventano vere e proprie case, ognuna con il suo bagno, in funzione e perfettamente attrezzato. Che senso avrebbe avuto cancellare la vocazione di un luogo che ha visto scorrere decine di generazioni, lasciando per sempre i segni di una fabbrica che è destinata a passare come tutte le cose del mondo?»

Mentre parla, con il passo fluido che tradisce tanta piscina e tanta determinazione, Cucinelli sale e scende su scalette strette, in mezzo a passaggi che portano da un piano all'altro, da un atelier all'altro, perché quasi tutto l'incastellamento – una piccola rocca medioevale circondata da un grappolo di casette – è stato trasformato in fabbrica. Dalle finestre si vede il classico paesaggio umbro e dalla strada la gente che lavora; le macchine sono tenute a distanza, occultate per non turbare lo spettacolo, la rappresentazione del lavoro in stile rinascimentale. Cucinelli può permettersi di curare contemporaneamente l'estetica e la funzionalità dello scenario complessivo perché buona parte del borgo appartiene alla sua azienda, che ha investito 25 milioni di euro nell'acquisto e nel recupero architettonico del paese.

L'uomo che ha colorato il cashmere è arrivato a Solomeo alla fine degli anni Settanta seguendo una donna, Federica Benda, che poi diventerà sua moglie. Federica aveva in paese un negozio di abbigliamento e Brunello l'accompagnava nei giri di approvvigionamento di lane e tessuti, s'incuriosiva, osservava i tagli, analizzava i gusti, studiava i prezzi; questa è terra in cui l'arte della confezione ha radici antiche e all'epoca Perugia, con 20 mila addetti, era ancora una delle capitali della maglieria: non c'era scantinato senza una macchina per tessere.

Un'occhiata ai negozi, un'occhiata ai libri d'economia che parlano di «cultura del cliente» e di qualità estrema, alla fine scatta la voglia di provare. Bussa alla porta di un direttore di banca che conosce e ottiene 500 mila lire con cui si fa confezionare cinque maglie, di cui una di cashmere, per il suo campionario. Poche, troppo poche per tentare anche un semplice esperimento di vendita: bisogna arrivare almeno a un centinaio. Per fortuna a Cucinelli la fantasia non manca. Inventa una lunga lista di clienti affidabili, già collaudati da tempo, tutte persone note per pagare pronta cassa. I fornitori gli credono e gli consegnano i materiali da lavorare. Il futuro «mago del cachemire» produce i maglioni che ha inventato, li porta fino in Trentino Alto Adige, dove aveva letto che c'era la più bassa percentuale di pagamenti non rispettati, e trova il primo cliente, Albert Franz (la figlia è ancora oggi tra gli *aficionados* della ditta). Qualche altro volontario si aggrega al gruppo dei primi acquirenti. Comprano, pagano e l'avventura comincia.

Per sei, sette anni le richieste aumentano, ma le strutture non esistono ed è difficile convincere i clienti a comprare la merce prodotta da una sola persona, a fidarsi di un'azienda tessile individuale. E allora Cucinelli, che aveva passato l'adolescenza a organizzare scherzi ai compagni di classe e ancora oggi non ha perso l'abitudine, costruisce con fantasia salgariana un mondo inesistente. Inventa un gruppo di lavoro affiatato – settantadue dipendenti di cui vanta le capacità e la voglia di lavorare – e capitali di famiglia che possono garantire il rischio d'impresa.

Quella ditta non esisteva, ma i maglioni sì. E piacevano, perché lui aveva creato un genere. «Quando cominciai a incassare con regolarità avrei potuto puntare a costruire un'azienda come tante di quelle che vedevo attorno a me», racconta. «Ma non era divertente. Io volevo un'azienda unica, speciale, e m'innamorai del cashmere, questo prodotto straordinario che si ricava da una piccola area di pelo morbidissimo proprio sotto la gola della capra. Vedevo che i maglioni di cachemire seducevano le donne: li rubavano dagli armadi dei mariti, dei fratelli, e li indossavano trasformandoli in tuniche morbide, avvolgenti, calde. Allora ho pensato: perché non dare un corpo a questo sogno, perché non creare qualcosa di speciale per loro? E perché restare nel chiuso, maschile e convenzionale, dei colori pastello, della moderazione cromatica classica? In giro c'erano i maglioni di Benetton, c'erano esplosioni di colore, di vita, ma i due mondi viaggiavano separati. Io ho voluto fonderli, mettere assieme la morbidezza e l'arcobaleno. Non più solo beige e marrone, ma rosa pallido, grigio mélange, azzurro, arancio.»

Lo stile Cucinelli dilaga prima in Germania e in Italia, poi un po' ovunque. Gli incassi salgono rapidamente e, nel 1985, l'uomo del cashmere si guarda attorno cercando uno spazio per la sua crescita. L'occhio cade sul già visto, sulla collina di Solomeo. Ma adesso le casse aziendali non sono più vuote e la prospettiva cambia: il declino del borgo, la lenta emorragia di vita che abbandona le radici antiche per correre verso il mucchio informe delle periferie, non è più un dato irreversibile; qualcosa si può fare. Cucinelli comincia a comprare; a mano a mano che incassa investe non solo nell'azienda ma nel paese che considera parte integrante dell'operazione che ha in mente.

I pezzi s'incastrano uno alla volta nel puzzle della rinascita: la biblioteca, la chiesa, la piazza, le casette, la grande villa secentesca, il castello. Va avanti così per 20 anni, finché il successo diventa pieno, il marchio forte e consolidato. Potrebbe fermarsi qui, all'azienda che si è estesa fino a far coincidere il suo territorio con quello del borgo medioevale. Sarebbe già un caso praticamente unico. Ma può sopravvivere un luogo senza il paesaggio che lo circonda? E può sopravvivere un'azienda senza il luogo che la accoglie? Proprio sotto le mura è in progetto la costruzione di 50 mini appartamenti: tutto in regola, bolli, piano di sviluppo, permessi. Non c'è niente di scandaloso, è la normalità della crescita come l'abbiamo sperimentata dal dopoguerra: se il benessere non arriva, i vecchi paesi si spopolano e muoiono; in caso contrario, vengono inglobati da una bolla di cemento e asfalto.

Ma Cucinelli non ci sta. Compra il terreno con tutte le licenze, le straccia e mette subito al lavoro le ruspe per realizzare un progetto alternativo. «Io non possiedo ville al mare né barche. Ho investito tutto qui, nel paese in cui è nata mia moglie, proprio in una di quelle casette che abbiamo risistemato. Ma un paese non vive di sola azienda, ha bisogno di punti d'incontro e di cultura: al posto dei mini appartamenti faremo un teatro da 240 posti, un piccolo ippodromo racchiuso da un giro di platani, il giardino dei filosofi dedicato al passeggio e alla discussione, un bosco sacro con gli olivi già grandi che stiamo piantando», spiega Cucinelli, che è anche presidente del Teatro stabile dell'Umbria, mostrando il futuro di un progetto che continua a sorprendere e a far discutere come il personaggio che l'ha ideato. Qualcuno l'ha definito naïf per il classicismo esibito fino all'ostentazione; per Michele Serra è un imprenditore sovversivo perché «ammette il bisogno della bellezza tra quelli primari». Di certo è uno che sa fare business.

Cucinelli ha preso un paese che stava morendo, lo ha fatto rinascere curando il progetto fin nel dettaglio della morbidezza dell'illuminazione e della discrezione dei cassonetti per i rifiuti, e lo ha inglobato nell'immagine della «fabbrica umanista». Il risultato è che il suo marchio ha acquistato forza e il paese è rinato. Trent'anni fa la gente scappava da Solomeo; oggi abitare in questo borgo medioevale a 15 minuti da Perugia è un lusso. Come lo sono i maglioni di cashmere che arrivano a superare i 500 euro; contenitore e contenuto coincidono e in questo sta un elemento di autenticità che accomuna le nuove case-laboratorio e le antiche botteghe artigiane.

Nelle scelte dell'azienda di Solomeo è impossibile distinguere il bello dall'utile, il Cucinelli imprenditore dal Cucinelli filantropo, perché ogni regalo è in realtà un investimento, ogni donazione ha un ritorno. Certo, nell'immediato l'impresa potrebbe vivere senza la mensa, che sembra un ristorante di lusso con la plastica bandita, il miglior vino di zona in tavola, le grandi volte cinquecentesche e le colline dietro le finestre panoramiche. O senza i corsi di aggiornamento culturale che saranno a disposizione dei dipendenti nell'accademia in allestimento. «Ma non avremmo futuro», continua Cucinelli. «Per essere creativi, veramente creativi, bisogna sviluppare un gusto estetico che deve essere stimolato dalla bellezza dell'ambiente. Perché è vero che Kafka scriveva nei sottoscala e s'ispirava nei luoghi più cupi; si può essere geniali ovunque. Ma io non ho bisogno di eccezioni, ho bisogno di 320 anime pensanti che diano tutte il meglio del meglio. E quindi devono lavorare nelle migliori condizioni possibili.»

Per questo l'organizzazione della fabbrica-castello ha le stesse caratteristiche del cashmere: morbida e resistente. Da una parte ci sono le paghe del 20 per cento più alte della media italiana del settore; la produzione che la cornice trasforma in spettacolo, con i pullman che scaricano giapponesi e americani a fotografare l'estro del genio italico; il tu universalizzato e l'abitudine a chiamare tutti per nome; l'autogestione degli spazi, con le chiavi degli appartamenti-laboratorio consegnate direttamente agli operai e il divieto di lavorare dopo le 18 «per poter avere il tempo di stare con la famiglia o con gli amici». Dall'altra, una programmazione ferrea dei tempi e della qualità, che ha valso a Cucinelli il soprannome di «tedesco».

Del resto senza metodo non sarebbe stato possibile costruire dal niente un piccolo impero che per l'Università Bocconi di Milano è diventato un caso di studio. E questo metodo ha una provenienza originale come il prodotto che fornisce. Cucinelli ama citare i classici di cui ha riempito la biblioteca: la regola del rigore benedettino, il senso della misura di Seneca, la passione di San Francesco. Ma l'occhio gli s'illumina veramente quando parla del bar. «Mister cashmere» viene da una famiglia contadina («Quando, per darmi un tono, ho detto a mio padre che mi mettevo a fare pullover, non ha capito perché qui da noi si dice maglie e mi ha detto: "Non so cosa sono, ma che Dio ti aiuti"»), si è trasferito a Perugia a 16 anni e dopo il diploma da geometra si è iscritto a Ingegneria per hobby. La sua formazione vera – racconta – è avvenuta ai tavolini del bar: «Il bar è stata la mia palestra di vita, s'incontravano tutti e s'imparava la competizione. È lì che ho scoperto che per avere successo ci vogliono fantasia e intuito».

Fantasia e intuito restano una costante nel percorso di Cucinelli, dal debutto sul mercato tedesco, conquistato abbinando l'innovazione creativa alla precisione delle consegne, all'affermazione nel mercato americano, sedotto con la consegna della merce già sdoganata, una cortesia che aumentava l'appetibilità dell'offerta. Oggi però la formula è sottoposta alla prova più severa: la competizione nel nuovo mercato che si apre con l'ingresso dei colossi asiatici. Finora, mentre altre fabbriche tessili dell'Umbria chiudevano o delocalizzavano, il gruppo Cucinelli è cresciuto; cosa succederà quando la pressione delle merci cinesi arriverà al cashmere?

«Io vedo un futuro positivo, siamo all'alba di un nuovo riassetto industriale, forse più importante di quello della fine dell'Ottocento», risponde Cucinelli. «Si sta ridisegnando la mappa del lavoro in base alle nuove distanze. Quando ho cominciato a vendere mi mettevo su un pulmino e impiegavo 9 ore per arrivare a Bolzano. Oggi, con poche ore in più, le merci, ma anche i lavoratori, arrivano dall'Asia all'Europa. Io penso che non c'è da avere paura né delle une né degli altri. Tutti i miei zii sono andati a cercar lavoro in Svizzera e in Belgio, dovremmo ora essere noi a preoccuparci se arrivano gli extracomunitari?»

Per le merci è un po' più difficile, perché mezzo secolo di industrializzazione basata sulla corsa verso l'abbassamento dei prezzi viene messo in crisi da un concorrente che in questo campo è imbattibile. Dopo due secoli di dominio commerciale dell'occidente, per la prima volta si profila un mercato asiatico guidato dalla Cina e dall'India che, per dimensioni, capacità e velocità di crescita, compete per la supremazia globale.

«Può essere un rischio, ma anche un'opportunità», ribatte Cucinelli. «Io vado spesso in Mongolia, perché lì compriamo il cashmere, e vedo che l'aereo è pieno di italiani che viaggiano in economica; non sono dirigenti, ma lavoratori qualificati che trovano spazio in quel mercato. E sono convinto che anche le nostre merci potranno ritagliarsi quote crescenti a patto di investire sulla qualità. Come gruppo vendiamo il 93 per cento dei nostri prodotti sui vecchi mercati, cioè nei paesi industrializzati. Ma il 7 per cento che viene collocato sui nuovi mercati è in crescita: in Russia raddoppia ogni anno e anche in Cina abbiamo messo un piede. Nel giro di 3 o 4 anni possiamo passare dal 7 al 15 per cento. Però ce la possiamo fare solo con un impegno straordinario e questo impegno non può che essere collettivo. Quando in azienda ho colto degli umori preoccupati, perché attorno a noi erano in tanti a smantellare le fabbriche, ho convocato tutti e ho detto che io non mi muovevo, ma che per restare e vincere occorrevano 320 persone che fossero le più creative, le più speciali, le più uniche. Per reggere la competizione oggi bisogna andare oltre la qualità: dobbiamo dare l'eccellenza.»

Una spina per le città

Viaggiano contro senso. Sono tra i pochi ad aver chiuso un impianto nell'Europa dell'est per trasferirlo in Italia. Serrande giù a Budapest per aprire a Monte Sant'Angelo, nel polo industriale di Manfredonia, a due ore di macchina dalla sede principale del gruppo Faam, arroccata in un paesino che solo gli appassionati conoscono: Monterubbiano, in provincia di Fermo, un borgo d'impronta medioevale con le vie un po' più larghe del consueto, costruite a misura dei carri che, nell'epoca dei comuni nascenti, venivano qui a smistare le merci per tutto l'alto Piceno.

Faam sta per Fabbrica accumulatori e autoveicoli di Monterubbiano, costruisce batterie e veicoli elettrici ma, invece di andare dove ci sono traffico e movimento, li evita, invece di aprire gli stabilimenti guardando al costo del lavoro, sceglie le sedi produttive con lo spirito di una pro loco che propone un tour nell'Italia minore. Conviene davvero? «Nel 1974, quando abbiamo deciso di costruire lo stabilimento a Monterubbiano, ci hanno preso per pazzi perché non volevamo sentir ragioni, non ne volevamo sapere di scendere appena più a sud», racconta Federico Vitali, fondatore e presidente della Faam, un industriale con piglio da comizio e orgoglio delle proprie radici. «Ci ripetevano tutti i giorni che bastava uno spostamento di quindici chilometri per entrare nell'area della Cassa per il Mezzogiorno, ma noi abbiamo rinunciato a quei finanziamenti pur di restare sul nostro territorio. Capisco che per qualcuno un comportamento del genere sia da matti. Ma Monterubbiano è un paese bellissimo, che è stato abitato fin dal paleolitico e conserva l'unico forte di Francesco Sforza ancora in piedi; un posto del genere non può morire. Eppure stava morendo, era crollato da 5 mila a 2 mila abitanti, perché per lavorare bisognava andare o 15 chilometri a nord, nel polo calzaturiero, o 15 chilometri a sud, entro i confini della Cassa per il Mezzogiorno. Costruire uno stabilimento produttivo a Monterubbiano significava dare una possibilità ai suoi abitanti, spezzare la corda che stava strangolando il paese. E infatti oggi qualcuno è tornato, qualcuno è arrivato, la popolazione è cresciuta del 25 per cento. Quest'inversione dell'andamento demografico ha più di una ragione, ma noi abbiamo dato un buon contributo quando ci siamo detti "saremo capaci di fare un'impresa qui", nel posto in cui siamo nati. Abbiamo aiutato Monterubbiano, ma anche Monterubbiano ci ha aiutato perché non abbiamo assunto 88 salariati interessati solo ad arrivare alla busta paga di fine mese, ma 88 persone che hanno partecipato a pieno titolo alla scommessa Faam, 88 ragazzi formati a nostre spese, che ci hanno ripagato con una motivazione e una volontà di fare senza la quale non saremmo arrivati dove siamo oggi.»

In effetti, per essere un'azienda partita con un orizzonte locale, la Faam ha fatto molta strada. È leader europeo per i veicoli commerciali elettrici. Il fatturato 2004 è stato di 33 milioni di euro e quello atteso per il 2005 arriva a 40. Dal 1999 ha ottenuto la certificazione Iso 14001, ed è stata la prima azienda in Europa ad avere la certificazione Emas nel settore degli accumulatori. Vende macchine elettriche a Parigi, Barcellona, Helsinki, Zurigo e ha creato una *joint-venture* in Cina.

Oltretutto la crescita dell'azienda è avvenuta in un settore che ha deluso le grandi attese degli anni Ottanta. Era l'epoca in cui sembrava che l'annunciata rivoluzione elettrica avrebbe dovuto ripulire le città, cancellando lo smog grazie agli Zev, gli *zero emissions vehicles* che Los Angeles arrivò a imporre per legge. In realtà l'applicazione della norma in California fu rinviata e in Italia non se ne parlò affatto, a parte qualche acquisto poco più che simbolico da parte delle amministrazioni pubbliche. Vista con l'occhio del consumatore, la rivoluzione elettrica è stata dunque un inganno o un tradimento.

Secondo Vitali, questa sensazione di fallimento deriva invece da un eccesso di attese; come è accaduto con il boom di acquisti su Internet, che ha avuto un andamento ben diverso da quello sperato, a tradire non sarebbe stato il mezzo, ma la cattiva interpretazione dei trend di crescita del mercato da parte di manager troppo ottimisti, ubriacati dall'esplosione della *new economy* della fine anni Ottanta. Eppure, mentre per Internet gli errori sono stati effettivamente determinati da una previsione sbagliata dei comportamenti del pubblico, nel campo elettrico è la tecnologia che sembra aver mancato la promessa, visto che una macchina con la spina, con prestazioni analoghe a quelle di un'auto a benzina, non si è ancora vista.

«Bisogna intendersi sulle parole», risponde Vitali. «Non vediamo l'auto elettrica perché restiamo ancorati a un immaginario collettivo in cui l'automobile è un oggetto che va a 150 all'ora con un'autonomia di parecchie centinaia di chilometri e perché siamo ancora legati al sogno dell'America *on the road*, al mito della libertà di andare. Ma se ci svegliamo e ci guardiamo intorno, scopriamo una realtà molto diversa. L'esigenza di un veicolo elettrico si pone in città supercongestionate, dove l'importante non è la velocità, visto che quella reale è inferiore all'andatura di una bicicletta, e neppure l'autonomia, visto che il percorso medio quotidiano è assai breve. A scarseggiare non sono le prestazioni delle auto, ma quelle dell'aria; perciò l'esigenza reale con cui dobbiamo fare i conti è circolare senza danneggiare noi stessi e gli altri, cioè abbattendo l'inquinamento. Se questo è lo scopo, i mezzi elettrici che già esistono hanno prestazioni più che adeguate: un'autonomia di un centinaio di chilometri e una velocità superiore agli 80 chilometri, cioè più di quello che serve in città. Allora io dico che la macchina elettrica non c'è perché non la vogliamo vedere, perché manca un salto culturale che consenta di mettere a fuoco l'idea di un veicolo dotato di prestazioni adatte all'area urbana.»

Il ragionamento vale anche per le due ruote. Secondo le cifre fornite dalla Faam, uno scooter elettrico ha un'autonomia di più di 60 chilometri – circa tre volte il percorso quotidiano dell'utente medio – e una ricarica completa costa 25 centesimi. Calcolando le riduzioni sull'assicurazione e il bollo, si può valutare che il risparmio complessivo, facendo 5 mila chilometri all'anno in una città come Roma, sia di circa 700 euro: l'extracosto di uno scooter elettrico è perciò ammortizzabile in meno di tre anni.

Sulla carta dunque i conti tornano, ma non basta; la Faam non potrebbe fatturare 40 milioni di euro se restasse ancorata a un calcolo astratto. Di fatto la disponibilità a comprare un mezzo pulito, ma dalle prestazioni limitate, una moto con cui si può andare al lavoro tranquillamente, ma al mare solo con faticosi stratagemmi, non esiste ancora, e un'impresa deve prenderne atto. In futuro, quando le leggi che proteggono la salute dei cittadini diverranno realmente operative, il quadro cambierà ed è molto probabile che questo mutamento non si farà attendere per decenni. Ma nel frattempo la Faam diversifica, offrendo una gamma di prodotti adatta alle varie fasi di maturazione del trasporto ecologico.

Per chi crede nella scommessa dell'elettricità c'è un pacchetto articolato di offerte: le bici a pedalata assistita (quando si preme sui pedali è come se una mano invisibile spingesse, facendo risparmiare il 70 per cento della fatica); gli scooter elettrici; i veicoli commerciali che possono essere utilizzati come minibus per il trasporto merci, per la raccolta dei rifiuti, per la manutenzione del verde pubblico. Di questi ultimi la Faam ne vende 350 all'anno a comuni e aziende pubbliche, ottenendo vantaggi ambientali ed economici. Dal punto di vista ecologico l'impatto è pari a zero sia per l'inquinamento acustico, sia per quello atmosferico; anche per le emissioni serra la riduzione è consistente: un'auto elettrica produce 70 grammi di anidride carbonica a chilometro (derivano dai fumi emessi dalle centrali che forniscono elettricità) contro i 200 di una macchina diesel. Anche dal punto di vista economico il vantaggio è evidente: calcolando che i veicoli elettrici non pagano il bollo, che le tariffe per l'assicurazione sono dimezzate e che la manutenzione è limitata, si può affermare che i costi di gestione siano ridotti a un terzo.

A chi vuole fare ancora un passo avanti puntando su quello che, allo stato attuale della tecnologia, sembra il veicolo del futuro, basato sull'abbinata elettricità-idrogeno, l'azienda di Monterubbiano propone di allenarsi con una bici a idrogeno. Per la prima volta una cella a combustibile è stata montata su una bicicletta; con il nuovo sistema si può girare emettendo solo vapore acqueo, l'unico residuo del processo di conversione energetica. Ma la grande partita dell'idrogeno è ancora alle battute iniziali: i prezzi diventeranno competitivi quando questa tecnologia arriverà al 10 per cento del mercato della mobilità e nessuno sa quando il traguardo verrà raggiunto. Le stime sono incerte, perché le variabili in gioco restano troppe per permettere una valutazione precisa. Nel giro di cinque anni è ipotizzabile la creazione di flotte istituzionali e aziendali alimentate a idrogeno, ma nessuno comprerà una macchina del genere se non ci sarà un distributore ragionevolmente accessibile per fare il pieno. Dunque il vero problema è la rete di distribuzione. Chi pagherà il costo delle infrastrutture necessarie?

In attesa che qualcuno dia una risposta a questa domanda, la Faam, a partire dal 2005, ha deciso di offrire una gamma di prodotti basati sull'alimentazione a metano. Anche in questo caso esiste il problema di una rete di distribuzione assolutamente insufficiente, ma la questione potrebbe essere risolta in tempi piuttosto brevi, e i vantaggi ambientali immediati sarebbero notevoli. Per il Jolly ch4 – un piccolo autocarro alimentato a gas – si calcola che i risparmi di gestione arrivino a 24 mila euro al termine di un ciclo di vita di otto anni.

Restano le polemiche sul *core business* del gruppo Faam: le batterie; le tecnologie per l'accumulazione dell'energia necessaria a spostare le automobili, infatti, non hanno fatto passi avanti paragonabili a quelli delle batterie dei telefonini e sembra che la strada restante sia in salita, perché, se si costruisse una batteria per auto con gli stessi materiali utilizzati per i migliori cellulari, costerebbe più della macchina stessa. Secondo la Faam, il futuro del veicolo elettrico è la produzione di energia a bordo grazie all'abbinata con l'idrogeno, una tecnologia che permette di creare l'energia *just in time* invece di tenerla accumulata in grandi quantità.

La seconda carta che l'azienda gioca sul fronte delle batterie è la qualità. Ha brevettato Top, l'unico accumulatore che consente a chiunque di conoscere in ogni momento il livello di carica della batteria montata sulla propria automobile. Le batterie Faam si sono inoltre conquistate una reputazione anche sul piano dei disturbi elettromagnetici. Qualche anno fa – raccontano in azienda – la Fiat ha avuto dei problemi con la Lancia Thema nel momento in cui il nuovo modello era in fase di presentazione: la centralina elettronica si bloccava, il motore si spegneva e non si riusciva a capire il perché, finché, in Sicilia, la macchina si fermò per tre volte nello stesso punto, vicino a un elettrodotto. Si scoprì così che a creare problemi era un disturbo dell'impianto elettrico causato da onde elettromagnetiche. Fu assegnato uno studio all'Università di Ancona che fece varie prove e testò diverse batterie; alla fine risultò che la batteria Faam era quella con la più bassa impedenza, cioè offriva le maggiori garanzie dal punto di vista delle possibili interferenze elettromagnetiche che costituiscono un problema anche per altre funzioni delle auto; ad esempio i freni abs, quelli che non fanno pattinare la macchina quando si frena, qualche volta possono non rispondere proprio per colpa di un'interferenza elettromagnetica.

Secondo i dirigenti della Faam questa qualità di progettazione e di esecuzione resta ancorata al luogo d'origine, a Monterubbiano. Ma, nello stesso tempo, la società ha creato connessioni imprenditoriali con paesi come l'Uruguay, la Repubblica slovacca, la Repubblica ceca, la Cina. L'idea è concentrare nelle Marche i prodotti ad alta intensità di capitale e di ricerca, mentre le frange di lavorazione *labour intensive* possono essere spostate all'estero. «L'importante è restare ancorati a quello che io chiamo l'essere impresa», conclude Vitali. «L'impresa è fatta da un gruppo di persone fortemente motivate da una missione che non può essere legata solo alla dimensione del profitto. Walt Disney non aveva come missione guadagnare molti soldi, ma far divertire i bambini in tutto il mondo. La nostra missione è ottenere prodotti in grado di anticipare le esigenze del mercato e di migliorare il benessere della società. E, per raggiungere il risultato, bisogna creare il clima giusto innanzitutto all'interno: alla Faam siamo in 220, ci chiamiamo tutti per nome, ci diamo del tu e in 30 anni non c'è mai stato uno scontro perché, appena sorge un problema, ci sediamo e discutiamo finché si risolve.»

A scuola di piastrelle

«Totally environment friend manufacturing process Iso 9001, quality system certified plant of Emilceramica in Fiorano Modenese, Italy.» È la definizione, falsa ma lusinghiera, scelta dal più grande produttore cinese di piastrelle per uno dei modelli di punta del suo catalogo; il marchio Italia, unito alla certificazione ambientale, vale come pubblicità e Fiorano Modenese – un paese di 16 mila abitanti nel distretto di Sassuolo – diventa la bandiera per vendere di più, e meglio, in tutto il mondo. Una frode, certo, con tutte le controindicazioni del caso e i fastidi legati alla necessità di reprimere la concorrenza sleale. Ma anche il riconoscimento di un primato per Emilceramica, l'ottavo gruppo italiano di piastrelle, 178 milioni di euro di fatturato, quasi 1000 dipendenti, 14,5 milioni di metri quadrati di piastrelle all'anno, uno dei volani di un settore che non conosce la crisi nonostante una serie di spallate che avrebbero messo in ginocchio industrie meno flessibili e meno capaci di sopportare cambiamenti radicali del contesto.

Lo shock che avrebbe potuto portare al collasso è stata la perdita del primato mondiale di produzione. L'Italia è rimasta a lungo in testa, crescendo a buon ritmo: 21,9 milioni di metri quadrati di piastrelle nel 1958, 139 nel 1970, 330 nel 1980, 446 nel 1990, 638 nel 2001. Un bel volume, 638 milioni di metri quadrati: se si mettessero queste mattonelle l'una sull'altra fino a costruire una parete alta come una palazzina di quattro piani, per smaltire il mucchio bisognerebbe far correre questa parete alta 15 metri lungo tutto l'equatore. Arrivata a questa rispettabile quota, la produzione ha subito una leggera flessione. Appena il 4 per cento in tre anni, ma è bastato perché concorrenti più agguerriti ci fossero addosso: la Spagna ci ha raggiunto, la Cina ci ha superato arrivando a 750 milioni di metri quadrati.

Perso il primato della quantità, ci resta quello della qualità: la leadership italiana resiste ancora e si misura in termini di prestigio e di know-how. Veniamo riconosciuti come maestri e continuiamo a indicare la direzione di marcia, occupando nuovi settori strategici come le piastrelle che puntano sul design. Anche se siamo passati dal 35 per cento della produzione mondiale del 1980 al 12 per cento del 2004, questo livello è da tutti considerato come la fascia alta del mercato dal punto di vista sia tecnologico, sia estetico: l'elenco dei brevetti e le mostre sugli artisti italiani che nel Novecento hanno utilizzato la ceramica (da Gio Ponti a Marcello Morandini) fanno da pedigree. Infatti l'industria che sforna i macchinari di produzione è ancora quasi tutta italiana e fattura 1,4 miliardi di euro, un primato sostenuto da un grande lavoro di assistenza e di training del personale in ogni parte del globo.

Il cuore di questa capacità produttiva è la zona di Sassuolo, un'area che sembra arrivata alle piastrelle per caso. È vero che qui si trasformava l'argilla delle colline in piatti fin dal Settecento, ma cosa sono tre secoli in un paese che, in questo campo, vanta tradizioni millenarie? Seguendo il filo diretto dell'eredità, si sarebbe potuto immaginare un distretto delle piastrelle a Vietri. Invece è qui, nel Modenese, dove la vena della solidarietà sociale è sempre stata riformista e pragmatica e anche negli anni caldi della contestazione si riusciva a trovare un accordo sindacale davanti a un piatto di tortelli e a un bicchiere di lambrusco, che la ceramica è diventata un'industria di punta in grado di realizzare più di un terzo delle mattonelle utilizzate in tutto il mondo.

Lo sviluppo parte veloce tra la fine degli anni Cinquanta e i Sessanta, quando l'economia del paese corre a un ritmo da capogiro, le Ferrari cominciano a circolare in mezzo alla nebbia e c'è abbastanza liquidità per le settimane bianche a Cortina e l'abbronzatura in Costa Azzurra. Qualche momento di flessione degli investimenti viene superato di getto e l'associazione di settore, Assopiastrelle, fa la sua parte, lanciando nel 1972 il logo Ceramiche italiane che, sulle ali di ben foraggiate campagne pubblicitarie, convince le piazze chiave: dagli Stati Uniti alla Francia, dalla Germania alla Russia.

Sempre negli anni Settanta arriva il salto tecnologico della monocottura, che abbatte di 50 volte i tempi di lavorazione e migliora la resistenza delle piastrelle, creando la possibilità di utilizzarle negli esterni; il mercato si allarga alle terrazze e ai cortili, in Italia e all'estero. Se, come recita un detto del Modenese («Ci si trovava al bar la sera: se si era in quattro si faceva una briscola, se si era in tre una ceramica»), quest'attività è nata a Sassuolo per caso, adesso la crescita viene pianificata con cura.

Mentre buona parte del mondo industriale accusa il doppio colpo degli shock petroliferi degli anni Settanta, il distretto delle piastrelle non si ferma: gli operai a Natale pranzano alle 10 e mezza per poter coprire tutti i turni e non fermare la macchina della produzione, ma le compensazioni arrivano sia sulle buste paga, sia sulla qualità del prodotto; innovazione e automazione abbattono i costi e accelerano lo sviluppo.

L'unico a soffrire, in questa fase di crescita rampante, è l'ambiente. L'obiettivo di sviluppo viene raggiunto a un costo ecologico eccessivo; l'inquinamento va aumentando il proprio impatto finché, nel 1991, si arriva alla proclamazione, da parte del ministero dell'Ambiente, del distretto come «area ad alto rischio ambientale»; la grande mole di rifiuti tossici e l'elevata concentrazione di polveri in sospensione – contenenti fluoro e piombo, materiali non indicati per una «buona dieta» – rappresentano una minaccia concreta. Ma l'area, forte di una densità industriale di tipo taiwanese, con 200 aziende stipate in poche decine di chilometri quadrati, riesce a trovare le forze per reagire alla sfida: il 99 per cento delle polveri è eliminato grazie ai depuratori e buona parte degli scarti e delle scorie viene riciclata all'interno degli stabilimenti.

Capofila della corsa all'innovazione ambientale è Emilceramica, un'azienda alla seconda generazione di imprenditori. Fondata da Claudio Sassi nel 1961, è oggi guidata dal figlio Sergio. «Siamo gli unici nel settore ceramico ad aver ottenuto la certificazione di qualità Iso 9001 per tutti gli stabilimenti produttivi e per tutti i processi tecnologici», spiega Sergio Sassi. «È una scelta legata alle preoccupazioni ambientali, ma anche ai conti concreti dell'azienda; nel nostro ciclo produttivo circa un quarto dei costi è causato dai consumi energetici e, spingendo a fondo sul recupero del calore, riusciamo ad abbatterli.»

Il risultato dell'impegno è confermato dai numeri contenuti nel rapporto che Assopiastrelle pubblica ogni anno: rispetto alla media del campione di riferimento, formato dagli altri produttori italiani, Emilceramica vanta un meno 38 per cento per i consumi elettrici, meno 28 per cento per l'energia termica, meno 29 per cento per le materie prime impiegate nell'impasto e nello smalto.

A spiegarne le ragioni è Gabriele Ronzoni, l'anima ambientale dell'impresa dal 1969, un manager che non riesce a staccare la spina ecologica neanche quando torna a casa: per rilassarsi produce vino biologico e libri sulle origini della cucina modenese. È lui che ha costantemente seguito il processo di miglioramento iniziato negli anni Settanta con la costruzione dei forni e degli impianti di filtrazione concepiti per coniugare il rispetto ambientale con vantaggi qualitativi per le piastrelle (cotture più uniformi e meno scarti) e per la gestione delle attrezzature.

Le prime battaglie sono state sull'acqua. La falda idrica si stava abbassando perché le piastrelle «bevono» molto e le quantità d'acqua necessarie al processo di lavorazione ben presto si sono rivelate insostenibili. Nel 1982 Emilceramica è stata tra i primi a reagire, puntando sul circuito idrico chiuso, cioè sul recupero delle acque di lavorazione in modo da ridurre il prelievo dalla falda e annullare gli scarichi nell'ambiente. L'innovazione è andata avanti passo dopo passo, sostenuta dai 60 esperti che lavorano a tempo pieno sulla ricerca e da un largo consenso nato dalla politica aziendale di coinvolgimento dei 900 dipendenti nell'elaborazione delle strategie ambientali.

L'ultima mossa sul fronte del risparmio idrico è stata la realizzazione del sogno di tutti i ceramisti: recuperare le acque di evaporazione dai fumi emessi dagli essiccatori a spruzzo, cioè correggere la correzione, risolvere i problemi nati da una tecnologia che aveva assicurato molti vantaggi, ma aveva anche aggravato i consumi idrici. «Queste enormi torri evaporative, alte più di 20 metri, rappresentano la fase finale del circuito di produzione basato sulla macinazione ad umido», spiega Ronzoni. «Sono importantissime per la salvaguardia ambientale perché lì confluiscono gli scarti crudi degli impasti e le acque di lavaggio della smaltatura, il cui smaltimento negli anni Sessanta e Settanta costituiva un autentico dramma. Rappresentano la ragione più importante del basso impatto ambientale dell'industria delle piastrelle smaltate e offrono grandi vantaggi tecnologici, cioè polveri con meno problemi qualitativi e più facilmente pressabili. Ma chiedono in cambio un consumo di 10 litri di acqua per ogni 20 chili di piastrelle, cioè per ogni metro quadrato.» Con una ricerca finanziata da un progetto del Cnr, Emilceramica ha realizzato nel 2003 un impianto sperimentale che recupera il vapore contenuto nei fumi sviluppati dal processo; in questo modo si ricavano 15 mila metri cubi di acqua all'anno e calore per 455 tep (tonnellate equivalenti petrolio), corrispondenti ai 660 mila metri cubi di gas naturale utilizzati attualmente per il riscaldamento invernale degli ambienti.

L'elemento più importante del percorso innovativo è stato però quello energetico. Alla trentennale attenzione alla progettazione interna di impianti di aspirazione, essiccatoi e forni per evitare perdite di potenza inutili – alcuni filtri sono stati ideati e costruiti in azienda perché l'offerta del mercato non era ritenuta soddisfacente – si è aggiunta un'altra mossa indovinata. I costi sono stati abbattuti grazie all'installazione di due turbine per la cogenerazione di energia elettrica e termica della potenza di 5 megawatt; i fumi caldi emessi durante il processo di combustione vengono riciclati, girando il calore agli essiccatoi a spruzzo che lo utilizzano per la lavorazione degli impasti d'argilla. Il sistema, che copre il 65 per cento dell'energia utilizzata, ha rendimenti complessivi (termici ed elettrici) del 94 per cento: una percentuale molto alta se si pensa che le centrali elettriche, non recuperando il calore, difficilmente superano il 45 per cento. Con la cogenerazione si ottiene un risparmio corrispondente a 1,6 milioni di metri cubi di metano all'anno.

Infine va calcolato il risparmio di energia termica dovuto soprattutto al recupero di aria calda; anche in questo caso si abbatte il consumo di combustibili fossili, l'equivalente di 6,3 milioni di metri cubi di metano l'anno.

Il contenimento dei costi di smalto e impasto ha invece un'origine più articolata. Emilceramica, attraverso la Caolino Panciera – una delle più antiche industrie minerarie nazionali, inglobata nel gruppo – sviluppa una propria attività mineraria, possiede cave in Italia e all'estero, e ha un attrezzatissimo laboratorio a Solignano, in provincia di Modena. Tutto questo le ha permesso di acquisire esperienza nell'uso di materiali poco pregiati per ottenere impasti di qualità senza utilizzare minerali rari e costosi come caolini e silicati di zirconio. Il recupero totale degli scarti crudi e le tecniche di eliminazione degli sprechi completano il quadro.

Sommando i risparmi ottenuti dai forni, dall'autoproduzione elettrica e dalla condensazione dei vapori dell'essiccatoio a spruzzo, si arriva a un totale annuo di 7 milioni e mezzo di metri cubi di gas naturale che corrispondono a una riduzione di emissioni di anidride carbonica di quasi 15 mila tonnellate all'anno: è quello che emette una fabbrica che produce 2,5 milioni di metri quadrati di piastrelle all'anno. Un guadagno di un milione e mezzo di euro e un bel contributo al rispetto del protocollo di Kyoto.

«Abbiamo raggiunto questi risultati perché l'azienda è riuscita a esprimere al meglio una capacità di affinare le tecniche di lavorazione che a questi livelli si trova solo in Italia», assicura Sassi. «Qui la cultura della ceramica ha basi solide, qui ci sono i lavoratori migliori, qui i maestri di laboratorio insegnano una manualità, un'empiricità che rappresentano gli ingredienti fondamentali del successo. Non è un caso che tutte le invenzioni di processo e di prodotto, dalla monocottura al gres porcellanato, sono state fatte in Italia. E infatti, anche se non siamo più leader mondiali come quantità, il mercato globale, dal punto di vista del gusto dominante, dello stile, è ancora trainato dall'Italia; lo ammettono i nostri stessi concorrenti.»

Anche perché l'Italia in questo settore non si accontenta di rispolverare glorie passate o disquisizioni sull'importanza della ceramica come momento simbolico di passaggio da una materia inanimata e instabile a una superficie lucida, definita e potente. Accanto agli investimenti in ricerca delle aziende c'è un settore pubblico che non resta a guardare: nel 2001 nelle Università di

Modena e Reggio Emilia sono stati creati tre corsi di laurea a indirizzo ceramico, master, e varie forme di tirocinio formativo che hanno coinvolto anche l'Università Bocconi a Milano.

Del resto l'evoluzione del mercato premia la differenza rappresentata dall'Italia. Da una domanda tutta centrata sulla quantità, cioè sulla ripetitività di pochi modelli di base, si è passati alla crescita di una fascia alta di consumo che richiede una produzione articolata. Un caso in cui questo cambiamento è particolarmente evidente è l'evoluzione del concetto di bagno, promosso a luogo dedicato al benessere, al culto edonistico della forma fisica. Le nuove tendenze hanno aperto spazi di sperimentazione nel settore delle piastrelle e, poiché i gusti si evolvono rapidamente, caricare i magazzini di una quantità eccessiva di merce significa assumersi troppi rischi: piuttosto che comprare all'ingrosso in Cina, per questo mercato sono più convenienti acquisti *just in time* negli stabilimenti italiani dell'arredo in ceramica.

Se la sala di regia delle piastrelle resta in Italia, le fabbriche si diffondono in maniera sempre più ubiqua, ed Emilceramica ha deciso di mettere un piede fuori dall'ambito distrettuale per garantirsi una buona presenza di commercializzazione e di produzione nei siti più convenienti per certe tipologie di materiali. Nel 2001 è stata creata con Dal Tile – il più grande produttore americano di piastrelle – una *joint-venture* chiamata Dal Italia, che ha portato alla costruzione in Oklahoma di uno stabilimento di piastrelle da 8 milioni di metri quadrati all'anno (saranno 15 nel 2006). Questa zona produttiva diverrà la più grande del nord America e coprirà il 25 per cento del mercato delle piastrelle dell'area.

Il secondo sito esterno di sviluppo di Emilceramica è l'Ucraina. Nell'area di Slavjansk, vicino a Donietzk, dove esistono i più importanti e preziosi giacimenti di argille bianche del mondo, è stato sviluppato un accordo con un produttore locale di materie prime. Ne è nato un impianto inaugurato nel gennaio 2005 e destinato a diventare il più grande centro di produzione dell'Ucraina; una delocalizzazione strategica, perché la postazione rappresenta un caposaldo in una zona in cui le prospettive di consumi di piastrelle sono molto interessanti e perché, come nel caso dello stabilimento americano, c'è l'impegno ad assorbire una quota di produzione proveniente dall'Italia.

Queste due operazioni hanno comportato un impegno significativo di ricerca e di training del personale: l'impianto di Oklahoma è stato avviato con l'aiuto di 25 tecnici italiani. «Si tratta di investimenti strategici, perché in un paese come gli Stati Uniti le potenzialità sono enormi», prevede Sassi. «Le preoccupazioni di carattere igienico hanno appena cominciato a invertire la tendenza all'uso della moquette che è ancora estremamente diffuso. La ceramica, il candidato meglio piazzato per la sostituzione della moquette, è arrivata solo in una casa su dieci e dunque i margini di espansione restano molto consistenti.»

Le chiavi per questa crescita, secondo i progetti di Emilceramica, sono due. La prima è mantenere il baricentro ideativo e la produzione di alta qualità a Fiorano Modenese. La seconda è puntare sulla *clean production* nella convinzione che «se non si rispetta l'ambiente, si perdono di vista i costi, economici e umani, e i bilanci diventano in salita».

Canapa da leggere

«La canapa italiana dà una fibra biancastra, fina, lucida, morbida, fresca al tatto e ben pettinata... I centri produttori italiani più rinomati sono Bologna, Cesena, Ferrara, Lugo; quindi il Piemonte, il Modenese, l'Emilia ed il Napoletano». Così il manuale sulle fibre tessili di Carlo Aurelio Revelli, nel 1892, dava atto del primato italiano in materia di qualità della canapa. Per la quantità la Russia, e in particolare la regione di Pietroburgo, era imbattibile, ma per la morbidezza, la versatilità, la lucentezza, nessuno teneva testa all'Emilia Romagna. Un primato che si è mantenuto fino alla metà del secolo scorso ed è stato spazzato via di colpo dal vento del petrolio che ha seminato raffinerie e nylon, fumi e plastica, ciminiere e prodotti dal prezzo imbattibile.

Se alla concorrenza delle fibre sintetiche si aggiunge la nomea sospetta della *cannabis* – quella utilizzata nei campi è una stretta parente della pianta che la generazione del '68 ha interpretato a uso ricreativo – si ottengono le ragioni di un blocco totale della produzione che sembrava aver messo una pietra tombale sull'impiego tradizionale della canapa.

Eppure, anche in un contesto così scoraggiante, c'è stato chi non se l'è sentita di rinunciare per sempre alla materia prima con cui è stata stampata la Bibbia di Gutenberg, è stata scritta la dichiarazione d'indipendenza degli Stati Uniti, sono state tessute le vele delle navi dei Fenici e delle caravelle di Cristoforo Colombo.

Arturo Malagoli, nel 1990, decise di lanciarsi in questa

scommessa al limite della logica economica e della legalità: ricavare carta dalla canapa, produrre il supporto materiale della comunicazione usando una pianta messa all'indice. Possedeva la metà della Italgraf, un'azienda specializzata nella produzione di testi su carta patinata ecologica che dava discreti profitti; aveva ridotto l'impatto ambientale grazie a un procedimento *cloro-free* che prevedeva l'uso di ossigeno come sbiancante; era andato aumentando la quota di carta riciclata nel pacchetto di produzione; aveva sperimentato l'uso della carta da alghe; aveva curato maniacalmente anche i dettagli, arrivando a usare per la pulizia delle macchine stracci confezionati con materiali riciclati. Ma voleva fare di più, sognava di produrre carta, tanta carta, senza abbattere alberi.

Inseguendo le sue visioni, Malagoli incontrò un personaggio che con la carta non aveva nulla a che fare, ma che ai materiali di alta qualità era molto interessato: Giorgio Armani, che guardava alla canapa da un punto di vista speculare rispetto al suo, perché aveva in mente un circuito ancora più tradizionale, quello in cui non si butta nulla. La canapa è stata la prima pianta da fibra a essere coltivata, agli albori dell'agricoltura, 10 mila anni fa, perché viene su come un razzo (in condizioni ideali può raggiungere i 5 metri di altezza in meno di 6 mesi arrivando a guadagnare fino a 10 centimetri al giorno), e una volta tagliata è come un supermercato, offre di tutto: si usa per fare stoffe, olio, farina, carta, incenso, cosmetici, medicinali.

Il gruppo guidato da Armani non pretendeva certo di spostare l'orologio della produzione all'epoca in cui gli Sciiti introdussero la canapa in Europa, pare attorno al 1500 avanti Cristo; si accontentava di recuperare, con i vantaggi che le tecnologie attuali possono garantire, una parte del ciclo rinascimentale di lavorazione. All'epoca la canapa veniva trasformata in tessuti per poi cambiare di nuovo aspetto e riconvertirsi in carta, quella di tante cinquecentine e di tanti volumi antichi che riempiono le nostre biblioteche. Così, mettendo assieme la voglia di risalire alla base degli incunaboli e l'aspirazione a ritrovare la freschezza dei grandi tessuti, nel 1999 è nato il Consorzio Canapaitalia, guidato da Claudio Botta, responsabile della linea uomo Armani jeans, e da Malagoli.

Spinta dal Consorzio e dalle ricerche condotte dall'Agenzia energia e ambiente di Torino, la canapa ha ripreso vita. Certo oggi non si può utilizzare per fare gomene oppure olio da illuminazione, ma altri usi sono diventati più che mai attuali. Quelli alimentari, ad esempio: l'olio di canapa, dal leggero gusto di nocciola, è considerato molto equilibrato, adatto per la prevenzione delle malattie cardiovascolari e del colesterolo; i semi hanno un alto valore nutrizionale perché contengono i nove amminoacidi essenziali; e perfino la birra, chiara e dal sapore delicato, ha un suo mercato. È in ripresa anche l'uso farmaceutico perché i derivati della canapa servono a curare malattie come l'asma e il glaucoma. Infine, nei settori produttivi pesanti la canapa ha cominciato a essere apprezzata: l'industria automobilistica la impiega per gli interni delle macchine; in edilizia si adopera per fare pannelli di truciolato (resistono bene al fuoco e isolano), stuoie e mattoni.

Gli usi più promettenti restano però quelli attorno ai quali si è costituito il Consorzio Canapaitalia: oltre alla carta, il tessile perché la canapa, una stoffa morbidissima che non si stropiccia come il lino, è qualcosa più di una moda (nel 2000 ha fatto notizia il frac in *cannabis* regalato al maestro Claudio Abbado per l'inaugurazione della stagione lirica di Ferrara): offre la possibilità concreta di creare una fascia di mercato alta ma non di nicchia, che punta sulla grande qualità e, essendo ricavata da coltivazioni biologiche, è adatta a chi soffre di forme acute di allergia e non può indossare panni realizzati con materiali che siano stati a contatto con pesticidi.

Così, dopo un ventennio di bando totale proclamato dalla legge Cossiga, che nel 1977 aveva vietato le piantagioni di canapa lasciando il monopolio del settore alla Cina e ai paesi dell'Est, nel 1998 una circolare del ministero delle Politiche agricole ha autorizzato una deroga per la coltivazione sperimentale su 1000 ettari, successivamente ampliata. Da allora è stato un crescendo continuo della produzione, un aumento di oltre il cento per cento all'anno per quattro anni.

Una ripresa che ha due motori. Uno è la linea jeans di Armani che continua a spingere per ottenere la possibilità di replicare alla concorrenza dell'est con una controffensiva basata sulla qualità di una canapa famosa per la sua fibra lunga, lucente e leggera; il tessuto, oltre ad essere tre volte più resistente del cotone, è in grado di schermare più di ogni altro i raggi ultravioletti (diventati pericolosi in alcune aree del pianeta a causa della rarefazione del mantello di ozono) ed è anallergico. Vestirsi di canapa è risultato uno slogan d'effetto perché, come spiega Claudio Botta, il responsabile della linea jeans di Armani, «la fibra di canapa assorbe il 15 per cento di umidità in più rispetto al lino, è fresca d'estate ma anche calda d'inverno e si "accomoda" sulla persona, adattandosi in maniera incredibile».

L'altro motore del rilancio del settore è la Raggio Verde di Malagoli, la società che, dopo dodici anni di sperimentazione e di investimenti in ricerca, nel 2003 ha cominciato a fatturare e sta crescendo rapidamente. Partita con una base di 150 tonnellate di canapa da trasformare in quaderni, dépliant, cataloghi, gadget, tovaglie e orologi, la produzione è passata a 400 tonnellate nel 2004 e si prevede un raddoppio annuale fino al 2007. «Siamo gli unici in Europa a lavorare la carta da canapa e lo facciamo con tutti i crismi, con la certificazione Ecolabel e un impatto ambientale che vogliamo spingere verso lo zero», spiega Malagoli. «Per ora è un mercato di nicchia, ma abbiamo appena cominciato e i numeri crescono velocemente; al momento vendiamo in alcune catene di negozi, da Ikea a Coop, e in vari parchi, ma ci sono buone probabilità che la canapa diventi il supporto cartaceo per tutta l'informazione del circuito delle aree protette.»

Per rispondere alla crescita della domanda, nel dicembre del 2003, grazie a un accordo tra le cooperative agricole di produzione e il Consorzio Canapaitalia, a Comacchio è stato inaugurato Ecocanapa, un impianto a basso impatto ambientale, il primo stabilimento europeo per la lavorazione di fibra tessile di qualità dalla canapa, che arriva a trattare 500 tonnellate l'anno. Anche il numero di ettari coltivati a canapa nella zona attorno a Comacchio, sul delta del Po, cresce. In meno di dieci anni il Consorzio Canapaitalia, di cui fanno parte una cooperativa di agricoltori, Armani jeans e Raggio Verde, è passato dai 50 ettari iniziali a 1400. La canapa viene tagliata sul campo, essiccata e inviata a Celesa, in Catalogna, vicino a Barcellona, in una cartiera che applica misure di salvaguardia ambientale estremamente rigorose perché si trova all'interno di un parco e deve scaricare le acque di lavorazione nel lago all'interno dell'area protetta.

La pasta di cellulosa torna poi in Italia e finisce negli stabilimenti di Fedrigoni, a Verona, che la lavorano trasformandola in carta. A questo punto Raggio Verde compra l'intera produzione e la converte in blocknotes, calendari, zainetti, matite, usando inchiostri vegetali e un sistema di stampa senza acqua. «Continuiamo a investire per migliorare la qualità del prodotto e l'aspetto più interessante della questione è che le due facce della ricerca, quella ambientale e quella tecnica, procedono di pari passo: scendono i livelli d'inquinamento e aumentano le prestazioni; ormai produciamo cartoni che resistono due volte più del legno e sono tre volte più elastici», continua Malagoli. «Vogliamo arrivare alla piena riabilitazione funzionale di questa pianta che fa parte della nostra storia, come ricordano gli affreschi nel portico di Piazza Maggiore, a Bologna, che raffigurano le basi dell'agricoltura emiliana: il pane, il vino, la canapa. E dall'epoca di quei dipinti la canapa ne ha fatta di strada.»

È un cammino che ha lasciato perfino tracce topografiche: ad esempio, negli Stati Uniti, da Hempstead in Texas a Hempfield in Pennsylvania, da Hemphill nel North Carolina a Hempstead County in Arkansas, molti luoghi conservano nel prefisso *hemp* (canapa), la memoria di questa coltura. Ma è anche un cammino pieno di contraddizioni, costellato di misure che suonano paradossali in tempi in cui per coltivare la canapa occorrono permessi speciali. Nel Settecento accadeva esattamente il contrario: durante le carestie si poteva finire in carcere se non si coltivava la *cannabis*, perché la pianta era considerata un bene di interesse primario e collettivo, una formidabile risorsa per la produzione di tessuto, cordame, tela, alimenti e medicine. E nell'Ottocento George Washington e Thomas Jefferson tenevano a coltivare la canapa nelle loro piantagioni perché aveva un valore strategico: permetteva di ricavare la materia prima per stampare giornali e libri senza dipendere dall'Inghilterra.

La competitività rispetto alla carta era arrivata a tal punto da far temere per i fatturati delle grandi cartiere; ancora a fine Ottocento la maggior parte della carta era ricavata, in tutto il mondo, dalla canapa. Inoltre, fino agli anni Trenta, i medicinali a base di *cannabis* erano al secondo posto tra quelli più venduti negli Stati Uniti e la canapa faceva parte del pacchetto di fibre vegetali con cui si produceva il metanolo per alimentare le Ford, che, nel periodo tra le due guerre mondiali, sperimentarono questo combustibile come alternativa al petrolio.

Il primo alt arrivò nel 1937 con il Marijuana act, che negli Stati Uniti tassò la canapa a un livello tale da renderla non competitiva rispetto ai suoi concorrenti, compresa la nascente industria della plastica. Nel giro di pochi anni la canapa quasi scomparve dalla produzione in tutto il mondo, penalizzando soprattutto l'Italia che, agli inizi del Novecento, produceva quasi 800 mila quintali con 79 mila ettari coltivati. Quei campi furono riconvertiti – tra l'altro si scelse il cotone, una coltivazione ad alto uso di pesticidi – perché, nonostante una disposizione dell'Unione europea, che fin dal 1971 aveva stabilito che possono beneficiare dell'aiuto economico le varietà di canapa il cui contenuto in Thc (la sostanza che contiene il principio allucinogeno) non superi lo 0,3 per cento, in Italia la distinzione tra la coltivazione della canapa indica, da cui si ricavano haschish e marijuana, e della canapa sativa, da cui si ricavano prodotti industriali e tessili, non è mai stata sufficientemente chiarita in sede legislativa. A partire dal 1994, però, la produzione è stata reintrodotta in alcuni paesi europei e dal 1998 è stata regolamentata anche in Italia dove i campi sono controllati dai Nas, i nuclei anti sofisticazione dei carabinieri.

«Raggio Verde ha investito per 12 anni in ricerca senza incassare un euro perché siamo convinti che il settore crescerà fino a occupare un segmento importante della carta di qualità: in pochi anni il costo della materia prima si è già ridotto di un terzo, anche se resta più alto di quello della normale carta ecologica riciclata», continua Malagoli. «Inoltre sono convinto che l'atteggiamento nei confronti della canapa dovrà essere rovesciato: se vogliamo compensare almeno in parte i danni prodotti da decenni di agricoltura ad alto impatto ambientale dovremo rivalutare una pianta che è molto resistente, cresce senza bisogno di irrigazione e di sostegni chimici ed è l'unica erbacea capace di catturare l'ossigeno; in sostanza fa il lavoro dei fertilizzanti, cioè fissa l'azoto nel suolo aumentandone la fertilità del 3 per cento. Ed è stato anche sperimentato con successo il suo uso in discariche abbandonate: purifica il terreno, assorbendo piombo e metalli pesanti.»

Tra i vantaggi ambientali della canapa c'è infine una resa molto alta in termini di cellulosa: un terzo in più rispetto a una superficie equivalente tenuta a bosco; è quindi particolarmente adatta per fare energia da biomassa, quella che utilizza i vegetali come combustibile in modo da arrivare a un impatto serra zero. Una strategia di cui l'Italia ha particolare bisogno per rimettere in pari i propri conti ecologici e che potrebbe risultare molto interessante anche a livello europeo, vista la necessità di riconvertire quote di agricoltura per far fronte alla crescente concorrenza dei mercati asiatici.

Il software del territorio

Toscana in inglese si traduce *Chiantishire*. Gli inglesi arrivano, restano incantati, si riposano, lasciano un adeguato numero di sterline per affittare una cascina o per acquistarla, e tornano a casa. Un accordo vantaggioso per entrambe le parti: i visitatori comprano relax, cultura, stimoli, e consegnano valuta. Ma è possibile che il turismo immobiliare sia veramente il massimo che si può fare?

Valterio Castelli è convinto di no. Cinquantunenne, originario della provincia milanese ma adottato dalle terre pisane fin dai tempi dell'università, ha deciso di ricambiare il favore, offrendo alla Toscana un progetto alternativo; la strada da percorrere, sostiene, forte dei successi accumulati dalla sua TD Group (10 società, 40 milioni di euro di fatturato, 500 dipendenti), è quella dell'alta tecnologia. Ma non è un cammino facile. «Nel campo della ricerca sull'alta tecnologia non dobbiamo affrontare solo i competitori classici, cioè gli Stati Uniti e i grandi paesi asiatici», spiega Castelli. «Ogni volta che facciamo un incontro in Alsazia o a Francoforte per presentare i nostri prodotti, ci confrontiamo con regioni che stanno tentando esattamente la stessa operazione. Zone come l'Irlanda e il Galles si danno un gran da fare per proporsi come laboratori della ricerca avanzata e la battaglia è durissima, perché ormai è chiaro che per i paesi occidentali l'industria tradizionale rappresenta una strada in salita: reggere la competizione con il costo del lavoro asiatico è praticamente impossibile. I margini di profitto rimangono sul software e sulla velocità d'innovazione tecnologica, anche se non ci possiamo mai fermare, perché dopo sei mesi un prodotto rischia di essere già vecchio. Per questo ogni stato e ogni regione cercano, con tutti gli strumenti a loro disposizione, di attrarre capitale e cervelli. C'è chi offre agevolazioni fiscali, chi punta sugli spazi da mettere a disposizione delle imprese, chi alleggerisce il peso della burocrazia per garantire velocità. Noi abbiamo una grande arma: il fascino dell'Italia, un posto in cui tutti vorrebbero venire a passare una vacanza. Se accanto alla torre di Pisa si costruisce un campus con le caratteristiche giuste, l'offerta diventa competitiva.»

L'idea di Castelli può essere raccontata così: nel dopoguerra industria e territorio hanno fatto, salvo eccezioni, percorsi contrapposti in un tipico gioco a somma zero; il bello e l'utile rappresentavano valori alternativi, intere coste sono state confiscate agli ombrelloni e offerte al petrolchimico di turno, con l'assicurazione che il sacrificio del paesaggio avrebbe avuto adeguata contropartita economica. Sappiamo com'è andata a finire, sappiamo che quella tesi non ha funzionato. Si può allora provare a fare un gioco a somma diversa da zero, una partita in cui si vince o si perde tutti assieme, in cui l'industria e il territorio con le sue attività (turismo, agricoltura, artigianato) passano dalla competizione all'alleanza, in modo che ciò che guadagna un settore può diventare vantaggio anche per l'altro. Questa scommessa presuppone un'industria che non produca un lungo impatto negativo sull'ambiente e un breve impatto positivo sulla bilancia commerciale; un'industria avanzata che s'imponga grazie all'intelligenza, alle conoscenze e alle capacità d'interpretazione dei dati. E presuppone un'alleanza: il Progetto California, il parco hi-tech che dovrebbe estendersi nelle province di Pisa, Lucca, Livorno e Massa, ritagliandosi uno spazio in un settore sempre più affollato. L'ambizione del progetto sta già tutta nel nome. «La California intorno a San Francisco» spiega il sito web dedicato «ha molte similitudini con la Toscana. Ha un clima mite tutto l'anno, ha un paesaggio in cui prevale il verde, un litorale costiero bello e fruibile, una zona, la Napa Valley, che aspira a diventare il Chianti d'America, una città ritenuta tra le più belle d'America (San Francisco), una comunità intellettuale, scientifica e artistica fra le più importanti e prolifere del mondo, dei campus universitari di fama mondiale. Tutte queste cose in Toscana ci sono già, da molto prima che in California. Ma una cosa la California ha che a noi converrebbe studiare e provare a realizzare: la Silicon Valley, nata proprio da quei fattori comuni che fanno della California la Toscana d'America. Ecco perché il progetto abbiamo voluto chiamarlo *California*».

Il Progetto California può fare affidamento su un sistema culturale solidissimo, su una presenza di strutture universitarie e di ricerca che vantano radici antiche; nel dopoguerra i primi esperimenti pionieristici di informatica hanno coinvolto proprio quest'area. Qui sono sorti i centri di ricerca Olivetti e Ibm e la prima facoltà di Informatica. E ancora oggi Pisa dispone di credenziali notevoli. È al primo posto in Italia per gli investimenti in ricerca con il 3,5 per cento del Pil. Ha 42 mila studenti su 100 mila abitanti e un'università con rating a 5 stelle: un sondaggio del «Mondo» sulle maggiori industrie italiane la vede al secondo posto come fonte di neolaureati, dopo la Bocconi e prima dei politecnici di Milano e Torino. E poi la Normale, fondata nel 1810 da Napoleone e da sempre un'istituzione, la Scuola superiore di Sant'Anna, una larga presenza del Cnr (14 istituti e 5 centri di ricerca per un totale di 7 mila dipendenti), una rete di comunicazione a banda larga che collega tutta la città. In sintesi un territorio, una qualità della vita, una tradizione culturale che fanno invidia al mondo.

Questa vocazione all'innovazione vale anche per l'energia. La Toscana è la regione con la più alta percentuale di energia da fonti rinnovabili – il 29 per cento contro una media italiana del 20 – e punta ad arrivare al 50 per cento nel 2050. Il 16 febbraio 2005, il giorno in cui entrava in vigore il protocollo di Kyoto contro i gas serra, è stata varata la legge regionale che prevede l'installazione obbligatoria di pannelli solari su tutti i nuovi edifici; l'iniziativa è stata sostenuta con lo stanziamento di 3 milioni di euro per coprire le richieste nel 2005, anno per il quale è previsto il raddoppio della domanda (27 mila metri quadrati di pannelli coinvolgendo 60 mila edifici). Un'ipotesi di crescita consistente perché il vantaggio è netto: il risparmio sulla bolletta energetica di 400 euro l'anno consentirà alle famiglie di ammortizzare in meno di 4 anni l'investimento. Inoltre la Regione dispone di un aereo in grado di calcolare le differenti concentrazioni di anidride carbonica che incontra lungo il suo passaggio, e di torri di controllo per una misurazione a terra di questo gas già attive sulle Colline Metallifere, a San Rossore, sull'Appennino. In questo modo è possibile ricavare un bilancio netto dell'anidride carbonica, che servirà a stabilire il costo in termini di effetto serra delle varie scelte produttive.

Il Consorzio California «per lo sviluppo e la promozione di un parco industriale scientifico ad elevata tecnologia» – di cui Castelli è presidente e di cui fanno parte tutti i principali soggetti economici e culturali della provincia: Unione industriale di Pisa, Cna, Confartigianato, Confesercenti, Camera di commercio, Comune, Provincia, Università, la Piaggio e tanti altri – ha programmato la costruzione di 400 mila metri quadrati di edifici a scopo produttivo. Il complesso, da realizzare con tecniche bioclimatiche che permetteranno di dimezzare i consumi energetici, prevede un investimento di 520 milioni di euro e la creazione di 13 mila posti di lavoro. Sei i poli di ricerca: il biomedico, le telecomunicazioni, lo sviluppo software, la robotica, la domotica e il settore aerospaziale. Il Consorzio non tralascia neppure l'altro aspetto fondamentale della competitività e cioè il trasferimento di conoscenza e tecnologia tra imprese e atenei. Ad esempio ha organizzato un faccia a faccia a livello locale tra 50 imprenditori del settore hi-tech e i ricercatori del Cnr che per la prima volta hanno aperto i loro 19 laboratori al mondo delle imprese.

Ma la strada non è certo in discesa, e il guizzo della Toscana ha buone speranze di successo solo se si inserisce in un progetto più largo in cui si formi un gruppo di testa che guidi la volata dell'economia nazionale. Al contrario la situazione attuale è caratterizzata da un sistema pubblico che non ha fatto della ricerca il suo punto di forza, che non ha saputo incoraggiare la libera circolazione dei cervelli tra il settore pubblico e quello privato, e che spesso chiude anche i rubinetti finanziari. «Se, dopo aver vinto una gara pubblica ed eseguito il lavoro, lo Stato blocca il pagamento, l'industria si trova con l'acqua alla gola», continua Castelli. «Di fronte a un pagherò affidabile, le banche concedono i finanziamenti, ma poi esigono le rate di ritorno in tempi ragionevoli, e i tempi ragionevoli del sistema finanziario e quelli dell'amministrazione pubblica non coincidono: si apre un buco in cui, per mancanza di liquidità, rischiano di precipitare le imprese.» In queste condizioni passare dai brevetti all'oggetto industriale, la vera scommessa produttiva che richiede un gettone economico consistente, resta un traguardo sempre più difficile.

Ma nonostante tutto, anche in un sistema imbrigliato come quello italiano, è possibile trovare una strada che aggiri gli ostacoli. Alla TD Group ci provano creando un filo diretto con la ricerca: si sta sperimentando, con un certo successo, la ricetta anglosassone che punta alla saldatura tra il mondo dell'accademia e quello della produzione. Il 18 per cento del fatturato (compresi i finanziamenti pubblici che coprono circa un terzo dell'impegno nel settore) è destinato alla ricerca; inoltre in azienda, grazie agli accordi con l'università e il Cnr, ci sono sempre almeno 5 o 6 dottorandi. I frutti si vedono nel miglioramento delle performance energetiche (in un anno, dal 2003 al 2004, sono stati ridotti i consumi energetici per ogni dipendente da 3486 a 3305 chilowattora e quelli d'acqua da 26 a 22 metri cubi) e in una serie di iniziative promettenti. La principale è il Progetto Sirio, legato all'uso degli infrarossi. Sembra materia da romanzo cyberpunk e invece è un business dalle potenzialità vastissime. «È una tecnologia che nasce nel settore militare e che veniva utilizzata ad esempio per migliorare i sistemi di puntamento dei carri armati», spiega Marco Benvenuto, responsabile del settore ricerca e sviluppo di TD Group, «ma solo recentemente i costi, che variano da alcune migliaia ad alcune decine di migliaia di euro, si sono abbassati al punto da rendere possibili usi più diffusi». Per il momento la TD Group produce solo il software, le telecamere vengono ancora importate dagli Stati Uniti: sono materiale bellico, almeno potenzialmente, e perciò sottoposte al via libera del consolato americano che deve mettere il timbro di garanzia sull'uso pacifico del prodotto. Ma alla TD Group hanno aperto una collaborazione con un'importante azienda italiana di settore che potrebbe portare alla realizzazione di una tecnologia nostrana per l'hardware del sistema, in modo da competere con gli Usa e abbassare i prezzi. Nel frattempo si studiano anche opzioni alternative alla vendita: anziché cedere le apparecchiature necessarie alle ricerche in infrarosso, si fornisce il servizio; o meglio, i servizi, perché la versatilità della tecnologia è stupefacente.

La prima sperimentazione, finanziata dal ministero dell'Ambiente, ha riguardato il monitoraggio notturno degli animali nel parco del Gran Sasso-Monti della Laga e nel parco del Vesuvio. Le termocamere registrano variazioni di calore anche minime, a distanze che in genere sono di alcune centinaia di metri ma che, con tecnologie più raffinate, possono arrivare ad alcuni chilometri; in sostanza, una sorta di segugio elettronico che permette di ricavare dati scientifici importanti sulla fauna e scoraggiare il bracconaggio. «Già oggi un bravo tecnico può distinguere in piena notte cervi sui prati, lepri nascoste in mezzo ai cespugli, civette appollaiate sui rami», afferma Benvenuto, «ma stiamo affinando gli algoritmi e lavorando sul riconoscimento automatico: arriveremo a individuare la differenza tra un cervo e un camoscio. Inoltre i sensori meteo forniscono dati importanti per i rilevamenti faunistici poiché consentono di interpretare comportamenti e abitudini degli animali tenendo conto anche della situazione climatica».

Le *spy cams*, adoperate a fini scientifici, rappresentano un altro mercato interessante per gli infrarossi. Sono penetrate perfino nelle profondità antartiche quando un gruppo di biologi della Texas University è riuscito a indurre quindici foche a spiare se stesse. A rendere possibile quest'edizione marina del Grande fratello è stato un giocattolo grande come una palla da tennis, una telecamera fissata su uno strato di gomma e incollata sulla testa degli animali trasformati così in strumenti scientifici; per tre estati consecutive le inconsapevoli cavie hanno rinunciato alla privacy per consegnare ai ricercatori un fedele diario delle proprie abitudini. In questo modo sono state scoperte alcune delle strategie usate per individuare una preda. Tecniche simili sono state adoperate anche nel Mediterraneo: gruppi del Wwf hanno filmato una foca monaca in una grotta della Turchia grazie a una telecamera ben mimetizzata e attivata da un sistema a infrarossi, che registra il calore dell'animale facendo iniziare automaticamente il filmato.

L'etologia è comunque solo una delle possibilità aperte dall'uso commerciale delle telecamere a infrarossi.

Un'altra opzione, sperimentata in Campania e in Toscana, riguarda il monitoraggio delle discariche: grazie ai processi di combustione spontanea dei rifiuti, è possibile, perlustrando le aree con termocamere installate sul tetto di una jeep o su un elicottero, individuare le mete dei camion controllati dall'ecomafia e scoprire depositi abusivi. Ma si può anche cercare una persona dispersa in una foresta o prevenire la ripresa di un incendio che cova sotto ceneri apparentemente spente o aumentare la sicurezza attorno a un edificio a rischio terrorismo. L'unico limite della tecnologia consiste nella necessità di lavorare in uno spazio libero, perché un muro o un tronco possono interrompere la trasmissione del segnale di calore rendendolo invisibile.

Nel curriculum delle tecnologie a infrarossi troviamo anche la possibilità di effettuare rilievi non invasivi sulle facciate di palazzi storici, in modo da capire se sono state realizzate chiusure di finestre o di porte (la pietra e il mattone trasmettono il calore in modo diverso), se ci sono loculi medioevali nascosti sotto un intonaco ottocentesco, se un affresco è stato coperto da uno strato di vernice, se su una parete esistono infiltrazioni di umidità o crepe ancora non emerse, se una tubazione è danneggiata. Poi ci sono le applicazioni di tipo sanitario. Si va dal monitoraggio anti-Sars sperimentato nel periodo in cui si temeva il diffondersi dell'epidemia (la termocamera riconosce a distanza una differenza di meno di un decimo di grado di temperatura e può riprendere decine di persone in coda individuando chi ha la febbre) al terminale portatile messo a disposizione del medico per avere sottomano le informazioni relative a ogni paziente durante la visita in corsia, evitando che i dati vengano fissati su un supporto a rischio privacy (il display portatile legge il codice del letto del degente, scaricando dal sistema tutte le informazioni relative al malato senza memorizzarle).

La gamma delle possibili applicazioni che sfruttano

tecnologie di frontiera continua a crescere. La più recente è la localizzazione di oggetti marcati da un sistema a radiofrequenza simile a quello utilizzato per le targhette antitaccheggio. Sono contrassegni grandi come un francobollo, costano pochi centesimi e possono essere utilizzati anche da una biblioteca o da uno studio legale per marcare un volume o un fascicolo evitando il rischio di un furto.

«Un'altra filiera della ricerca che si sta sperimentando alla TD Group», aggiunge Castelli, continuando a raccontare un'impresa che si muove in equilibrio fra affari, collaborazioni scientifiche internazionali e fantascienza, «è lo sviluppo della tecnologia utile a produrre immagini in tre dimensioni, ologrammi con misure molto più consistenti di quelle attuali. Per avere un metro cubo di spazio che si apre davanti agli occhi, creando una realtà virtuale, ci vogliono computer velocissimi e algoritmi molto efficienti; oltretutto bisogna raggiungere queste prestazioni contenendo i costi, impresa non facile ma con prospettive interessanti. Basti pensare a un ospedale in cui si possa proiettare a tre dimensioni, davanti a un'équipe di chirurghi, l'immagine di un fegato malato, che è la strada che stiamo battendo in collaborazione con l'Università di San Pietroburgo e con l'Università di Pisa. O ai vantaggi legati al veder nascere in scala naturale l'oggetto che si vuole costruire o il modello del grattacielo che si sta progettando».

Infine, tra i punti di forza dell'offerta TD Group, ci sono i software per la cosiddetta infomobilità in tempo reale. Il turista va in giro con il terminale fornito dal museo o con il suo cellulare, e riceve le informazioni che potrebbe dargli una guida umana, con l'aggiunta dei dati disponibili solo per via elettronica: audio, video, testi, immagini che descrivono il palazzo, gli itinerari percorribili al suo interno, elenchi di opere realizzate dallo stesso architetto. Un prodotto informativo che può essere tagliato su misura, in modo da dare ai bambini le spiegazioni sotto forma di cartone animato e ai genitori l'indirizzo del più vicino spettacolo di marionette. Per raggiungere un risultato del genere bisogna affinare nuove tecnologie: dalla comunicazione *wireless* – cioè la capacità di far viaggiare un'imponente mole di dati senza fili – alla possibilità di tracciare un profilo dell'utente abbastanza preciso da risultare funzionale.

Il sistema, inoltre, deve essere in grado di fornire servizi sia ai turisti che chiedono informazioni fisse (bar, cinema, musei, bancomat, alberghi elencati in ordine di vicinanza rispetto al luogo prescelto), sia ai viaggiatori che hanno bisogno di informazioni in costante evoluzione, come ad esempio le condizioni di viabilità; ci si può mettere in macchina a Bologna, chiamare un call center e fare visualizzare sul video di un palmare i dati sul traffico aggiornati in rapporto al punto che si è raggiunto e all'evoluzione del sistema stradale di quell'area. Queste opzioni nell'arco di pochi anni diventeranno disponibili su una pluralità di mezzi che comprenderanno sia il mondo *wired*, sia quello *wireless*: computer domestici e schermi della tivù interattiva, cellulari, palmari, dispositivi elettronici nell'auto. L'obiettivo è ottenere un sistema capace di dialogare con tutti questi strumenti, fornendo a ognuno le informazioni più adatte: da una griglia semplificata per i cellulari ai dettagli grafici per i pc.

La corsa verso l'aumento delle informazioni e la riduzione dell'inquinamento è solo iniziata.

Il paese con il bollo

Non è eccezionalmente dotato. Piacevole certo, ma soffre la competizione con un gruppo di fuoriclasse come le Cinque Terre, a pochi chilometri di distanza. Eppure Varese Ligure, un borgo minacciato dall'erosione demografica e abbandonato dai giovani, una spianata di pascoli stile svizzero che s'inerpica sui monti al confine con l'Emilia fino ai 1700 metri, è riuscito a conquistare il vertice della classifica europea: è stato il primo comune in Europa ad avere ottenuto la certificazione ambientale Iso 14001 ed Emas, ed è stato premiato nel gennaio 2004 a Berlino come comunità rurale più sostenibile d'Europa.

«È la nostra mania, noi certifichiamo tutto: l'agricoltura, l'allevamento, l'energia pulita, l'acqua, l'aria. Alla fine ci rimaneva solo da certificare il Comune. E lo abbiamo fatto.» Maurizio Caranza, 64 anni e una laurea in Legge, il sindaco che ha guidato la riconversione del paese, è un organizzatore e un parlatore instancabile, uno che non si arrende. Dalla Democrazia cristiana lo hanno cacciato nel 1990 perché aveva fatto una lista elettorale cooptando due comunisti. Dopo pochi mesi la lista bocciata da Piazza del Gesù venne approvata dal 65 per cento dei cittadini di Varese Ligure e da allora il livello di consenso ha oscillato tra il 65 e il 70 per cento nelle tre giunte guidate da Caranza e nella quarta in cui, essendo entrata in vigore la legge sul limite di mandati per i sindaci, c'è stato uno scambio di ruoli tra sindaco e vicesindaco e la guida è passata a Michela Marcone.

Una popolarità che si spiega con i numeri, visto che

Varese Ligure è uno dei pochi comuni della zona in cui il trend dell'abbandono si è invertito e l'economia è ripartita, ma soprattutto con il metodo adottato per mettere a punto il rilancio. Nel 1990, appena eletto, Caranza convoca tutti i proprietari dei vecchi rustici e delle numerose case abbandonate e propone loro un patto. Il Comune garantisce i finanziamenti per costruire il metanodotto, i parcheggi, le fognature, un'illuminazione artistica del borgo. In cambio i proprietari s'impegnano, nero su bianco, a recuperare la loro casa. In 56 firmano subito e rapidamente si arriva a 80.

Oggi il centro storico di Varese Ligure è recuperato integralmente grazie ai 7,5 milioni di euro di fondi europei che ne hanno attivato un totale di 30: per ogni euro di finanziamenti pubblici se ne sono trovati altri 3 privati. Con questi soldi sono stati risistemati 200 appartamenti storici in centro ma anche nelle campagne, dove si è riusciti a bloccare lo scempio dei casali lasciati cadere in rovina perché, in assenza di una norma che premi le iniziative che mantengono alto il valore del territorio, è più conveniente abbandonare le strutture antiche per costruire nuovi edifici; che poi questi cubi in cemento consumino più energia, deturpino il paesaggio e respingano i turisti, non viene messo nel conto.

Il recupero delle costruzioni rustiche – condizione indispensabile per ottenere il permesso per nuovi ampliamenti – ha fatto risuonare un'altra corda vincente del progetto Varese Ligure: l'agricoltura biologica. Anche in questa occasione alla base della sfida c'è stato un patto largamente condiviso. Gli agricoltori sono stati convocati in municipio e Caranza si è impegnato a ottenere la certificazione dei prodotti e ad avviare la loro promozione in cambio di un'adesione alla riconversione ambientale abbastanza ampia da far decollare la proposta. Il 60 per cento ha aderito subito e la quota è salita lentamente fino ad attestarsi al 95 per cento.

Inoltre sono state create due cooperative, una che produce carne e una che produce latte, entrambe con i bilanci saldamente in attivo. Nello stesso tempo le mense delle scuole, dall'asilo alle superiori, si sono riempite di piatti biologici e i ristoranti locali hanno cominciato a proporre bio-menu basati su ricette locali: dal pane con la farina di castagno alle tagliatelle al pesto, fino ai croxetti al sugo di pinoli, piccole lasagne che prendono il nome dallo stampino usato per dare la forma alla pasta (ogni famiglia nobile aveva il proprio stampino e la lista con i vari disegni è stata recentemente pubblicata su una rivista giapponese).

Un'altra ricaduta positiva del passaggio dall'agricoltura assistita alla radicale scelta biologica è stato il controllo degli incendi: le mandrie allo stato brado rappresentano un'assicurazione naturale contro il fuoco perché tengono pulito il pascolo. E a Varese Ligure ci sono più di 3 mila capi di mucche brune alpine e limousine (una razza rossa di origine francese).

Il boom del biologico, unito al recupero del centro storico, a sua volta ha contribuito a far ripartire il turismo: in dieci anni gli arrivi sono triplicati. «La maggior parte dei turisti va al mare: è dura portare gente in campagna», racconta Caranza. «Da noi non c'è neve e gli italiani non sono grandi appassionati delle passeggiate bucoliche. Però qualche risultato lo abbiamo ottenuto: siamo riusciti a passare dal canonico turismo agostano a una stagione che parte a gennaio anche grazie ai percorsi-natura in campagna e all'appeal dell'alta via dei Monti liguri che passa proprio di qua. Inoltre per turisti come gli inglesi, gli austriaci, i tedeschi, la certificazione ambientale conta. Proprio davanti a casa mia c'è un piccolo agriturismo che ha stretto un accordo con un'agenzia tedesca e lavora tutto l'anno.»

La nuova immagine di Varese Ligure è diventata un polo attrattivo che ha ribaltato la situazione. Prima il paese non era conosciuto neanche a La Spezia; ora, non solo non c'è più stata un'attività commerciale che ha chiuso dal 1990 – anzi continuano ad arrivare richieste per nuovi negozi – ma comincia a tornare gente che se n'era andata: artigiani, muratori specializzati in operazioni di restauro, operatori turistici, anziani che decidono di tornare alla loro vecchia casa. In dieci anni, in un paese che non ha industrie e vive esclusivamente di agricoltura, turismo e artigianato, sono stati creati 130 posti di lavoro solo nel settore del biologico e il declino demografico si è fermato.

Possibile che tutto questo sia merito della certificazione ambientale? «È stato un grande aiuto perché ha contribuito a cambiare la nostra testa», risponde Caranza. «Forse è uno stato psicologico alterato, una malattia, ma a noi certificare piace, ci sentiamo in pace con la coscienza. Sappiamo esattamente quante polveri sottili girano nell'aria – e sono poche – e possiamo dimostrare che quasi tutto quello che arriva in tavola è biologico. Siamo orgogliosi di questo, felici che lo ripetano anche gli enti di controllo. Vogliamo dirlo a tutti. Persino i bambini lo sanno, perché dal 1992 abbiamo cominciato a fare educazione ecologica in un centro realizzato in uno degli edifici recuperati e poi abbiamo allargato l'esperienza alle scuole: ora tutti i ragazzi conoscono la raccolta differenziata e la certificazione ambientale.»

In realtà è il meccanismo stesso della certificazione a produrre una serie di stimoli positivi. Ottenere il timbro di buon governo ambientale non significa infatti aver raggiunto il picco di una montagna, ma essere arrivati su un crinale da percorrere cogliendo le opportunità del terreno per risparmiare energia e camminare al sicuro. È difficile non migliorare quando ogni sei mesi arriva il tecnico dell'ente di certificazione che controlla, esamina, soppesa i risultati del semestre precedente e le previsioni per quello successivo. Per superare la prova bisogna fare qualcosa tutti i giorni.

Un impegno che, in una situazione come quella di Varese Ligure, coinvolge la maggior parte dei dipendenti dell'amministrazione comunale. Sono stati loro, ad esempio, a proporre di eliminare il cloro dall'acqua sostituendolo con i raggi ultravioletti; il progetto è stato approvato e realizzato in tutti e ventuno gli acquedotti del paese.

Anche per quanto riguarda gli altri problemi ambientali la certificazione ha prodotto risultati consistenti. Le acque che escono dai due depuratori del paese sono costantemente in regola dal 1999. In 15 anni la raccolta differenziata è passata dal 5 al 32 per cento, un dato particolarmente significativo perché il territorio, messo a coltura biologica, riutilizza direttamente molti scarti organici e quindi produce già in partenza un terzo di rifiuti in meno rispetto alla media italiana.

L'energia è ora il settore in cui si concentrano gli sforzi maggiori. Varese Ligure, che è un partner ufficialmente riconosciuto della Commissione europea nel progetto di arrivare entro il 2010 al 20 per cento di rinnovabili, usa solo energia da fonti pulite: due generatori eolici che producono 4 milioni di chilowattora all'anno, quanto basta per alimentare le case di 8 mila persone; vari pannelli solari per l'acqua calda; un impianto fotovoltaico sulla scuola media e uno sul municipio (tutta l'energia elettrica consumata nel palazzo comunale viene dal sole). Il paese produce già tre volte l'elettricità che consuma e in programma c'è una nuova piccola centralina idroelettrica in un acquedotto comunale: abbastanza da meritare la certificazione energetica che è arrivata direttamente dalla Svizzera perché si tratta di un esperimento che in Italia non è ancora partito.

L'onda lunga della certificazione ambientale ha cambiato il destino di Varese Ligure. Poteva essere uno dei 2 mila piccoli comuni che rischiano concretamente di scomparire, uccisi dall'emorragia dei servizi sociali e sanitari che vengono smantellati, delle scuole che serrano i battenti, dei negozietti che chiudono uno dopo l'altro, finché si arriva al momento in cui gli ultimi cento abitanti rimasti si guardano in faccia, si arrendono e scappano. Le premesse c'erano tutte. Dai 4 mila abitanti del tredicesimo secolo si è saliti fino a un picco di 8185 residenti nel 1880. Poi è cominciato il calo: un saldo negativo a ogni censimento, fino al crollo degli anni Cinquanta, con 1200 emigrati in un decennio. Il paese stava morendo per la mancanza di una strategia da opporre all'esodo verso l'industria e al potere attrattivo dell'apparato pubblico metropolitano che, nell'epoca delle clientele allargate, riusciva spesso ad assicurare un posto in cambio di qualche voto.

Oggi la fuga è stata bloccata e si manifestano anzi segnali d'inversione di tendenza. Sul territorio comunale ci sono 2250 abitanti: pochi (16 per chilometro quadrato contro la media nazionale di 190), ma con una buona determinazione a restare sul campo; oltre allo sviluppo sostenibile, *durable* come dicono i francesi, Varese Ligure prova a sperimentare la vita *durable*. Il numero dei centenari, in base alle rivelazioni del 2004, l'anno in cui sono state fatte le stime, è infatti da record, 17 volte sopra la media nazionale. E il Comune, anche se questo è un primato che non aveva programmato, sta naturalmente provando a certificarlo con una ricerca condotta dal gerontologo Claudio Franceschi, direttore dell'Inrca (Istituto nazionale ricovero e cura anziani).

Franceschi, come molti accademici, è un uomo cauto e la prende alla lontana. Spiega che i fattori genetici incidono sulla longevità per il 25 per cento fino a 85 anni e che, sopra questo traguardo anagrafico, il ruolo da attribuire ai geni cresce, tanto che i fratelli dei centenari hanno una probabilità di diventare a loro volta centenari 19 volte più alta della media se sono femmine e 8 volte più alta se sono maschi. Il rimanente 75 per cento di merito va diviso tra i fattori ambientali (che comprendono l'alimentazione, gli stili di vita, lo stress) e il caso.

Ora a Varese Ligure, secondo la fotografia demografica scattata il 13 ottobre 2004, ci sono 7 centenari su una popolazione di 2257 persone: perfino più della Sardegna che è finora il caso di studio più interessante in Italia per quanto riguarda la longevità. «Bisogna prendere i dati con grande cautela perché parliamo di un singolo anno e da un anno all'altro possono esserci variazioni molto significative: per poter trarre delle conclusioni attendibili ci vuole una sequenza che abbracci alcuni decenni», spiega Franceschi. «Tuttavia posso affermare che Varese Ligure si propone come un laboratorio di studio sulla longevità estremamente interessante. A determinare il suo record, se verrà confermato, sono molto probabilmente i fattori geografici, dando alla geografia l'accezione culturale che merita, perché bisogna sempre ricordare che il corredo genetico assume un significato pratico che cambia secondo le zone; lo stesso Dna dà risultati diversi se la persona che lo possiede vive ai tropici o nelle zone artiche, se mangia zampone oppure verdure. In questo caso l'altitudine, che accomuna questo territorio con il Nuorese, potrebbe giocare un ruolo importante: la gente di montagna, se non è così povera da essere malnutrita né così ricca da rischiare di diventare obesa, spesso raggiunge una buona forma fisica.» Una ragione in più per studiare il caso Varese Ligure e vedere se la ricetta che ha portato dalla corsa a scappare alla voglia di rimanere può essere riprodotta.

Quattro generazioni di marketing

Girolamo Varnelli arrivò a Roma una mattina fredda e tersa del 1919. Veniva da Cupi di Visso, un gruppo di case a mille metri di quota, sui monti Sibillini, dove aveva inventato un liquore con un sapore di genziana ammorbidito dal miele e un curioso effetto antifebbrile e antimalarico che tornava utile ai pastori durante la transumanza, quando scendevano fino alle paludi della Maremma. Funzionava, ma a provarlo erano talmente pochi che il successo rimaneva teorico: all'inizio del Novecento creare un mercato per un prodotto che nasceva in un piccolo centro dell'Appennino marchigiano era un'impresa. Invece di scoraggiarsi, Varnelli moltiplicò con testardaggine le spedizioni in cerca di contatti scientifici e commerciali, spingendosi fino a Torino dove, all'Esposizione internazionale dell'igiene del 1909, con il suo liquore, l'Amaro Sibilla, vinse la medaglia d'oro.

Quella mattina del 1919, passeggiando per via del Corso, nel centro della capitale, gli capitò sotto gli occhi la vetrina dello studio fotografico Pesce; vide i primi piani delle personalità più in vista di Roma ben esposti e pensò che una foto poteva essergli utile per i suoi pellegrinaggi promozionali. Pensava a un'immagine classica, un imprenditore vestito da imprenditore. Pesce lo guardò in faccia, notò i tratti decisi, gli occhi carismatici, la barba lunga da rivoluzionario e gli propose di cambiare programma: posa sciolta, niente cravatta, giacca sbottonata. Pochi scatti, e sulla pellicola rimase l'immagine di un personaggio che poteva essere un anarchico russo o un cospiratore mazziniano, un carattere forte che restava impresso nella memoria. È stato l'inizio di una campagna di marketing che dura da quattro generazioni. Ancora oggi quel ritratto campeggia in formato gigante all'ingresso della distilleria Varnelli. Un segno di continuità che sottolinea un principio rimasto costante: l'equazione «brand uguale famiglia, uguale territorio».

Nel corso di oltre un secolo di vita l'azienda ha cambiato sede e ha ampliato la propria gamma di prodotti, ma non ha mai rinunciato al marketing personalizzato. Tanto personalizzato che il pezzo forte della scuderia, l'anice Varnelli, si vende omettendo la parola anice e presentandolo semplicemente come «il Varnelli».

«Oggi sta tornando di moda uno stile produttivo che forse sarebbe stato meglio non abbandonare mai», sostiene Orietta Varnelli, amministratore delegato della società. «Contano di più le persone, conta di più il territorio. A noi non può che fare piacere, perché queste sono da sempre le nostre priorità. Per difendere l'identità del prodotto, mio padre, che si chiamava Girolamo come il nonno, ha fatto scelte che sul momento potevano sembrare strane. Ad esempio, alla fine degli anni Sessanta, un grande distributore gli propose di comprare un'enorme quantità di liquore: l'azienda sarebbe cresciuta di colpo. Nell'immediato era un ottimo affare; ma alla lunga avrebbe finito per far passare il controllo del prodotto, dal punto di vista dell'immagine e della commercializzazione, nelle mani di chi gestiva una quota così importante delle vendite. Mio padre ci pensò solo un attimo, poi strinse la mano del grossista che gli aveva proposto la supercommessa, gli regalò le 12 bottiglie che chiudevano i colloqui d'affari e rinunciò all'ordinazione. Ha pagato un prezzo, perché l'azienda è cresciuta più lentamente, ma ha ottenuto un vantaggio strategico, perché siamo ancora noi a stabilire come il nostro prodotto deve stare sul mercato. Per tutto questo periodo siamo riusciti ad assicurare ai piccoli commercianti dell'Italia centrale un prezzo di vendita che permette loro di reggere il confronto con i supermercati. In questo modo il Varnelli viene distribuito capillarmente nella sua zona di provenienza e non solo nel circuito della grande distribuzione nazionale e delle enoteche.»

Il controllo dell'immagine del prodotto è sempre stata l'idea fissa della famiglia. L'azienda nasce nel 1868, un periodo d'oro per il settore che vede spuntare, nel giro di pochi decenni, imprese come Averna, Branca, Martini e Rossi. Varnelli nella zona di Macerata fa da pioniere, tanto che la sua licenza commerciale per gli alcolici è la numero uno della provincia. Comincia così un percorso che, nel primo mezzo secolo di attività, è dedicato alla conquista di uno spazio commerciale per l'Amaro Sibilla.

L'intuizione del fondatore di creare un nuovo liquore ancorato a un'immagine mitologica così specifica poggia su un legame profondo con il territorio. L'amaro nasce da uno studio accurato delle erbe officinali dei monti Sibillini, che ha permesso di brevettare una formula efficace, e da una lavorazione tradizionale che si ripete ancora oggi immutata, con il decotto di erbe e di radici sul fuoco alimentato a legna, in grandi caldaie di rame costruite artigianalmente.

Il salto arriva con la seconda generazione di imprenditori. Negli anni Trenta è il figlio Antonio, meno estroverso ma abile nel formare una squadra, a creare il prodotto che oggi garantisce la maggior parte del fatturato, il Mistrà all'anice. Antonio riesce a costruire una campagna di comunicazione di risonanza nazionale, basata su immagini firmate da nomi come Achille Beltrame, l'illustratore della «Domenica del Corriere», e il pittore Adolfo De Carolis, che disegna la Sibilla per l'etichetta dell'amaro.

La scelta dell'anice come prodotto di punta dell'offerta aziendale viene rilanciata dal terzo Varnelli, che riprende il nome del capostipite. Girolamo, dopo la laurea in Economia e commercio con una tesi sulla pubblicità come strumento di mobilitazione dell'opinione pubblica, è tra i primi a specializzarsi in erboristeria a Camerino e decide di puntare tutto sull'anice. Certo, la materia prima che ha scelto è poco originale perché la fama dell'anice è antica: l'*Ordre des anisettiers du roi* è stato fondato nel tredicesimo secolo alla corte di Parigi e la *pimpinella anisum* viene citata da Plinio («desta l'appetito »), così come dal medico rinascimentale Pietro Andrea Mattioli («fortifica al coito»). Ma se non è una novità in un panorama mediterraneo in cui, dalla Spagna alla Grecia, dalla Francia alla Turchia, i liquori a base di questa pianta costituiscono una presenza costante, l'anice Varnelli ha un carattere che si fa notare, un po' come la foto del fondatore; la nota asciutta e personalizzata, l'aroma secco gli danno la possibilità di ritagliarsi uno spazio in un settore affollato.

Per conquistare questo spazio Girolamo Varnelli riprende lo stile fantasioso e istrionico del nonno. Piazza cartelloni promozionali sulle strade, in un periodo in cui questa forma di pubblicità non è ancora diffusa. Crea slogan di grande efficacia come «A farmi preferir basta un assaggio» e «L'amaro dell'automobilista» (all'epoca si sottolineavano le proprietà digestive dell'anice più che il suo effetto potenzialmente rischioso sulla capacità di guida). Fornisce agli autobus marchigiani una valigetta di pronto soccorso contro la nausea e i disturbi di viaggio in cui, tra il cotone emostatico e i cerotti, ci sono i mignon della Varnelli per «ridare tono e vigoria» a chi si sentisse provato, come spiegano i pieghevoli distribuiti ai clienti delle corriere: «Gentilissimo viaggiatore, ci pregiamo portare a sua conoscenza che questa autocorriera è dotata di un nuovo, moderno mezzo di comfort, cioè del bar soccorso medico Varnelli».

Pur restando ancorata alla tradizione per quanto riguarda le tecniche di produzione e il rigido divieto di usare conservanti e coloranti non naturali, in questo periodo, tra gli anni Quaranta e Settanta, l'azienda è attraversata da una ventata d'innovazione che modernizza il marketing, spinge a un'adesione anticipata alle norme per la prevenzione degli infortuni sul lavoro e insiste sulla formazione professionale degli erboristi. Girolamo Varnelli è un maniaco delle nuove tecnologie. Nella sua casa viene installato il primo telefono del paese con servizio notturno e, quando i carabinieri devono fare una chiamata d'urgenza dopo la mezzanotte, gli chiedono la cortesia di usare il suo apparecchio.

Già nel 1950, al primo Salone dei vini e dei liquori d'Italia, a Roma, questi sforzi vengono premiati con la menzione dell'anice secco Varnelli come «miglior prodotto del genere». L'azienda si irrobustisce, ma alla morte di Girolamo, nel 1975, sono in molti a considerarla finita: venuta meno la figura dell'imprenditore passionale, con quattro donne a raccogliere il testimone, tutti scommettono sulla vendita chiavi in mano. «Era cominciata a girare la voce che avessimo ceduto tutto a una grande azienda internazionale e le ordinazioni all'improvviso si sono impennate perché chi ci conosceva voleva fare scorte, non sapendo cosa sarebbe successo con la nuova gestione», racconta Orietta Varnelli. «In realtà non abbiamo mai pensato a vendere, anche perché questa azienda può avere un futuro solo se mantiene il suo legame storico con il territorio.»

Invece di rinunciare, le eredi Varnelli rilanciano aprendo la fase di gestione delle «quattro Sibille», che ha visto crescere le vendite anche in periodi di flessione del settore. Ora al comando ci sono la vedova di Girolamo, Elda, farmacista di professione ed erborista per passione, e le tre figlie, Simonetta, Donatella e Orietta. Le prime due entrano in azienda subito; Orietta decide di sperimentare una prima fase di lavoro indipendente, a

Roma («Volevo che fosse una scelta, non un destino»), ma alla fine si lascia coinvolgere fino a diventare l'amministratore delegato della società.

Per restare sempre uguale a se stessa l'impresa continua a investire in innovazione. Un paradosso solo apparente: quando i punti di riferimento cambiano, per mantenere l'identità bisogna muoversi velocemente. E correre nella direzione giusta. Il primo cambiamento a favore della continuità è stato quello della sede. Gli stabilimenti di Pievebovigliana, a una quindicina di chilometri da Camerino, erano diventati insufficienti, e nel piano comunale non era prevista un'espansione industriale. Così la Varnelli, senza rinunciare al panorama segnato dalle colline e dai pascoli dell'entroterra maceratese, è migrata nel paese più vicino, a Muccia, dove ha costruito uno stabilimento ipermoderno, in cui però restano alcuni segni dello stile artigianale, dagli alambicchi alle caldaie in rame.

Un altro cambiamento con cui l'impresa ha dovuto fare i conti è stato quello climatico. «Abbiamo avviato una collaborazione con l'Università di Camerino per studiare lo sviluppo di colture di genziana lutea, una delle essenze di base per il nostro amaro», ricorda Orietta. «Una sperimentazione decisa per due ragioni. Innanzitutto perché la specie, con il suo bellissimo fiore giallo, ora è protetta e dunque, per ottenere dei quantitativi importanti, occorre coltivarla. E poi perché il clima è cambiato. Ne abbiamo avuto una dimostrazione evidente nell'habitat dei Sibillini: la nostra azienda ha sempre raccolto la genziana attorno ai 1000 metri; ora bisogna salire di quota di almeno 300 metri e solo a 1500 metri i prati di genziana crescono rigogliosi.»

Il terzo cambiamento in direzione della continuità è stata la scelta di rafforzare il legame con il territorio. L'impresa ospita corsi di degustazione e stagisti provenienti dalle diverse università marchigiane e dall'Istituto Adriano Olivetti per la gestione dell'economia delle aziende. Borse di studio sono riservate a iniziative che favoriscano l'integrazione tra i percorsi accademici dei singoli studenti e le esigenze del mondo imprenditoriale, tanto che più di una volta dalle tesi di laurea sono nati progetti mirati che hanno portato a forme di collaborazione tra il giovane laureato e l'azienda.

Anche per quanto riguarda la ricerca sui sapori si continuano a sperimentare nuovi abbinamenti per ampliare gli usi classici dell'anice. Se tradizionalmente veniva utilizzato come digestivo o come correzione del caffè, adesso la fantasia corre a briglia sciolta: si va dal baccalà profumato al Varnelli agli scampi cotti nel liquore, fino al «Macerata libre», il cocktail a base di amaro tonico e Coca-Cola.

L'energia per competere

Quando gli venne per la prima volta in mente l'idea di brevettare un nuovo sistema per vendere il caldo aveva diciassette anni. Era il 1956, la grande stagione del petrolio stava iniziando e il greggio non costava nulla. Risparmio energetico era un'espressione sconosciuta e pochi si preoccupavano di elaborare una strategia diversa da quella standard che prescriveva un codice di comportamento molto semplice: trovare un pozzo, pompare il greggio, costruire una raffineria, far avanzare il progresso. Ma a Benito Guerra, già da adolescente, piaceva andare controcorrente.

«La cosa più difficile fu convincere mio padre, Dante, a firmare le cambiali per far nascere la ditta che portava il suo nome: D. Guerra, officina meccanica per la produzione di beccucci a gas per scaldabagni e caldaie», racconta Guerra, che nel frattempo è diventato presidente della Robur, una società che produce caldo e freddo ad alta efficienza, indicata dalla Confindustria come modello d'innovazione tecnologica. «Per lui indebitarsi era quasi immorale e io ho ereditato l'idea che i finanziamenti siano come una droga, qualcosa di cui è bene liberarsi in fretta in modo da contare sulle proprie forze e restare indipendenti. Del resto all'inizio sono partito con niente: un capannone di cento metri quadrati alle porte di Milano, a Bollate, il massimo che mi potevo permettere con la liquidazione di due anni di lavoro come caporeparto. Avevo fatto minuterie metalliche di precisione – viti, perni, bulloni – per una fabbrica di elettrocalcolatori che si chiamava Everest e che poi era stata assorbita dalla Olivetti. Quando l'azienda ha chiuso, mi sono ritrovato a spasso e ho scelto di puntare sul settore del gas, perché due anni prima, nel 1954, era stato distribuito il metano nella prima città europea, a Lodi. Il metano rappresentava la grande novità del momento, come negli anni Novanta lo è stato l'*e-commerce*, e per utilizzarlo erano ovviamente necessari i bruciatori che all'epoca s'importavano dall'Inghilterra. Ho pensato che da lì si poteva partire per trovare uno spazio di mercato durante la fase di transizione: si trattava di fare bruciatori che fossero più utili degli altri perché funzionavano sia con il vecchio gas da carbon fossile sia con quello nuovo, con il metano.»

Guerra si è portato dietro l'idea di affiancare in maniera originale fonti energetiche e apparecchi per regolare la temperatura per 40 anni, finché ha incontrato sulla sua strada le nuove frontiere del risparmio energetico ed è riuscito ancora una volta a battere la concorrenza con un'altra abbinata sempre a base di gas. Robur ha realizzato, per prima al mondo, una pompa di calore che può produrre caldo e freddo, utilizzando il metano invece che l'elettricità.

Un'innovazione che rappresenta un vantaggio netto in termini di efficienza, perché con le tecnologie tradizionali l'energia fa un giro vizioso: si bruciano combustibili fossili per portare l'acqua ad alta temperatura nelle centrali, in modo da ottenere i vapori che azionano le turbine; dalle turbine poi si ricava l'elettricità che viene usata, nelle case, per far uscire acqua tiepida dal rubinetto. Il percorso con le nuove pompe di calore a gas è molto più rapido: invece di sprecare una montagna di caldo per recuperarne qualche briciola, si usa direttamente il calore. La differenza tra i due processi è enorme. Nel primo caso, si utilizza solo la forza meccanica e si eliminano, assieme al calore, i due terzi dell'energia in gioco.

Nel secondo, si usano sia l'elettricità sia il calore, e i rendimenti complessivi possono superare l'80 per cento.

Per la verità sembrerebbe un principio troppo evidente per meritare di essere scoperto, ma negli anni ruggenti dello sviluppo industriale sembrava che il livello di piena del serbatoio energetico dovesse essere raggiunto solo aumentando il flusso in entrata con nuovi giacimenti, senza pensare a diminuire quello in uscita, riducendo gli sprechi. Questa deformazione percettiva spiega il paradosso descritto dal fisico Federico Butera: nessuno è tanto stupido da pompare l'acqua fino a 1000 metri d'altezza per irrigare un orto a 10 metri sul livello del mare, ma, quando dall'idraulica si passa all'energia, ciò che appariva assurdo diventa normale; si usa una caldaia che va a 1000 gradi per averne 20 in una stanza, anche se è evidente che il dispendio energetico è immenso, poiché il calore di scarto, se non utilizzato, finisce nei fiumi e nei mari, sommando allo spreco l'inquinamento termico.

Dunque la linea di sviluppo della Robur si inserisce pienamente nel filone dell'innovazione e del risparmio energetico. E lo arricchisce con l'uso del metano in sostituzione dell'energia elettrica, una svolta tecnologica che contribuisce ad alleggerire il consumo di elettricità, tallone d'Achille dei paesi sviluppati come la recente serie di blackout ha ricordato. Il successo dell'azienda, che da oltre dieci anni esporta anche in paesi come la Cina, il Giappone e la Corea, dimostra che la scommessa ha pagato.

A voler fare l'avvocato del diavolo, però, si potrebbe obiettare che la proposta di diffondere una regolazione termica molto flessibile basata sul metano si espone a due critiche di tipo ambientale. La prima è che l'aria condizionata si sta diffondendo nelle case a un ritmo molto veloce (continuando di questo passo, sette italiani su dieci avranno un condizionatore entro il 2015), e il processo porta a un preoccupante aumento dei consumi elettrici con tutti i rischi collegati. La seconda è che il gas è pur sempre un combustibile fossile e, anche se è il meno inquinante di questa categoria, ogni volta che lo si usa dà un contributo, sia pure significativamente inferiore a quello del carbone e del petrolio, all'incremento dell'effetto serra che minaccia la stabilità del clima.

Guerra ha una risposta per entrambe le obiezioni: «Noi costruiamo impianti di condizionamento di tipo industriale. Il nostro cliente standard è un imprenditore che ha bisogno di governare la catena del freddo per conservare prodotti alimentari o medicinali; questa esigenza non è un accessorio di cui si può fare a meno, ma un bisogno primario legato alla salute. Certo, le stesse macchine possono anche essere utilizzate nel settore abitativo e commerciale per dare caldo e freddo a un grosso condominio, a un agglomerato di villette o a un supermercato, ma questa è una scelta soggettiva che appartiene ai clienti. Noi offriamo un prodotto che, a parità di prestazioni, assicura un risparmio energetico consistente. Come cittadino l'eccesso di aria condizionata non mi piace, ma bisogna anche tener conto dell'aumento continuo di fonti di calore come i computer, un elemento di modifica del microclima che si fa sentire. E poi l'obiettivo a cui stiamo lavorando è il salto successivo: una pompa di calore alimentata con energia solare. Scientificamente e tecnicamente l'obiettivo è già raggiunto, si tratta di renderlo economicamente conveniente. Dobbiamo affinare la tecnologia per offrire un tempo di ritorno dell'investimento che non superi i dieci anni. A quel punto, visto che una macchina del genere ha una vita molto lunga e dopo i dieci anni non si spende un centesimo in elettricità, il vantaggio per il cliente diventa notevole. Entro un quinquennio spero di arrivare alla fase dell'impianto pilota».

L'utilizzo dell'energia solare rappresenterebbe certo un salto tecnologico enorme, ma già oggi i risultati raggiunti sono significativi, tanto che nel 2001 la Robur ha ottenuto il premio nazionale Qualità Italia e nel 2003 la consegna a Helsinki dell'Eqa, l'European Quality Award, il più prestigioso premio in Europa per l'eccellenza organizzativa. I numeri dietro questi riconoscimenti vengono da esperienze come quella di un progetto di ristrutturazione di 382 appartamenti di edilizia popolare ad Haarlem, in Olanda, in cui sono state installate 18 unità Gahp (*Gas Absorption Heat Pump*, le pompe di calore ad assorbimento) assieme ad altre tecnologie di riscaldamento come i pannelli solari termici e un innovativo sistema di accumulo dell'energia termica nel sottosuolo. Il risultato è stato notevole: mentre nella precedente situazione ciascuno degli appartamenti consumava ogni anno circa 1930 metri cubi di metano per il riscaldamento e l'acqua calda, grazie al miglioramento dell'isolamento degli edifici e alla maggiore efficienza impiantistica, il consumo annuo di energia si è ridotto a 525 metri cubi per appartamento. Ciò significa un abbattimento di circa il 70 per cento rispetto alla situazione iniziale, una riduzione dei consumi annuali di metano di 520 mila metri cubi e una minore emissione di anidride carbonica in atmosfera pari a mille tonnellate per anno.

Dietro una performance del genere c'è una scelta forte di investimenti in innovazione, iniziata quando la ditta artigiana si trasforma in impresa industriale e Guerra sceglie un simbolo legato alla forza delle radici (Robur significa quercia) puntando l'8 per cento del fatturato – 37 milioni di euro nel 2004 – sul settore ricerca e sviluppo. È così che, già alla fine degli anni Settanta, la Robur ha superato il concetto di riscaldamento centralizzato per progettare una rete di apparecchi che tengono caldi gli stabilimenti industriali e commerciali, accendendosi e spegnendosi con la facilità con cui si utilizzano le luci di casa; il servizio acquista flessibilità ed evita gli sprechi.

Sempre nello stesso periodo si rafforza il secondo elemento della «ricetta» Robur: lo spirito di squadra costruito su un forte impianto etico (risparmio energetico, diminuzione dell'impatto ambientale della produzione, pari dignità di tutti i lavoratori), che rischia addirittura di sconfinare in un «maoismo industriale» per i ripetuti appelli ai Circoli di qualità, creati in fabbrica per fare l'autocritica dal basso, seguendo il motto aziendale «è un danno sbagliare e nascondere l'errore, è un valore utilizzare l'errore per permettere alla squadra di migliorare».

Non sarà un'organizzazione un po' troppo ideologica? «Ma no, il contrario semmai», replica Guerra. «La conduzione aziendale classica prevede che, quando si presenta un problema serio, l'azienda scavalca gli schemi ordinari e assume un esperto chiamato a recuperare gli errori degli altri. Qui sta la rigidità gerarchica: le gestioni autoritarie calano le soluzioni dall'alto per affermare un principio, e spesso queste soluzioni non funzionano, oppure risolvono un problema per crearne un altro. Da noi succede l'opposto. Se c'è qualcosa che non va, si convocano le persone coinvolte nei vari aspetti del problema in gioco, le si dispone attorno a un tavolo e si comincia a discutere per capire come migliorare il segmento di processo industriale che non funziona, perché, per raggiungere l'obiettivo della qualità totale, bisogna che tutti siano motivati, che tutti concordino sulla strategia da adottare. Tanto è vero che il coordinatore di questi gruppi di lavoro per la qualità e la creatività non è mai un esperto del settore: se lo fosse, potrebbe avere già una soluzione in testa ed essere tentato d'imporla. Invece, supponendo che il problema sia contabile, è meglio avere un leader commerciale, che non ha pregiudizi nel campo di cui si discute, in modo che tenda a tirar fuori le idee degli altri più che le proprie. È in questo modo che sono nate molte delle nostre strategie ecologiche: spontaneamente. Ad esempio abbiamo discusso della carta, della necessità di ridurne l'uso e aumentare il riciclo, e subito è iniziata una gara di proposte su come tagliare i consumi, che effettivamente sono crollati nel giro di pochi anni perché il modello suggerito godeva di un largo consenso.»

Così, quando l'impresa ha cominciato a esportare in Asia ed è stato necessario ripensare all'immagine aziendale, piuttosto che cercare le risposte ingaggiando superconsulenti, si è scelto di affiancare ai team di lavoro già esistenti Bruno Munari – uno dei maggiori designer italiani – per tenere corsi di formazione in modo da far acquisire a una ventina di giovani le competenze necessarie a partire. Il progetto ha funzionato e da quei venti giovani è nato il nuovo logo dell'azienda.

Al «maoismo» dei circoli di qualità non corrisponde un internazionalismo produttivo altrettanto forte: alla Robur la delocalizzazione non piace. Anche se la squadra aziendale è molto varia sul piano delle nazionalità (si va dagli ingegneri serbi ai tecnici inglesi), il legame tra impresa e territorio non è in discussione. «Produciamo solo in Italia perché nel nostro campo la qualità del lavoro degli italiani è più elevata, più eclettica, più flessibile», sostiene Guerra. «In realtà abbiamo tentato anche altre strade. Abbiamo fatto l'esperienza di uno stabilimento negli Stati Uniti con un centinaio di operai, ma non c'è confronto in termini di prodotto finale. Noi facciamo meccanica di alta precisione e serve una squadra in cui ognuno sappia dove va a finire il pezzo che sta lavorando e perché va fatto in quel modo. Ci vogliono coinvolgimento, passione artigianale, gusto estetico. Chi non entra in questo spirito non funziona bene in un team come il nostro.»

E il team marcia. Tra i clienti più soddisfatti c'è stato Enzo Ferrari: quando gli è stata spiegata la logica del nuovo sistema di riscaldamento a gas, ha chiamato un suo ingegnere di fiducia e gli ha detto, in modenese stretto: «Ci guardi dentro a questa roba qua». Evidentemente quello che ha visto gli è piaciuto, perché è tornato. Del resto i clienti insoddisfatti non sono molti; il metodo Robur comprende un monitoraggio sistematico di tutti gli acquirenti. Dopo sei mesi arriva la prima telefonata per sapere se tutto funziona per il meglio. E se c'è qualcosa che non va, arriva una visita gratuita, poi un'altra e poi un'altra, finché si risolve il problema. Qualche volta, comunque, il cliente non si convince. È il caso di un'anziana signora di Genova che si era comprata un impianto a metano pensando che fosse elettrico: era terrorizzata dal gas e non c'è stato verso di tranquillizzarla, era più forte di lei. Ha restituito la macchina riprendendo i suoi soldi.

Il vino del *Gattopardo*

Di giorno catturano l'energia del sole con un impianto fotovoltaico; di notte fanno la vendemmia bioclimatica, cogliendo l'uva quando i grappoli sono al riparo dal caldo. Donnafugata, 14 milioni di euro di fatturato, 300 ettari di vigneti, un'azienda inventata dalla famiglia Rallo all'inizio degli anni Ottanta, è un esempio da manuale di una Sicilia che è riuscita a rivitalizzare radici che sembravano soffocate da un lungo abbandono.

La storia dell'azienda, ormai alla quinta generazione di imprenditori del vino, nasce a Marsala nel 1851 con la creazione delle cantine che oggi sono diventate un esempio di archeologia industriale perfettamente funzionante, una sorta di fabbrica-museo: al centro il baglio, la grande aia simbolo architettonico del vecchio mondo agricolo; attorno un armamentario tecnologico d'avanguardia che va dagli ambienti di stoccaggio, coibentati per mantenere la giusta temperatura con il minimo sforzo energetico, al sistema elettronico informatizzato per il controllo della fermentazione del mosto e l'affinamento del vino in barrique e poi in bottiglia.

Dal baglio ai computer c'è un bel viaggio, e non sempre è stato piacevole. Tra la Sicilia che sedeva nella sala comandi dell'agricoltura dell'Ottocento – la Sicilia che aveva già visto il Marsala scendere in pista per strappare lo scettro a vini come il Porto e lo Jerez – e quella che si affaccia, sorpresa di farcela, sul palcoscenico della nuova economia del ventunesimo secolo, c'è un cammino tortuoso che passa attraverso un lungo periodo di sofferenza. Per i Rallo i problemi sono stati legati soprattutto alla crisi collettiva del vino siciliano, avvilito dall'immagine di prodotto da taglio, robusto a causa del sole e grossolano per la fattura, una sorta di emigrante clandestino costretto a svolgere le imprese di fama all'estero, in contumacia, nell'anonimato di bottiglie con un marchio francese.

Il colpo d'ala arriva nel 1983, quando Giacomo Rallo passa dal Marsala ai 230 ettari di colline ondulate e assolate che compra a Contessa Entellina, a 60 chilometri da Palermo, sulla strada per Sciacca. È una terra calcarea e ricca di minerali, con le vigne coccolate dagli inverni temperati e scosse dalle escursioni termiche estive: c'è la base per tirar fuori un vino da campionato di serie A, ma non è questa la sorpresa in una regione in cui l'uva è di casa da millenni. La vera novità è un'intuizione di mercato. Le vigne di Contessa Entellina confinano con la tenuta che è stata trasformata da Tomasi di Lampedusa in Donnafugata, la residenza estiva dei principi Salina; è qui che, nel *Gattopardo*, avviene l'incontro fra Tancredi e l'affascinante Angelica. Un vino che abbia nelle vene la forza del sole siciliano e sulla pelle l'eleganza evocativa di Tomasi di Lampedusa sarebbe irresistibile.

I Rallo intuiscono la possibilità di ribaltare l'immagine del luogo, saltando dalle cronache sulla vicina Valle del Belice, segnata dai travagli del dopo terremoto, alla storia dei principi che incarnano la grandezza della storia siciliana. S'innamorano del progetto, battezzano l'azienda con il nome della leggenda e cominciano a investire sulla qualità: dalle uve misurate a peso, come i bulloni, buone per tutti i palati e per tutte le stagioni, la Sicilia vuole passare a un prodotto di qualità estrema. Da materia povera, fatta di sudore e terra, il vino diventa oggetto di culto, fatto di intelligenza e terra, quotato per le sfumature di colore da apprezzare con gli occhi e la cultura, per gli aromi da catturare con il naso e la meditazione, per il retrogusto da cogliere con il palato e la conoscenza. È una partita rischiosa ma è l'unica da giocare.

La prima mossa per affrontare la sfida è la drastica riduzione della produzione per pianta. I consumi di acqua scendono sensibilmente. Aumenta il numero di viti per ettaro, e i grappoli, sfoltiti un mese e mezzo prima della raccolta per far concentrare gli aromi, guadagnano in potenza. La resa comincia a scendere dai 400 quintali per ettaro per arrivare alla media attuale di 60-70. È abbastanza per affinare la materia prima; ora bisogna imparare a trattarla. La seconda mossa è l'investimento in uomini. Accanto a Giacomo Rallo scendono in pista i figli: Antonio, agronomo ed enologo, e Josè, appena uscita dalla Scuola superiore di Sant'Anna, a Pisa, con in tasca una laurea in Economia e commercio, che a loro volta si fanno affiancare da enologi di nome come Giacomo Tachis e Carlo Ferrini.

A questo punto l'azienda si sente pronta a entrare nell'arena della competizione tra i grandi vini, e la regia viene affidata a Josè Rallo, che ha mostrato di saper far rendere la fantasia e diventa ben presto l'anima dell'azienda fino a vincere nel 2002 il premio Bellisario, riservato alle donne che si sono particolarmente distinte in campo politico, economico e sociale «per aver portato al successo, con l'aiuto dei suoi collaboratori, prevalentemente donne, l'azienda vitivinicola Donnafugata, dimostrando il valore di una innovativa ed efficace strategia di marketing».

Grazie alle nuove scelte d'immagine il marchio Donnafugata comincia ad apparire in contesti anomali per un'azienda di vini. L'azienda entra nel Kyoto Club, il cartello delle imprese impegnate in campo ambientale. Promuove Symbola, la fondazione per le qualità italiane. Diventa socio sostenitore della Fondazione Slow Food per la biodiversità. Finanzia un progetto di scavi archeologici dell'Università Normale di Pisa alla rocca di Entella per indagare le origini degli Elimi, la popolazione preromana che abitava la Sicilia occidentale, e per riportare alla luce la città che all'epoca dei Romani si chiamava Anthilia. Paga il restauro della *Madonna con bambino e angeli reggicortina* della pinacoteca del museo Pepoli di Trapani. Aderisce al Comitato per la riserva marina di Pantelleria e sponsorizza il concerto del maestro Franco Battiato per finanziare gli studi scientifici dei fondali dell'isola necessari al decollo dell'area protetta.

Josè Rallo è un vulcano sempre attivo di idee ed etichette che rivelano le coordinate geografiche e culturali entro cui si muove l'azienda: Anthilia e Sedara, entrambi vini Oscar per prezzo e qualità nell'Almanacco del Berebene 2004 del Gambero Rosso, sono nomi presi rispettivamente dal passato romano e dalla fantasia di Tomasi di Lampedusa; Tancredi, che ha conquistato quattro volte l'oro al Vinalies internationales di Parigi e i due bicchieri rossi nella guida del Gambero Rosso e dello Slow Food del 2005, è un'altra etichetta che discende direttamente dal *Gattopardo*; il Mille e una notte, un vino da leggenda, fatto con il nero d'Avola in purezza, e il passito di Pantelleria Ben Ryè, che in arabo significa «figlio del vento», richiamano le radici orientali dell'isola e hanno collezionato troppi premi per elencarli.

Accanto al marketing letterario c'è quello che procede a tempo di jazz e delle musiche brasiliane cantate da Josè con il marito Vincenzo Favara, che l'accompagna usando le percussioni. Il *Donnafugata Music & Wine Session*, in tour dal 2002, si è conquistato una certa popolarità proponendo serate scandite dall'alternanza tra l'ascolto del vino e i sorsi di jazz. Nel 2003 la casa editrice romana Cam Jazz ha prodotto un album dal titolo *Viaggio a Donnafugata*, tratto da un'idea di José e Vincenzo, e firmato dal compositore palermitano Salvatore Bonafede, che è l'arrangiamento in chiave jazz delle musiche del film di Luchino Visconti alternate a citazioni del *Gattopardo*. Un altro snodo del sistema di comunicazione aziendale, il ristorante di Pavarotti a Modena, si è trasformato nel punto d'incontro tra la cucina emiliana di qualità, i vini di Donnafugata e i nomi della musica internazionale come Sting, Zucchero Fornaciari, Gino Paoli, James Brown e Grace Jones.

In questo modo, con poca pubblicità diretta, le cantine di Donnafugata sono diventate un punto di attrazione per i turisti del vino che calamita 7 mila persone all'anno. Un discreto numero, anche perché talvolta l'accoglienza di Josè Rallo nei confronti di chi viene in Sicilia solo per assaggiare le sue bottiglie è fin troppo sincera: «C'è una forma di turismo del vino esagerato. Alle volte mi arrabbio e chiedo: siete venuti qui da me e avete fatto bene, ma l'avete vista Segesta? Li avete visti i templi greci? Non bisogna essere maniacali; il vino fa parte dell'identità territoriale, della civiltà di un luogo; è come un bel quadro, un'architettura, un paesaggio e bisogna cercare di godere una cultura nel suo assieme».

Forte del successo di Contessa Entellina, Donnafugata ha rilanciato Pantelleria, acquisendo nel 2000 una vecchia vigna di zibibbo abbandonata da decenni, con le piante basse, cresciute quasi orizzontalmente strisciando sul terreno, in mezzo a muretti a secco sbrecciati che la riparavano a fatica dal vento. Sono i terrazzamenti nelle terre di Khamma, un nome che evoca il tempo dei Saraceni, sette ettari di natura con sbalzi climatici estremi e un suolo sabbioso che forse è la ragione di un'anomalia che fa di questi vigneti una rarità, un reperto storico di una viticoltura che non esiste più: lo zibibbo è a piede franco, cioè è sfuggito all'epidemia di fillossera che, alla fine dell'Ottocento, distrusse buona parte delle vigne europee, costringendo gli agricoltori a reimpiantarle su piede americano, cioè a innestare le vecchie piante su una nuova base.

Lo zibibbo di Khamma è formato da piante vecchie fino a cento anni, che producono grappoli straordinariamente ricchi e concentrati. Tanto che, dopo essere stato definito il miglior acquisto tra i passiti di Pantelleria non liquorosi da Altroconsumo nel 2003, aver preso le tre stelle blu della guida 2004 di Veronelli e i cinque grappoli 2004 dell'Associazione italiana sommelier, il Ben Ryé è stato adottato da Paul e Cecilia De Bondt, maestri pisani del cioccolato artigianale, per la sfida più impegnativa per un vino del genere, quella con il cioccolato: il Ben Ryé se l'è cavata bene restando a suo agio nell'accostamento a una farcia di fichi e mandorle rinchiusa in un guscio di cioccolato fondente.

La corsa di Donnafugata non è comunque solitaria. Il vino in Sicilia cresce in modo vorticoso: è una proliferazione di aziende spesso piccole ma aggressive e sempre più attente al recupero dei vitigni originari. Una proposta che oggi è innovativa, domani può risultare arretrata; c'è il rischio che Donnafugata resti indietro? «La concorrenza è un fatto positivo: vuol dire che c'è voglia di fare impresa, cioè che è stata colmata la più grave carenza che avevamo sull'isola», risponde tranquilla Josè Rallo. «Penso che tutto quello che è successo in questi anni nel campo della lotta per la legalità, il prezzo pagato da tante persone che si sono battute contro la mafia, abbia avuto un peso importante in questo cambiamento; è stato riscoperto l'orgoglio di essere siciliani, di lavorare insieme per una crescita collettiva. Il settore del vino ha partecipato a questa sfida produttiva misurandosi con i concorrenti che hanno condizioni climatiche vicine alle nostre, come ad esempio la California e l'Australia. Li abbiamo studiati, abbiamo imparato, abbiamo cercato di andare avanti; c'è stata una rivoluzione tecnologica, l'adeguamento alla ricerca più avanzata, e la riscoperta dei vitigni autoctoni, lo zibibbo, l'ansonica, il catarratto, il nero d'Avola, legata al recupero dell'identità.»

Ma proprio questo è il punto. Solo alcune delle etichette Donnafugata esprimono un vitigno autoctono in purezza; in molte si trovano uvaggi in cui la radice locale viene stemperata dalla fusione con i grandi vitigni globalizzati come lo chardonnay. Per chi cerca nel bicchiere l'anima del luogo, per i puristi del vino autoctono, delle bottiglie che raccontano la storia, è una contraddizione fastidiosa. «Bisogna anche fare i conti con la realtà», obietta José Rallo. «La curiosità nei confronti dei vitigni autoctoni è crescente e noi facciamo il possibile per incoraggiare questa tendenza, ma parliamo sempre di un'élite. Come azienda siamo in grado di fare mercato per difendere le nostre idee, spesso riusciamo a far innamorare il pubblico di un prodotto in cui crediamo, come i vitigni autoctoni che rappresentano la nostra storia, le nostre tradizioni vinicole. Ma far bene comunicazione su questi prodotti non è facile: spiegare a un americano o a un giapponese cos'è l'area Doc di Contessa Entellina o di Pantelleria non è semplice. Perciò bisogna fare un passo alla volta: più la gente si appassiona al vino e più nel vino cerca cose particolari, sapori specifici; a quel punto non le basta più sapere che il vino è italiano e neppure che è siciliano, vuol sapere siciliano di dove. Ma a questo livello bisogna arrivarci; i confini della qualità vanno ridefiniti giorno per giorno man mano che il consumatore si fa più esigente.»

Nel *work in progress* della qualità il confine si sposta sempre di più dalla cantina alla campagna, e l'ambiente gioca dunque un ruolo crescente sia per la definizione delle radici dei profumi, sia per gli aspetti energetici legati al ciclo di lavorazione. Il più immediato è l'uso diretto dell'energia nelle varie fasi di lavorazione. Nel 2001 Donnafugata ha investito in un impianto fotovoltaico che consente di far fronte al 30 per cento del fabbisogno energetico della cantina di Contessa Entellina. È una vicenda esemplare da due punti di vista: dimostra che per un'azienda impegnata nel campo della qualità l'energia rinnovabile è comunque una scelta conveniente in termini economici e d'immagine e anche che i fondi per l'energia pulita sono un terno al lotto. Se fossero stati concessi i finanziamenti pubblici, il pareggio economico sarebbe stato raggiunto molto più rapidamente, cioè in 5 o 6 anni, incoraggiando un secondo investimento per raddoppiare la potenza, ma la domanda ha girato in tondo tra i vari uffici del ministero dell'Ambiente e della Regione Sicilia, finché è uscito un bando che ha escluso le imprese agroindustriali dall'accesso alle facilitazioni per le fonti rinnovabili.

C'è poi un altro aspetto energetico, più direttamente legato alla produzione del vino, su cui Donnafugata ha puntato con decisione: la raccolta notturna dell'uva. Quando arriva il momento giusto, un po' prima di mezzanotte, i lavoranti scendono tra i filari illuminati da un mostro meccanico, un ragno-trattore che punta le braccia verso le vigne spalancando i suoi occhi luminosi, e raccolgono grappoli che, invece di scottare per il carico di sole, sono raffrescati dalle brezze serali.

Le uve bianche chardonnay maturano infatti nella prima metà di agosto, quando il termometro tocca il massimo. Una volta questo problema non si poneva per vari motivi: lo chardonnay era un vitigno ancora da venire; in paesi come Santa Margherita del Belice la vendemmia era un rito legato alla festa del patrono – che cade il 10 settembre – e quindi la si faceva solo a settembre avanzato; e, soprattutto, a nessuno interessava una perfetta conservazione delle uve, visto che il vino era destinato all'autoconsumo e doveva essere smaltito nel giro di dieci mesi, prima che arrivasse quello nuovo.

Adesso è un altro discorso: il vino deve reggere l'affinamento in bottiglia e il trasporto anche a grandi distanze. Facendo la vendemmia sotto il solleone di agosto si rischia, rompendo qualche acino durante il trasporto, di avviare una fermentazione non controllata, che si trasforma in una perdita secca degli aromi, dei profumi caldi delle uve mature, ricchissime dal punto di vista della carica aromatica.

E poi fare la vendemmia di giorno comporta anche un bel dispendio energetico, perché fuori ci sono almeno 35 gradi e bisogna raffreddare l'uva in cantina fino a portarla a 10. Di notte invece il percorso termico da compiere è molto più breve: basta passare da 16-18 gradi a 10, realizzando un risparmio energetico del 70-75 per cento.

Questi vantaggi tecnici hanno finito per creare una moda, e la vendemmia notturna è andata crescendo in popolarità dal suo debutto, nel 1998, fino a trasformarsi in un avvenimento culturale. «Abbiamo avuto come ospiti due grandi scrittori, il magrebino Tahar Ben Jelloun e l'israeliano Abraham Yehoshua, vincitori del Premio letterario Tomasi di Lampedusa e testimonial della volontà d'incontro tra le varie anime del Mediterraneo», racconta Josè Rallo. «E poi è venuta Claudia Cardinale, la Angelica Sedara del film di Visconti, che ha ripercorso il suo viaggio a Donnafugata con una certa sorpresa; in questa zona non era più tornata dagli anni Sessanta. Le abbiamo fatto vedere che qualcosa è cambiato...»

Postfazione

di Carlo De Benedetti

Una pulce, tante pulci, contro il mondo degli elefanti.

I tanti esploratori alla ricerca di una bussola per individuare un futuro per il sistema produttivo italiano farebbero bene a leggere Charles Handy. Questo simpatico irlandese, un po' snob, grande guru del management, nel suo ultimo best seller, *The elephant and the flea*, usa la metafora delle pulci e degli elefanti per rivendicare le qualità e la capacità di competere delle prime a discapito dei secondi.

Per Handy nel nuovo mondo globalizzato non è vero che, come dicono le teorie di Darwin, vincono i più forti: spesso vince chi è più sexy. Sì, lui usa proprio la parola sexy. E la riferisce a noi italiani. Gli italiani, le produzioni italiane, il made in Italy «sono i più sexy e devono valorizzare questa loro qualità». Fuor di metafora vuol dire che devono valorizzare al massimo la loro specificità, quella del talento individuale, della creatività, del gusto: «Dovete lanciarvi a conquistare i mercati di nicchia» ci dice Handy, «dovete creare piccoli monopoli temporanei, essere attraenti e creativi, cambiare spesso e velocemente».

È così. L'Italia ha sempre meno grandi elefanti capaci di competere su scala mondiale. Farà bene a difendere quei pochi che le sono rimasti, ma non può pensare di basare il proprio modello produttivo futuro sulla resurrezione di grandi colossi industriali. La strada, allora, non può che essere quella indicata dall'economista irlandese.

È in fondo la strada che, in queste pagine di Realacci e Cianciullo, viene definita della *soft economy*, «un'economia», cito dall'introduzione, «basata non solo sulla conoscenza e sull'innovazione, ma anche sull'identità, la storia, la creatività, la qualità; un'economia in grado di coniugare coesione sociale e competitività e di trarre forza dalle comunità e dai territori».

È esattamente quello che penso anch'io. Con gli autori di questo libro, del resto, sono d'accordo praticamente su tutto. E non perché nella loro prefazione prendono il via dalla citazione di un lungo articolo che scrissi con Giuliano Amato ormai un anno fa. Concordo perché le loro preoccupazioni sul declino produttivo italiano sono le mie stesse preoccupazioni e le strade che essi individuano per uscire dalla crisi coincidono con quelle che io ho prospettato e prospetto.

Nessuno ha la ricetta pronta. Ma – ed è quello che dicevo nell'articolo con Amato – è venuto il tempo di puntare su una missione nuova per l'Italia nel sistema internazionale della divisione del lavoro. Il capitalismo italiano deve ripartire da qui: dalla ridefinizione del senso del proprio stare nel mondo. Se non lo farà, il declino sarà inesorabile e secolare.

La storia, in questo senso, deve metterci in guardia. Alla fine del Seicento l'Italia settentrionale era ancora l'area più ricca d'Europa. Ma la Francia, l'Olanda, l'Inghilterra cominciarono a fare concorrenza ai nostri prodotti, sviluppando produzioni a basso costo. Le nostre stoffe erano sempre le migliori, ma i costi erano nettamente più alti. Allora non sapemmo reagire e cominciò un declino di tre secoli. Oggi, davanti alla concorrenza dell'Est, ci troviamo in una posizione analoga; spero che saremo capaci di reagire in modo più pronto ed efficace.

Non possiamo continuare a fare quello che facevamo prima. Dobbiamo fare i conti con i mercati internazionali e concentrare le nostre risorse sulle produzioni che possono essere vincenti. La globalizzazione impone a tutti di puntare sulle proprie speciali attitudini, se si vuole restare sul mercato mondiale da protagonisti. E noi italiani quelle speciali attitudini le abbiamo, eccome se le abbiamo. Il nostro *genius loci*, ereditato dagli antenati artigiani delle botteghe rinascimentali, è infatti la qualità estetica, la raffinatezza, il gusto, ma anche la forza della cultura, della storia, del territorio. In una sola frase direi la capacità di valorizzare un prodotto, qualunque esso sia, con alti contenuti simbolici.

I consumatori di tutto il mondo comprano prodotti italiani alla ricerca innanzi tutto di questi valori. E la nostra grande opportunità è che questo tipo di consumatore è sempre più diffuso nel mondo. La generalizzazione su scala mondiale del benessere, infatti, spinge un numero sempre maggiore di persone ad apprezzare qualità, estetica, valore simbolico degli oggetti, delle idee, dei prodotti. E su questo terreno il made in Italy è imbattibile.

Già oggi l'Italia è prima per quota di mercato mondiale sui prodotti di lusso: con il 26,5 per cento ha superato la Francia, posizionata al 22 per cento, mentre gli altri paesi sono nettamente indietro. Certo, con complessivi 75 miliardi di euro, questo mercato è ancora di entità relativamente modesta. Ma è sicuro che con la crescita dei ceti medio-alti in Cina, in Russia, in India e in Medio Oriente il giro d'affari crescerà esponenzialmente.

Secondo una recente ricerca di Merrill Lynch, la crescita del settore *luxury goods* è trainata dai clienti dei paesi emergenti e, soprattutto, dalla Cina. Un mercato, quest'ultimo, che per il 2004 rappresenta già l'11 per cento delle vendite globali dell'intero settore, ma che nel 2009 salirà al 20 per cento, superando gli Stati Uniti che attualmente detengono la leadership. Tra il 2001 e il 2003 gli *High net worth individuals* (coloro che dispongono di una ricchezza superiore al milione di dollari) sono cresciuti del 30 per cento a Hong Kong, del 22 per cento in India e del 12 per cento in Cina. Sempre Merrill Lynch stima poi che nel 2010 i cinesi che viaggeranno oltreconfine potranno essere 50 milioni.

Sono tutte grandi opportunità per il sistema Italia. Per coglierle servirà certamente una classe imprenditoriale meno ripiegata sulle poche opportunità offerte dai nostri mercati protetti e più capace di competere con il proprio talento su mercati liberi e concorrenziali. Ma servirà soprattutto una politica «alta», in grado di prendere per mano il paese e guidarlo fuori dalle secche dell'oggi. Che reagire al declino sia ancora possibile non è solo una frase fatta. E non perché, come dicono gli economisti americani, «anche un gatto morto rimbalza». Ma perché l'Italia ha ancora frecce al proprio arco.

In fondo Carlo Maria Cipolla, forse il più geniale, certamente il più piacevole, dei nostri scrittori di economia, ci ricorda come il segreto del miracolo italiano sia stata la capacità di produrre all'ombra dei campanili «cose che piacciono al mondo». Bisognerebbe ripartire semplicemente da qui.

SOMMARIO

RCS Libri

ISBN 88-17-00837-0